TGAU Almaeneg

Y Llawlyfr Adolygu

CGP

Cynnwys

Adran 1 – Cyffredinol
Rhifau a meintiau 1
Ymadroddion amser 2
Dyddiadau 3
Cwrteisi 4
Gofyn cwestiynau 5
Mynegi barn 6
Crynodeb adolygu 8

Adran 2 – Geiriaduron ac Arholiadau
Llwyddo yn yr arholiad 9
Sut mae defnyddio geiriadur 10

Adran 3 – Tywydd, Teithio a Gwyliau
Y tywydd 12
Gwledydd 13
Geirfa gwestai a hostelau 14
Bwcio ystafell/safle gwersylla 15
Ble/Pryd mae 16
Gofyn am wybodaeth 17
Siarad am eich gwyliau 18
Siarad mwy am eich gwyliau 19
Crynodeb adolygu 20

Adran 4 – Y Dref a'r Ardal Leol
Enwau adeiladau 21
Gofyn am gyfarwyddiadau 22
Beth yw eich barn am ble rydych yn byw 23
Teithio ar y trên 24
Pob math o drafnidiaeth 25
Newid arian ac eiddo coll 26
Crynodeb adolygu 27

Adran 5 – Yr Ysgol a Gwaith
Pynciau ysgol 28
Trefn ddyddiol yr ysgol 29
Rheolau a gweithgareddau ysgol 30
Iaith y dosbarth 31
Mathau o swyddi 32
Swyddi rydych chi a'ch teulu yn eu gwneud 33
Cynlluniau ar gyfer y dyfodol 34
Crynodeb adolygu 35

Adran 6 – Amser Hamdden a Hobïau
Chwaraeon a hobïau 36
Yn eich amser hamdden 37
Mynd allan 38
Gwahodd pobl allan 39
Sinema a chyngherddau 40
Teledu a radio 41
Beth ydych chi'n ei feddwl o …? 42
Crynodeb adolygu 43

Adran 7 – Siopa, Bwyd a Diod
Ble a phryd 44
Dweud beth hoffech chi 45
Siopa: y pethau sylfaenol 46
Dillad ac arian poced 47

Bwyd *48*
Hoff bethau a gofyn am bethau *49*
Cinio *50*
Yn y tŷ bwyta *52*
Crynodeb adolygu *53*

ADRAN 8 – FI FY HUN, Y TEULU, FFRINDIAU A BYWYD CARTREF

Chi'ch hun *54*
Y teulu, ffrindiau ac anifeiliaid anwes *55*
Ble rydych chi'n byw *56*
Yn eich cartref *57*
Gwaith tŷ a threfn bob dydd yn eich cartref *58*
Rhannau'r corff *60*
Mynd at y meddyg neu i'r fferyllfa *61*
Sgwrsio'n gwrtais *62*
Crynodeb adolygu *63*

ADRAN 9 – LLYTHYRON A CHYFATHREBU

Y ffôn *64*
Swyddfa'r post *65*
Llythyron anffurfiol *66*
Llythyron ffurfiol *67*
Crynodeb adolygu *68*

ADRAN 10 – Y BYD Y TU ALLAN I'R YSGOL

Profiad gwaith a chyfweliadau *69*
'Gwerthu'ch hun' mewn cyfweliadau *70*
Yr amgylchedd *71*
Iechyd a chyffuriau ac alcohol *72*
Pobl enwog *73*
Cwestiynau cymdeithasol *74*
Crynodeb adolygu *75*

ADRAN 11 – GRAMADEG

Y gwir ofnadwy am gyflyrau (Cyflyrau: Goddrychol a Gwrthrychol) *76*
Cyflyrau anodd a therfyniadau enwau (Genidol, Derbyniol a Therfyniadau Enwau) *77*
Geiriau am bobl a gwrthrychau (Enwau) *78*
Trefn brawddegau *79*
Geiriau i gysylltu cymalau neu frawddegau (Cysyllteiriau) *80*
'Y' ac 'Un'/'Rhyw' (Y fannod) *81*
Geiriau i ddisgrifio pethau (Ansoddeiriau) *82*
Gwneud brawddegau yn fwy diddorol (Adferfau) *84*
Cymharu pethau (Cymhariaeth) *85*
Geiriau bach slei (Arddodiaid) *86*
Fi, ti, chi, ef, hi, nhw... (Rhagenwau)...*87*
Rhywun, neb, pwy? a beth? (Rhagenwau)..*88*
'A', 'y', 'na' (Rhagenwau) *89*
Y ffeithiau am ferfau (Berfau, Amserau a'r Berfenw) *90*
Berfau yn yr amser presennol (Presennol) *91*
Siarad am y dyfodol (Dyfodol) *93*
Siarad am y gorffennol (Perffaith) *94*
Rhagor o ffurfiau berfol i'w hadnabod (Amherffaith a Gorberffaith) *95*
Fi fy hunan, ti dy hunan ac ati (Berfau atblygol) *96*
Berfau sy'n rhannu *97*
Sut i ddweud 'Na', 'Ddim' a 'Neb' (Negyddol) *98*
Rhoi gorchmynion (Gorchmynnol a Berfau Moddol) *99*
'Byddwn' a 'hoffwn' (Amodol ac Amherffaith Dibynnol) *100*
Berfau sy'n defnyddio 'es' (Berfau amhersonol) *101*
Pethau amrywiol *02*
Crynodeb Adolygu *103*

Geiriadur Almaeneg – Cymraeg *104*
Mynegai *108*

Adran 1 — Cyffredinol

Rhifau a meintiau

Does dim dwywaith amdani, mae'n rhaid i chi ddysgu'r rhifau – felly i ffwrdd â ni.

Eins, zwei, drei — Un, dau, tri …

1) Mae'n dechrau'n ddigon hawdd. Dysgwch <u>un i ddeuddeg</u> – dim problem.

2) Gallwch <u>ddyfalu'r rhifau</u> o 13 i 19 gan ddefnyddio rhifau un i ddeg – er enghraifft, mae un deg tri yn gyfuniad o 'dri' a 'deg' <u>gyda'i gilydd</u> (drei + zehn). OND mae 16 ac 17 yn wahanol – maen nhw'n colli'r 's' a'r 'en' o'r diwedd.

3) Mae'r <u>rhifau deg</u> (tri deg, pedwar deg ac ati) yn hawdd (ar wahân i <u>zwanzig</u>). Maen nhw i gyd yn <u>gorffen</u> yn '<u>-zig</u>' (ar wahân i <u>dreißig</u>).

0	null							
1	eins	13	dreizehn					
2	zwei	14	vierzehn					
3	drei	15	fünfzehn					
4	vier	16	sechzehn	20	zwanzig	60	sechzig	
5	fünf	17	siebzehn	30	dreißig	70	siebzig	
6	sechs	18	achtzehn	40	vierzig	80	achtzig	
7	sieben	19	neunzehn	50	fünfzig	90	neunzig	
8	acht							
9	neun	21	einundzwanzig	24	vierundzwanzig	27	siebenundzwanzig	100 hundert
10	zehn	22	zweiundzwanzig	25	fünfundzwanzig	28	achtundzwanzig	1000 tausend
11	elf	23	dreiundzwanzig	26	sechsundzwanzig	29	neunundzwanzig	1,000,000 eine Million
12	zwölf							

4) Y rhifau eraill yw'r rhai anodd. Gyda'r rhain rydych yn dweud y rhif tuag yn ôl. Dywedwch '<u>dau</u>' a '<u>thri deg</u>' yn lle tri deg dau.

zweiund**dreißig** = tri deg dau

5) Mae'r cannoedd a'r miloedd yn syml – mae'r miloedd yn dod cyn y cannoedd a'r cannoedd cyn gweddill y rhif.

tausendfünfhundert**zweiund**dreißig
1000   500   32   = 1532

Erste, zweite, dritte — Cyntaf, ail, trydydd …

Mae Almaenwyr yn ysgrifennu 'cyntaf' fel '1.'.

1af	das erste		
2il	das zweite	8fed	das achte
3ydd	das dritte	9fed	das neunte
4ydd	das vierte	10fed	das zehnte
5ed	das fünfte	20fed	das zwanzigste
6ed	das sechste	21ain	das einundzwanzigste
7fed	das siebte	100fed	das hundertste

Weithiau mae'r terfyniadau'n newid. Gweler <u>tudalennau 83 ac 84</u> am gymorth.

1) Ar gyfer rhifau rhwng 1 ac 19, ychwanegwch 'te' at y rhif yn Almaeneg. Mae'r ddau eithriad mewn pinc.

2) O 20 ymlaen ychwanegwch 'ste' at y rhif Almaeneg.

Nehmen Sie die **erste** *Straße links.*
= Cymerwch y stryd gyntaf ar y chwith.

Wie viel? – Faint?

Mae'r geiriau bach am 'faint' neu 'sawl un' <u>yn hanfodol</u>. Mae llawer ohonyn nhw i'w dysgu ond peidiwch â'u hesgeuluso nhw – ysgrifennwch bob un mewn gwahanol frawddeg a gwnewch yn siŵr nad ydych yn gadael <u>unrhyw</u> un allan.

Ich habe **beide** *Äpfel.* = Mae gen i'r ddau afal.

Jeden Tag fahre ich Rad. = Dw i'n seiclo <u>bob</u> dydd.

Gweler tudalen 83 am fwy am 'jeder'.

Ich weiß **nichts** *darüber.* = Dw i'n gwybod <u>dim</u> amdano.

pob: alle   dim: keine   llawer: viele
eraill: andere   rhai: manche   ychydig: wenige
y ddau: beide   nifer o: mehrere

llawer: viel
ychydig: wenig

Hwyrach eich bod yn gwybod <u>rhannau helaeth</u> o hyn yn barod – gwych! Gallwch felly dreulio mwy o amser yn gwneud yn siŵr eich bod yn gwybod <u>gweddill</u> y dudalen. Gwnewch yn siŵr eich bod yn gwybod y geiriau am feintiau <u>i gyd</u>. Y ffordd orau o wirio hyn yw gorchuddio'r dudalen a cheisio eu hysgrifennu i gyd.

Ymadroddion amser

Mae'n hanfodol gwybod sut mae dweud yr amser — mae arholwyr yn hoff iawn o holi am hyn.

Wie viel Uhr ist es? – Faint o'r gloch yw hi?

Mae llawer o wahanol ffyrdd o ddweud yr amser yn Almaeneg — yn union fel yn Gymraeg. Mae'n rhaid i chi eu dysgu nhw i gyd wrth gwrs.

Wie viel Uhr ist es? ← = Faint o'r gloch yw hi? → **Wie spät ist es?**

ein Uhr, nid eine Uhr.

1) **Rhywbeth o'r gloch:**
   Mae'n 1 o'r gloch: (Es ist) ein Uhr
   Mae'n 2 o'r gloch: (Es ist) zwei Uhr
   Mae'n 8 o'r gloch yr hwyr: (Es ist) zwanzig Uhr

2) **Chwarter i ac wedi, hanner awr wedi:**
   chwarter wedi dau: Viertel nach zwei
   hanner awr wedi dau: halb drei
   chwarter i dri: Viertel vor drei

   Byddwch yn ofalus gyda 'halb'. Mae 'halb drei' yn golygu hanner awr wedi dau, nid hanner awr wedi tri!

   Wieviel Uhr ist es?

3) **'... wedi' ac '... i':**
   ugain munud wedi saith: zwanzig nach sieben
   deuddeg munud wedi wyth: zwölf nach acht
   deg munud i ddau: zehn vor zwei

4) **Y cloc 24 awr:**
   Maen nhw'n defnyddio llawer ar hwn yn yr Almaen — ac mae'n haws hefyd.
   03.14: drei Uhr vierzehn
   20.32: zwanzig Uhr zweiunddreißig
   19.55: neunzehn Uhr fünfundfünfzig

Die Woche — Yr wythnos

Mae hwn yn stwff mae'n rhaid ei ddysgu — fe wnaiff ennill marciau hawdd i chi yn yr arholiadau.

Dyddiau'r wythnos:
dydd Llun: Montag
dydd Mawrth: Dienstag
dydd Mercher: Mittwoch
dydd Iau: Donnerstag
dydd Gwener: Freitag
dydd Sadwrn: Samstag/Sonnabend
dydd Sul: Sonntag

Ydw i wedi gwisgo fy nhrôns Montag?

Mae dyddiau'r wythnos i gyd yn wrywaidd. Os ydych chi eisiau dweud 'ddydd Llun', gallwch ddweud 'Montag' neu 'am Montag' ond nid 'an Montag'.

Geiriau defnyddiol am yr wythnos:
heddiw: heute
yfory: morgen
ddoe: gestern
drennydd: übermorgen
echdoe: vorgestern
wythnos: die Woche
penwythnos: das Wochenende
ar ddydd Llun (bob dydd Llun) montags

Dienstags gehe ich einkaufen.
= Dw i'n mynd i siopa ar ddydd Mawrth (bob dydd Mawrth).

Dienstag fahre ich weg.
= Dw i'n mynd i ffwrdd ddydd Mawrth.

Mae amser yn anhygoel o bwysig yn yr arholiad. Yn y cynlluniau marcio maen nhw'n sôn yn benodol am y gallu i ddweud pryd rydych chi'n gwneud pethau — ac allwch chi ddim gwneud hynny os nad ydych chi'n gwybod dyddiau'r wythnos a phethau fel 'yfory' neu 'y penwythnos'. Felly ewch ati i ddysgu.

Adran 1 - Cyffredinol

Dyddiadau

Maen nhw'n sicr o ofyn rhywbeth lle mae angen dyddiad yn yr arholiad. Pryd rydych chi'n mynd ar eich gwyliau, pryd mae'ch pen-blwydd … rhywbeth felly. Mae'n siŵr o godi.

Januar, Februar, März, April …

Mae'r misoedd yn Almaeneg yn debyg iawn i'r Saesneg – gwnewch yn siŵr eich bod yn dysgu beth sy'n wahanol.

Ionawr: Januar *Gorffennaf:* Juli
Chwefror: Februar *Awst:* August
Mawrth: März *Medi:* September
Ebrill: April *Hydref:* Oktober
Mai: Mai *Tachwedd:* November
Mehefin: Juni *Rhagfyr:* Dezember

Er fährt Juli / im Juli weg. = Mae e'n mynd i ffwrdd ym mis Gorffennaf.

Fel y dyddiau, mae'r misoedd yn wrywaidd. Dywedwch 'Januar' neu 'im Januar', nid 'in Januar'.

Im Jahr zweitausend — Yn y flwyddyn 2000

Ysgrifennwch y dyddiad fel hyn mewn llythyr anffurfiol … … ac fel hyn mewn llythyr ffurfiol:

London, den 5. März = Mawrth 5ed

den 12.11.2001 = Tachwedd 12ed, 2001

Dyma sut mae dweud y dyddiad – mae ychydig yn wahanol achos mae'n rhaid i chi ynganu'r rhifau i gyd.

Yn Almaeneg dydych chi BYTH yn dweud 'Yn 2001 …'. Rydych chi'n dweud:

Im Jahr zweitausendeins … = Yn y flwyddyn 2001.

Mae'r terfyniadau arbennig am fod hyn yn y derbyniol. Gweler tudalen 77.

Ich komme am zwanzigsten Oktober. = Dw i'n dod ar Hydref 20ed.

Edrychwch ar dudalen 1 am gymorth â'r rhifau.

Ich bin am dritten März neunzehnhundertfünfundachtzig geboren. = Cefais fy ngeni ar y trydydd o Fawrth 1985.

Morgen — Yfory … Gestern — Ddoe

Defnyddiwch y rhain gyda'r stwff ar dudalen 2 – gyda'i gilydd maen nhw'n wych am roi trefn ar eich bywyd cymdeithasol.

yfory: morgen
ddoe: gestern
y bore yma: heute Morgen
y prynhawn yma: heute Nachmittag
heno: heute Abend/heute Nacht
bore yfory: morgen früh
yr wythnos yma: diese Woche
yr wythnos nesaf: nächste Woche
yr wythnos ddiwethaf: letzte Woche
bob pythefnos: alle zwei Wochen
bob dydd: jeden Tag
ar y penwythnos: am Wochenende
yn ddiweddar: neulich

hynny yw, nid 'morgen Morgen', er bod y gair 'morgen' yn golygu 'yfory' hefyd.

Ich fahre selten Ski. = Dw i'n sgio'n anaml.

bob amser: immer
byth, erioed: nie
yn aml: oft, häufig
yn anaml, ddim yn aml: selten
weithiau: manchmal

Was machst du heute Abend? = Beth wyt ti'n ei wneud heno?

Dyddiadau – pethau i'w cofio yn eich bywyd personol ac yn Almaeneg

Mae'r stwff yma'n hollol hanfodol. Mae'n rhaid ei bod yn werth gwneud yr ymdrech i'w ddysgu – fe wnaiff ennill llawer o farciau ychwanegol i chi yn yr arholiad. A dyw e ddim yn anodd chwaith. Gwnewch yn siŵr eich bod yn dysgu'r ymadrodd 'Was machst du heute Abend?', a'r geiriau y gallwch eu rhoi yn lle 'heute Abend'. Am hwyl!

Adran 1 - Cyffredinol

Cwrteisi

Mae'r stwff yma'n <u>bwysig iawn</u> – hebddo byddwch yn colli marciau ac yn ymddangos yn anghwrtais.

Wie geht's? — Shw mae/Sut wyt ti?

Mae'n <u>rhaid</u> i chi ddysgu'r ymadroddion yma. Mae'n rhaid i chi ddysgu eu <u>dweud</u>, a'u <u>deall</u>. Mae'n hollbwysig – felly gwnewch yn siŵr eich bod yn eu gwybod <u>yn berffaith</u>.

Fe glywch chi 'Wie geht's?' yn aml – mae'n dalfyriad o 'Wie geht es (dir)?'

Shw mae?/Sut wyt ti?: Wie geht es dir?
Shw mae?/Sut ydych chi? (lluosog ffurfiol/anffurfiol): Wie geht es Ihnen/euch?

Dyw'r rhain ddim yn cael eu defnyddio cymaint – ond gallech chi ddod ar eu traws yn yr arholiad:

Braf cyfarfod â chi/ti: Schön, Sie/dich kennenzulernen.
Dw i'n falch i gwrdd â chi/ti: Es freut mich, Sie/dich kennenzulernen.

Bitte — Os gwelwch yn dda … Danke — Diolch

Stwff hawdd – y geiriau Almaeneg cyntaf ddysgoch chi, siŵr o fod.
Pan fo rhywun yn dweud '<u>danke</u>' mae'n gwrtais dweud '<u>bitte</u>' neu '<u>bitte schön</u>'.

os gwelwch yn dda: bitte
diolch: danke
    danke schön

croeso: bitte schön
    bitte sehr
popeth yn iawn: nichts zu danken

> Wnewch chi roi'r gorau i ganu, os gwelwch yn dda, diolch yn fawr iawn. Bitte … danke sehr …

Ich hätte gern — Hoffwn i

Mae'n fwy cwrtais dweud '<u>ich hätte gern</u>' (hoffwn i) nag '<u>ich will</u>' (dw i eisiau).
Dyma sut mae dweud yr hoffech chi gael <u>rhywbeth</u>:

Dyma sut mae dweud yr hoffech chi <u>wneud</u> rhywbeth:

Ich hätte gern das Salz.
Hoffwn i: ich möchte
= Hoffwn i (gael) yr halen.

Ich würde gern singen.
Hoffwn i: Ich möchte
= Hoffwn i ganu.

Gweler tudalen 100 am fwy o wybodaeth ar yr amser amodol, a thudalennau 49-51 am gymorth am ofyn am bethau wrth y bwrdd cinio.

Dyma sut mae gofyn am rywbeth:
Defnyddiwch 'Ga i?' i fod yn fwy cwrtais:

Darf ich bitte das Salz haben?
Alla i gael: Kann ich?
Ga i'r halen, os gwelwch yn dda?

Es tut mir Leid — Mae'n ddrwg gen i

Dysgwch y ddwy ffordd yma o ymddiheuro – a sut i'w defnyddio:

> Es tut mir leid. Ich muss singen.

Mae'n ddrwg gen i (pan eich bod wedi gwneud rhywbeth o'i le): Es tut mir Leid
Sori! (wrth ffrind): Entschuldige!

Peidiwch â gwthio i mewn a mynnu pethau — fe gollwch farciau, a ffrindiau!

Esgusodwch fi! (er enghraifft wrth ofyn y ffordd): Entschuldigung / Entschuldigen Sie!

Bydd ychydig o gwrteisi yn eich helpu i ddisgleirio yn gymdeithasol yn yr Almaen – a bydd yn eich helpu chi yn yr <u>arholiadau</u> hefyd. Mae'r geiriau bach yma yn <u>allweddol</u> – maen nhw'n rhoi'r argraff eich bod yn medru Almaeneg <u>yn wych</u>. Ac mae arholwyr wrth eu bodd â hynny.

Adran 1 - Cyffredinol

Gofyn cwestiynau.

Mae rhaid i chi fod yn gallu gofyn cwestiynau. Dyw e ddim yn anodd, ond mae'n rhaid i chi ei ddysgu.

Wann — pryd ... warum — pam ... wo — ble

pryd?:	wann?
paham?:	warum?
sut felly?:	wieso?
ble?:	wo?
(i) ble?:	wohin?
(o) ble?:	woher?
sut?:	wie?
faint?:	wie viel?
faint/sawl?:	wie viele?
pwy?:	wer/wen/wem?
beth?:	was?
pa (un)?:	welche/r/s?

Mae'n wirioneddol bwysig eich bod yn dysgu'r geiriau cwestiwn yma:

Wann kommst du wieder nach Hause?
= Pryd wyt ti'n dychwelyd adref?

Wie viele Karotten möchten Sie?
= Faint o foron hoffech chi?

Newid trefn brawddegau i ofyn cwestiwn

Yn Saesneg rydych yn newid 'I can go' i 'Can I go?' i ofyn cwestiwn – gallwch wneud hyn yn Almaeneg hefyd.

Ich kann mitkommen. = Dw i'n gallu dod hefyd.
Berf — Goddrych

Kann ich mitkommen? = Alla i ddod hefyd?

Rhowch y ferf yn gyntaf a goddrych y ferf wedyn i ddangos mai cwestiwn yw e.

Kommt dein Bruder auch? = Ydy dy frawd yn dod hefyd?

Peidiwch ag anghofio rhoi marc cwestiwn ar y diwedd.

Dysgwch sut mae dweud 'on'd yw e?' ac ati

Y geiriau mwyaf cyffredin am hyn yw 'nicht wahr?', 'ja?' ac 'oder?'. Rhowch nhw ar ddiwedd gosodiad gyda choma o'u blaen a rhowch farc cwestiwn ar y diwedd — gwych.

Gut, nicht? = Da, on'd yw e?

Du warst auch da, oder? = Roeddet ti yno, on'd oeddet?

Es ging gut, ja? = Aeth yn dda, on'd do fe?

Ychwanegu 'wo' at air i olygu 'beth'

Gweler tudalen 86 am ragor o arddodiaid.

Yn lle dweud 'mit was' neu 'auf was' neu unryw beth arall yn defnyddio arddodiad a 'was' (beth), gallwch greu gair bach defnyddiol i wneud y gwaith. Ychwanegwch 'wo(r)' at yr arddodiad a defnyddiwch hwnnw.

Gyda beth wyt ti'n ysgrifennu?	Womit schreibst du?
Ar beth ...?	Worauf ...?
Am beth ...?	Worüber ...?
I/At beth ...? (h.y. paham)	Wozu?

Os yw'r arddodiad yn dechrau gyda llafariad, rhaid ychwanegu 'r' rhyngddo a'r 'wo'.

Cyfrinach y rhan fwyaf o waith TGAU Almaeneg yw dysgu ymadrodd, dysgu'r geiriau y gallwch eu newid o fewn yr ymadrodd, a dysgu i beth y gallwch eu newid. Pan eich bod yn gwybod sut mae gofyn 'Faint o foron hoffech chi?', dyw hi ddim yn anodd gofyn 'Faint o afalau hoffech chi?' ...

Adran 1 - Cyffredinol

Mynegi barn

Er mwyn cael marc da, mae'n rhaid i chi allu dweud eich barn am rywbeth. Felly dysgwch e.

Dywedwch eich barn ac fe wnewch greu argraff ar yr arholwr

Byddan nhw'n aml yn gofyn eich barn am bethau. Felly ewch ati i ddysgu'r ymadroddion defnyddiol yma.

Hoffi pethau
Dw i'n hoffi ... :	Ich mag ...
Dw i'n hoffi ... :	... gefällt mir
Dw i'n caru ... :	Ich liebe ...
Mae gen i ddiddordeb yn ... :	Ich interessiere mich für ...
Dw i'n meddwl bod ... yn wych:	Ich finde ... toll
Dw i'n hoffi ... :	Ich habe ... gern

Tischtennis gefällt mir, aber Fußball interessiert mich überhaupt nicht.
= Dw i'n hoffi tennis bwrdd ond does gen i ddim diddordeb mewn pêl-droed.

Byddwch yn ofalus – dywedwch 'ich mag Hermann' os ydych chi eisiau dweud eich bod yn ei hoffi. Os ydych yn dweud 'Hermann gefällt mir', mae hynny'n golygu eich bod yn ffansïo Hermann.

Casáu pethau
Dw i ddim yn hoffi ..:	Ich mag ... nicht
Dw i ddim yn hoffi ..:	... gefällt mir nicht
Does gen i ddim diddordeb mewn ..:	... interessiert mich nicht
Dw i'n meddwl bod ... yn ofnadwy:	Ich finde ... furchtbar

Magst du Hermann?
Ja, Hermann gefällt mir.

Ymadroddion defnyddiol eraill
Mae'n iawn:	es geht
Does dim ots gen i:	es ist mir egal
Mae'n well gen i ...:	ich mache lieber

Wie findest du ...? — Beth wyt ti'n ei feddwl o ...?

Gwyliwch y geiriau hyn, maen nhw i gyd yn golygu'r un peth – 'Beth wyt ti'n ei feddwl o ...?' Os ydych chi'n gallu defnyddio llawer o'r rhain bydd eich Almaeneg yn ddiddorol iawn – sy'n golygu mwy o farciau wrth gwrs. Ond byddwch yn ofalus iawn gydag 'ich meine' – mae'n edrych fel y Saesneg 'I mean' ond mae'n golygu 'dw i'n meddwl'.

Gofyn am farn rhywun arall
Beth wyt ti'n ei feddwl o ...?:	Was hältst du von ...?
Beth wyt ti'n ei feddwl o ...?:	Wie findest du ...?
Beth wyt ti'n ei feddwl o ...?:	Was denkst du über ...?
Beth yw dy farn am hynny?:	Was ist deine Meinung dazu?
Beth wyt ti'n ei feddwl?:	Was meinst du?

Wie findest du meinen Freund?
Er ist dumm.

Wie findest du meinen Freund?
= Beth wyt ti'n ei feddwl o'm ffrind i?

Ich halte ihn für verrückt.
= Dw i'n meddwl ei fod e'n wallgof.

Mae hyn yn y gwrthrychol — gweler tudalen 76.

Dw i'n meddwl ...
Yn fy marn i ...:	Meiner Meinung nach
Dw i'n meddwl bod ..:	Ich meine, dass
Dw i'n meddwl bod ..:	Ich denke, dass
Dw i'n meddwl bod ... yn ...:	Ich halte ... für

Gweler tudalen 42 er mwyn gofyn os yw rhywun yn cytuno.

Mae mynegi barn yn destun arall y mae'n rhaid i chi ddysgu. Mae'n un o'r pynciau maen nhw'n sôn amdanyn nhw yn benodol yn y cynlluniau marcio. Os byddan nhw'n gofyn beth yw eich barn am rywbeth a'ch bod chi ddim yn cofio sut i ddweud beth ydych yn ei feddwl, gwnewch rywbeth i fyny. Dysgwch yr ymadroddion yma er mwyn cael llond trol o farciau.

Adran 1 - Cyffredinol

Mynegi barn

Ar ôl i chi greu argraff ar yr arholwyr trwy ddweud eich bod yn hoffi neu'n casáu rhywbeth, gallwch eu syfrdanu trwy egluro pam.

Toll — Gwych ... — Furchtbar — Ofnadwy ...

Dyma rai geiriau y gallwch eu defnyddio i ddisgrifio pethau rydych yn eu hoffi neu ddim yn hoffi. Maen nhw'n rhwydd iawn i'w defnyddio, ac yn wirioneddol werth eu dysgu.

gwych:	toll / prima super / klasse	*ardderchog:*	ausgezeichnet	*ddim yn neis (person):*	unsympathisch
da:	gut	*ffantastig:*	fantastisch	*drwg, gwael:*	schlecht / schlimm
hyfryd:	schön	*bendigedig:*	fabelhaft	*ofnadwy:*	furchtbar / schlimm fürchterlich
prydferth:	wunderschön	*diddorol:*	interessant	*ofnadwy (person):*	mies
cyfeillgar:	freundlich	*neis (person):*	nett sympathisch	*hyll/salw:*	hässlich

Ceridwen ist toll. = Mae Ceridwen yn wych.   **Tennis ist furchtbar.** = Mae tennis yn ofnadwy.

Weil — Achos/Oherwydd

Pan eich bod yn defnyddio 'weil' mae'r ferf yn y rhan yna o'r frawddeg yn cael ei rhoi ar y diwedd.

Mae 'weil' yn hollbwysig – y prif air am 'achos'/'oherwydd'.

Mae hyn yn golygu y byddai '... achos dw i'n mynd i'r ysgol bob dydd' yn:

...weil ich jeden Tag in die Schule gehe.   NID '...weil ich gehe jeden Tag in die Schule.'
berf

Gweler tudalen 80 am eiriau eraill fel 'weil'.

Der Film gefällt mir, weil er interessant ist.
= Dw i'n hoffi'r ffilm achos mae'n ddiddorol.

Ich finde sie sehr nett, weil sie freundlich ist.
= Dw i'n meddwl ei bod hi'n neis achos mae hi'n gyfeillgar.

Denn — Achos

Mae'n ddefnyddiol gwybod bod 'denn', fel 'weil', yn golygu 'achos'. Ond peidiwch â'i gymysgu gyda 'dann' sy'n golygu 'wedyn'.

Mae'n rhaid i chi allu adnabod 'denn', ond does dim rhaid i chi ei ddefnyddio – gallwch ddefnyddio 'weil' yn lle. Ond mae 'denn' yn ddefnyddiol iawn, achos dyw e ddim yn newid trefn y frawddeg.

Ich mag ihn nicht, denn er lacht immer über mich.
= Dw i ddim yn ei hoffi e, achos mae e bob amser yn chwerthin am fy mhen.

Does dim pwynt gwybod sut mae gofyn i rywun arall am eu barn, na sut mae dweud 'dw i'n meddwl', os nad ydych yn gallu dweud beth ydych yn ei feddwl. Mae'r ymadroddion hyn i gyd yn wych, oherwydd gallwch eu rhoi nhw at ei gilydd i greu brawddeg. Ond gwnewch yn siŵr nad ydych yn dweud rhywbeth twp fel 'dw i'n ei hoffi achos mae'n ddiflas.'

Adran 1 - Cyffredinol

Crynodeb adolygu

Mae'r adran hon yn cynnwys y pethau mwyaf sylfaenol y mae'n rhaid i chi eu deall yn llwyr cyn mynd i'r arholiad. Gall y stwff am fynegi barn, ac am amser (gan gynnwys heddiw, yfory, bob wythnos, ar ddydd Llun ac ati) wneud andros o wahaniaeth i'ch marciau. Yr unig ffordd o wneud yn siŵr eich bod wedi hoelio'r cwbl yn eich meddwl yw gwneud y cwestiynau yma i gyd. Ewch dros yr adran dro ar ôl tro (ac eto) nes eich bod yn ei gwybod i gyd.

1) Cyfrifwch yn uchel o 1 i 20 yn Almaeneg.
2) Sut ydych chi'n dweud y rhifau yma yn Almaeneg? a) 22 b) 35 c) 58 ch) 71 d) 112 dd) 2101
3) Beth yw'r rhain yn Almaeneg? a) 1af b) 4ydd c) 7fed ch) 19eg d) 25ain dd) 52ain
4) Beth yw ystyr y geiriau yma? a) alle b) manche c) viel ch) wenig
5) Rhowch ddwy ffordd o ofyn 'Faint o'r gloch yw hi?' yn Almaeneg.
   Edrychwch ar eich wats a dywedwch faint o'r gloch yw hi ar lafar yn Almaeneg.
6) Sut byddech chi'n dweud yr amserau hyn yn Almaeneg: a) 5.00 b) 10.30 c) 13.22 dd) 16.45
7) Dywedwch holl ddyddiau'r wythnos yn Almaeneg, o ddydd Llun i ddydd Sul.
8) Sut byddech yn dweud y rhain yn Almaeneg? a) ddoe b) heddiw c) yfory
9) Dywedwch holl fisoedd y flwyddyn, o Ionawr i Ragfyr.
10) Sut ydych chi'n dweud <u>dyddiad</u> eich pen-blwydd yn Almaeneg?
11) Mae 'Was machst du heute Abend?' yn golygu 'Beth wyt ti'n ei wneud heno?'.
    Sut byddech chi'n dweud 'Beth wyt ti'n ei wneud a) y prynhawn yma? b) yfory? c) yr wythnos nesaf?
12) Mae 'ich fahre nicht oft Ski' yn golygu 'Dw i ddim yn sgio yn aml.'
    Sut byddech chi'n dweud: a) 'Dw i byth yn sgio.' b) 'Dw i'n sgio'n aml.' c) 'Dw i'n sgio weithiau.'
13) Dyma rai ymadroddion: 'ich hätte gern', 'ich möchte', 'ich würde gern'.
    Pa ddau allech eu defnyddio i ddweud y byddech yn hoffi a) coffi? b) dawnsio?
14) Sut byddech chi'n dweud y rhain yn Almaeneg? a) Os gwelwch yn dda b) Diolch c) Sut ydych chi?
15) Mae 'du singst' yn golygu 'rwyt ti'n canu'. Beth yw ystyr y cwestiynau yma?
    a) Wann singst du? b) Wo singst du? c) Was singst du? ch) Wie singst du? d) Warum singst du?
    dd) Wie viel singst du?
16) Sut byddech chi'n gofyn i rywun beth yw eu barn am Elvis Presley? (Yn Almaeneg).
    Rhowch gymaint o ffyrdd o ofyn ag y gallwch.
17) Sut byddech chi'n dweud y pethau yma yn Almaeneg? Rhowch o leiaf un ffordd o ddweud pob un.
    a) Dw i'n hoffi Elvis Presley. b) Dw i ddim yn hoffi Elvis Presley.
    c) Dw i'n meddwl bod Elvis Presley yn ddiddorol. ch) Dw i'n dwlu ar Elvis Presley.
    dd) Dw i'n meddwl bod Elvis Presley yn ofnadwy. e) Dw i'n meddwl bod Elvis Presley yn ffantastig.
18) I ennill gwobr arbennig yr wythnos hon, cwblhewch y frawddeg yma mewn 10 gair neu lai (yn Almaeneg): 'Dw i'n hoffi Elvis Presley achos ...'
19) I ennill crafion tatws yr wythnos ddiwethaf, cwblhewch y frawddeg yma mewn 10 gair neu lai (yn Almaeneg): 'Dw i ddim yn hoffi Elvis Presley achos ...'

Adran 1 - Cyffredinol

Llwyddo yn yr arholiad

Mae'r tudalennau yma yn dangos sut i wella eich marc heb ddysgu mwy o Almaeneg – felly darllenwch hyn ...

Darllenwch y cwestiynau'n ofalus

Peidiwch â cholli marciau hawdd y dylai pawb eu hennill – gwnewch yn siŵr eich bod yn gwneud y pethau yma:

1) Darllenwch y cyfarwyddiadau i gyd yn iawn.
2) Darllenwch y cwestiwn yn iawn.
3) Atebwch y cwestiwn – peidiwch â malu awyr am rywbeth amherthnasol.
4) Ysgrifennwch mewn paragraffau a defnyddiwch Gymraeg cywir yn y profion darllen a gwrando.
5) Cymerwch amser i gynllunio eich ateb yn y papur ysgrifennu – peidiwch â rhuthro ati yn ddifeddwl.

Mae geirfa a gramadeg yn gwneud i chi edrych yn dda

Gorau po fwyaf o ramadeg a geirfa gywir y gallwch eu cynnwys. Disgrifiwch bethau – peidiwch â dweud y lleiaf posibl. Ond mae brawddeg syml gywir yn well na rhywbeth cymhleth nad yw'n gwneud synnwyr.

Does dim rhaid i'ch gramadeg fod yn berffaith – peidiwch â gwylltio os ydych chi'n dweud rhywbeth ac yna'n sylweddoli nad oedd yn hollol gywir. Ond os ydych chi eisiau cael marciau da iawn, mae'n rhaid i chi ddysgu eich gramadeg.

Ydw, dw i'n edrych yn dda.

Mae arholwyr yn hoffi teithio trwy amser

Mae dweud pryd wnaethoch chi rywbeth yn ennill marciau bonws mawr i chi. Dysgwch yr adran am amser a dyddiadau (tudalennau 2-3) yn ofalus, a dywedwch pryd neu pa mor aml yr ydych yn gwneud pethau.

Bydd siarad am yr hyn rydych wedi ei wneud yn y gorffennol neu'r hyn y byddwch yn ei wneud yn y dyfodol yn codi'ch cyfanswm marciau'n sylweddol.

Mae arholwyr yn hoffi clywed eich barn

Mae arholwyr hefyd wrth eu bodd yn clywed barn pobl — felly dysgwch yr adrannau yn y llyfr yma am fynegi barn (yn enwedig tudalennau 6-7) yn drylwyr.

Peidiwch â phoeni os oes yn rhaid i chi wneud eich barn i fyny — y peth pwysig yw bod gennych rywbeth da i'w ddweud am y pwnc a'ch bod yn dangos diddordeb wrth siarad amdano.

Sut mae'ch berfau? — Digon da i gario brics ...

Mae'n amlwg wrth gwrs — gorau po fwyaf o eirfa a gramadeg rydych yn eu meistroli. A bydd dysgu'r stwff am amser a barn yn rhoi seiliau gwych i chi — cyhyd â'ch bod yn ei ddefnyddio.

Sut mae defnyddio geiriadur

Dydych chi ddim yn cael defnyddio geiriadur yn yr arholiad, ond mae mynd i'r afael â sut i ddefnyddio un yn dal yn werth chweil — e.e. wrth wneud gwaith dosbarth a gwaith cartref gallwch wirio sillafu neu ddod o hyd i eiriau newydd. Felly dyma ddwy dudalen wych am sut i wneud y defnydd gorau o'ch geiriadur ...

Defnyddiwch y geiriadur, ond dim ond os oes RHAID I CHI

1) Peidiwch â bod â'ch trwyn yn y geiriadur trwy'r amser — wnewch chi ddim dysgu gair trwy edrych amdano yn y geiriadur bob tro.

2) Yn gyntaf ceisiwch ateb cwestiynau heb ddefnyddio'r geiriadur — yna ewch yn ôl a'i ddefnyddio os oes rhaid.

Holwch sut mae dod o hyd i luosog geiriau yn eich geiriadur — gofynnwch i'ch athro.

Mae'r TABLAU BERFAU yn y cefn yn gallu bod yn ddefnyddiol iawn — defnyddiwch nhw os oes rhaid i chi wirio rhangymeriadau'r gorffennol (gweler tudalen 94).

Defnyddiwch yr Almaeneg rydych yn ei wybod

Peidiwch â cheisio defnyddio'r geiriadur i ddweud pethau cymhleth — defnyddiwch eich synnwyr a chadwch at y pethau rydych yn eu gwybod.

Dw i'n wneuthurwr mygiau di-waelod

Dw i'n feddyg

EDRYCHWCH AR Y CWESTIWN HWN:

Was hast du zu Weihnachten geschenkt bekommen?

(Pa anrhegion Nadolig gest ti?)

Peidiwch â chwilio yn y geiriadur am y geiriau am ryw anrheg ecsotig a rhyfedd gawsoch chi.

Mae'n well esgus eich bod wedi cael rhywbeth hawdd rydych yn ei wybod yn Almaeneg — fel pêl-droed efallai.

Peidiwch â chyfieithu gair am air – dyw e DDIM yn gweithio

Os trowch chi bob gair o'r ymadrodd hwn i'r Gymraeg, fe gewch chi rwtsh:

Wie heißt du? ✗ *Sut galw ti?*

NA!

O ble rwyt ti'n dod? ✗ *Von wo ist du kommen?*

Mae'r un peth yn wir y ffordd arall rownd — trowch ymadrodd Cymraeg i'r Almaeneg air am air ac fe gewch chi rwtsh — felly peidiwch.

Geiriaduron – i'w defnyddio yn ofalus ...

'Ond mae pawb yn gwybod sut mae defnyddio geiriadur' — nac ydyn. Mae miloedd o bobl yn gwastraffu gormod o amser yn ceisio gweithio allan sut mae defnyddio geiriadur. Peidiwch â gwastraffu amser — dysgwch hyn nawr.

Adran 2 – Geiriaduron ac Arholiadau

Sut mae defnyddio geiriadur

Dysgwch y rheol aur: os nad yw e'n gwneud synnwyr, all e ddim bod yn gywir.

Mae'n gallu bod yn ANODD dod o hyd i'r gair cywir

Dyw geiriadur yn dda i ddim os nad ydych yn gwybod dim i ddechrau. Gall gair Cymraeg fod â sawl ystyr a gall fod llwyth o gyfieithiadau gwahanol ohono – mae'n rhaid i chi fod â rhyw syniad beth sy'n gywir cyn dechrau chwilio.

Os nad yw'n e'n gwneud synnwyr, mae'n anghywir

Mae gan rai geiriau nifer o ystyron — peidiwch â dewis y cyntaf welwch chi. Edrychwch ar y rhestr ystyron a dyfalu pa un sy'n iawn yn eich brawddeg chi.

Os darllenwch chi hyn: *Ich finde es sehr schwer, Deutsch zu sprechen.*

... gallech chi chwilio am 'schwer' a dod o hyd i hyn:

schwer

ansoddair: trwm; (schwierig) anodd; (schlimm) difrifol, gwael // adferf: (sehr) (llawer) iawn; (verletzt ac ati) yn ddifrifol, yn wael; S-arbeiter – gweithiwr llaw; Schwere enw benywaidd: pwysau, trymder; (Ffiseg) disgyrchiant; schwerelos ansoddair: heb bwysau

Felly gallai'r frawddeg olygu:

Dw i'n ei chael hi'n drwm siarad Almaeneg. ✗

Dw i'n ei chael hi'n anodd siarad Almaeneg. ✓

Dw i'n ei chael hi'n ddifrifol siarad Almaeneg. ✗

Dyma'r unig un sy'n gwneud synnwyr.

Mae'n ddigon hawdd: *Os nad yw'n gwneud synnwyr – rydych chi wedi dewis y gair anghywir.*

Chwiliwch am rannau o eiriau hir

Dyw pob gair hir Almaeneg ddim yn y geiriadur. Ond gallwch chwilio am rannau'r geiriau.

Dyweder eich bod eisiau gwybod beth mae Wetterbericht yn ei olygu.

1) Pe byddech yn chwilio am 'Wetterbericht', efallai y deuech ar draws y gair 'Wetter': tywydd.
2) Felly gallai'r gair cyfan fod yn 'rhywbeth tywydd'.
3) Chwiliwch am weddill y gair ('Bericht') ac fe welwch ei fod yn golygu 'adroddiad'.
4) Felly mae 'Wetterbericht' yn golygu 'adroddiad tywydd'.

Dyma enghraifft arall: 'Fachsprache'. Os chwiliwch am y gair efallai na ddewch chi o hyd iddo, ond fe ddewch o hyd i 'Fach-' (sy'n golygu 'technegol' neu 'arbenigol') Felly chwiliwch am weddill y gair – chwiliwch am 'Sprache' (sy'n golygu 'iaith'). Felly mae 'Fachsprache' yn golygu 'iaith dechnegol'.

Y geiriau cywir – 'bwyd', 'teledu', 'cysgu' ...

Mae'n rhaid i chi fod yn siŵr beth yn union ydych chi eisiau ei ddweud – ac os yw'r geiriadur yn rhoi mwy nag un ystyr, defnyddiwch eich synnwyr cyffredin i ddyfalu pa un sy'n gywir. Peidiwch â chopio unrhyw beth i lawr heb feddwl.

Adran 2 - Geiriaduron ac Arholiadau

Adran 3 – Tywydd, Teithio a Gwyliau

Y Tywydd

Mae'n ddigon posibl y bydd yn rhaid i chi siarad am y tywydd yn y prawf llafar, neu ddeall rhagolygon y tywydd yn eich arholiad gwrando. Ond peidiwch â phoeni — dysgwch y brawddegau a'r eirfa yma.

Wie ist das Wetter? — Sut mae'r tywydd?

Mae'r ymadroddion byr yma yn hanfodol — yn ffodus, maen nhw'n hawdd.

Es regnet. = Mae hi'n bwrw glaw.

Wrth gwrs dyw hi ddim yn bwrw glaw bob amser, felly dyma rai eraill y gallech chi eu defnyddio:

Es ist kalt. = Mae hi'n oer.

Mae hi'n bwrw eira: Es schneit
Mae taranau: Es donnert
Mae mellt: Es blitzt

twym/poeth: heiß
gwyntog: windig
heulog: sonnig
cymylog: bewölkt
glawog: regnerisch

Gallwch ddefnyddio unrhyw un o'r rhain ar ôl 'Es ist …'.

Die Sonne scheint. = Mae'r haul yn tywynnu.

(Es regnet.)

Wie wird das Wetter morgen? — Sut bydd y tywydd yfory?

Byddwch yn creu argraff dda os ydych yn gwybod hyn – ac mae'n eithaf hawdd. Perffaith.

Morgen wird es schneien. = Yfory bydd hi'n bwrw eira.

Yr wythnos nesaf: Nächste Woche
Ddydd Mawrth: Am Dienstag

Rhowch y dydd neu'r wythnos ar ddechrau'r frawddeg.

bwrw eira: schneien
bwrw glaw: regnen
taranu: donnern
bod yn dwym/poeth: heiß sein
bod yn oer: kalt sein
bod yn wyntog: windig sein
bod yn gymylog: bewölkt sein

(Es ist windig.)

Gweler tudalennau 2-3 am fwy am amserau a dyddiadau, a thudalen 93 am ddefnyddio 'werden' yn y dyfodol.

Der Wetterbericht – Rhagolygon y tywydd

Dyma'r prawf mawr – rhagolygon tywydd go iawn. Fyddwch chi ddim yn gwybod y geiriau i gyd, ond does dim angen i chi eu gwybod. Edrychwch ar y rhannau geiriau rydych yn eu gwybod a rhowch dro arni.

heddiw: heute
yn y de: im Süden
yn y gogledd: im Norden

Gweithiwch trwy'r enghraifft yma i weld os gallwch ddyfalu pa ran sy'n golygu beth. Bydd unrhyw eiriau nad ydych yn eu gwybod yn y geiriadur yng nghefn y llyfr.

Pan fyddwch wedi ei gyfieithu gystal ag y gallwch, gwiriwch trwy ddarllen y cyfieithiad:

Der Wetterbericht für heute
Heute wird es in Deutschland warm sein.
Morgen wird es im Süden windig und im Norden bewölkt sein. An der Küste wird es regnen.

Rhagolygon tywydd heddiw: Heddiw bydd hi'n gynnes yn yr Almaen. Yfory bydd hi'n wyntog yn y de ac yn gymylog yn y gogledd. Bydd hi'n bwrw glaw ar yr arfordir.

Dysgwch y dudalen hon

Rhagolygon y tywydd — y cwbl rydych chi eisiau ei wybod yw 'A fydd angen côt arna i?' a 'Fydda i'n cael lliw haul?' Ond mae'r stwff yma'n codi yn yr arholiadau, felly mae'n rhaid i chi ei ddysgu — ac wrth lwc dyw e ddim yn anodd. Y cwbl mae'n rhaid i chi ei wneud yw dysgu'r prif frawddegau ar y dudalen hon a'r eirfa — a byddwch yn gweithio i'r swyddfa dywydd ymhen dim amser …

Gwledydd

Mae dweud o ble rydych chi'n dod yn siŵr o ddod i fyny yn y prawf llafar a'r arholiad ysgrifennu ac y mae'n rhaid i chi ddeall o ble mae pobl eraill yn dod yn yr arholiadau darllen a gwrando.

Woher kommst du? — O ble rwyt ti'n dod?

Dysgwch y dudalen hon ar eich cof – os nad yw'r wlad rydych yn dod ohoni yma, edrychwch ar weddill y dudalen neu chwiliwch amdani yn y geiriadur, neu gallech esgus eich bod yn dod o un o'r rhain.

Ich komme aus Wales. Ich bin Waliser.

= Dw i'n dod o Gymru. Dw i'n Gymro.

Cymru: Wales
Gogledd Iwerddon: Nordirland
Lloegr: England
Yr Alban: Schottland

Cymro (Cymraes): Waliser(in)
Gwyddel (Gwyddeles) o'r Gogledd: Nordirländer(in)
Sais (Saesnes): Engländer(in)
Albanwr (Albanes): Schotte/Schottin

PWYSIG:
Mae'n rhaid i chi ychwanegu 'in' at ddiwedd y gair wrth siarad am fenywod a merched (gweler tudalennau 77 a 78).

Ich bin Waliserin

Wo wohnst du? = Ble rwyt ti'n byw?

Ich wohne in Wales. = Dw i'n byw yng Nghymru.

Mae Schotte yn gorffen yn 'e' – rhaid i chi dynnu'r 'e' cyn ychwanegu'r 'in' ar gyfer menywod a merched.

Dysgwch y gwledydd tramor yma

Mae angen i chi ddeall o ble mae pobl eraill yn dod pan eu bod yn dweud wrthych. Does dim ond un ffordd o wneud hyn — dysgwch y geiriau isod.

Yr Almaen: Deutschland
Ffrainc: Frankreich
Yr Eidal: Italien
Sbaen: Spanien
Awstria: Österreich
Yr Iseldiroedd: Holland
America: Amerika

Almaenwr (Almaenes): Deutscher/Deutsche
Ffrancwr (Ffrances): Franzose/Französin
Eidalwr (Eidales): Italiener(in)
Sbaenwr (Sbaenes): Spanier(in)
Awstriad: Österreicher(in)
Iseldirwr/aig: Holländer(in)
Americanwr (Americanes): Amerikaner(in)

I gael marciau ychwanegol, dysgwch y llefydd hyn hefyd:

Gwlad Belg: Belgien
Denmarc: Dänemark
Norwy: Norwegen
Prydain Fawr: Großbritannien

Sweden: Schweden
Rwsia: Russland
Affrica: Afrika

Mae Y Swisdir, Yr Iseldiroedd a'r Unol Daleithiau yn anodd ...

1) Cymerwch ofal: mae'n rhaid i chi roi 'die' bob amser o flaen y gwledydd hyn:

   Y Swisdir: die Schweiz
   Yr Iseldiroedd: die Niederlande (lluosog)
   Yr UD: die USA (lluosog), die Vereinigte Staaten (lluosog)

   Peidiwch ag anghofio – yr un lle yw America a'r Unol Daleithiau.

2) OND ar ôl 'aus', mae'r 'die' yn newid i 'der' ar gyfer y Swisdir (achos mae'n unigol a benywaidd) a 'den' ar gyfer y lleill (achos maen nhw'n lluosog). Gweler tudalennau 81 a 86 am y stwff am 'die' ac 'aus'.

   Ich komme aus den USA.

Pethau anodd   Pethau anodd

Mae'n rhaid i chi ddysgu'r holl wledydd a chenhedloedd hyn. Yn achos y rhai sy'n debyg i'r Gymraeg neu'r Saesneg, gwnewch yn siŵr eich bod yn eu sillafu'n gywir – fel Sweden a Schweden. Hefyd mae'n rhaid i chi fod yn gallu dweud o ble rydych chi'n dod a deall pobl eraill yn dweud o ble maen nhw'n dod. Mwynhewch.

Adran 3 - Tywydd, Teithio a Gwyliau

Geirfa gwestai a hostelau

Ar y dudalen yma mae'r holl eiriau fydd angen i chi eu gwybod am westai, hostelau a gwersylla. Efallai nad yw'n gyffrous iawn, ond mae'n ddefnyddiol iawn. Ewch ati i'w dysgu felly ...

Der Urlaub — Gwyliau

Maen nhw'n hoffi eich profi ar fwcio'r math iawn o ystafell yn y math iawn o westy — dysgwch hyn ...

Geirfa gyffredinol

gwyliau: der Urlaub (-e)
tramor: im Ausland
person: die Person (-en)
nos: die Nacht (¨e)
arhosiad dros nos: die Übernachtung

Berfau defnyddiol mewn gwestai

cadw: reservieren
aros dros nos: übernachten
aros: bleiben
costio: kosten
gadael: abreisen / abfahren

Pethau y gallech chi fod eisiau gofyn amdanyn nhw:

ystafell: das Zimmer (–)
ystafell ddwbl: das Doppelzimmer (–)
ystafell sengl: das Einzelzimmer (–)
lle: der Platz (¨e)
gwasanaeth ystafell: der Zimmerservice (-s)

Pa fath o lety (am fwy am brydau bwyd gweler tudalennau 50-52).

llety, brecwast, cinio a swper: die Vollpension
llety, brecwast a swper: die Halbpension
gwely a brecwast: Übernachtung mit Frühstück

I droi gair i'r lluosog, ychwanegwch yr hyn sy yn y cromfachau, e.e. mae Nacht yn newid i Nächte (¨e). Gweler tudalennau 77-78 am fwy am enwau.

gwesty: das Hotel

lle gwely a brecwast: die Pension (-en)

gwersyll: der Campingplatz (¨e)

hostel ieuenctid: die Jugendherberge (-n)

Die Rechnung – Y bil

Ar ben hyn, mae'n rhaid i chi fod yn gallu holi am eich ystafell, ble mae pethau ... a thalu'r bil.

Rhannau gwesty

derbynfa: der Empfang
tŷ bwyta: das Restaurant (-s)
ystafell fwyta: der Speisesaal (Speisesäle)
lifft: der Lift (-s)
grisiau: die Treppe (-n)
maes parcio: der Parkplatz (¨e)
lolfa: der Aufenthaltsraum (¨e)

Pethau am eich ystafell

allwedd: der Schlüssel (–)
balconi: der Balkon (-e)
bath: das Bad (¨er)
cawod: die Dusche (-n)
basn: das Waschbecken (–)

Wie komme ich am besten zur Jugendherberge bitte?

All twristiaid o Brydain ddim meddwl am unrhyw beth arall i ddweud?

Talu am eich amser yn y gwesty

bil: die Rechnung (-en)
pris: der Preis (-e)

Geiriau ychwanegol am wersylla

pabell: das Zelt (-e)
sach gysgu: der Schlafsack (¨e)
gwersylla: zelten
codi: das Zelt aufstellen
safle: der Platz (¨e)
dŵr yfed: das Trinkwasser

Tudalen sy'n llawn geirfa – dysgwch yr holl stwff ar y dudalen yma, ac fe wnewch yn wych os bydd unrhyw beth am westai yn codi ... ac mae yn codi'n aml. Gwiriwch eich bod yn gwybod y geiriau i gyd trwy orchuddio'r dudalen a'u hysgrifennu.

Adran 3 - Tywydd, Teithio a Gwyliau

Bwcio ystafell/safle gwersylla

Mae gofyn am ystafelloedd yn ymddangos yn aml yn yr arholiadau. Dysgwch y dudalen yma a chewch chi ddim problem.

Haben Sie ein Zimmer frei? — Oes gyda chi ystafell wag?

Bydd yn rhaid i chi ddweud pa fath o ystafell rydych chi eisiau ac am ba hyd y byddwch yn aros.

Ich möchte ein **Einzelzimmer**. = Hoffwn i ystafell sengl.

ystafell ddwbl: ein Doppelzimmer

Ich möchte ein Einzelzimmer.

Os ydych chi eisiau sôn am wahanol fathau o fwcio, defnyddiwch yr eirfa ar dudalen 14.

Gallech chi fanylu mwy a defnyddio'r rhain:
ystafell gyda bath: Zimmer mit Bad
ystafell gyda balconi: Zimmer mit Balkon
Ich möchte ein Zimmer mit Balkon, bitte.

Ich möchte hier **zwei Nächte** bleiben. = Hoffwn i aros yma am ddwy noson.

Rhowch y nifer nosweithiau fan hyn. Gweler tudalen 1 am fwy o rifau.

Pwynt pwysig:
Os ydych yn aros am un noson, defnyddiwch **eine** Nacht (nid ein Nacht).

Was kostet es pro Nacht für **eine Person**? = Faint mae'n costio fesul noson i un person?

Os oes mwy nag un person, defnyddiwch
zwei Person**en**, drei Person**en** ac ati.

Ich nehme es. = Cymera i e.   Ich nehme es nicht. = Chymera i ddim ohono.

Kann man hier zelten? – Alla i wersylla fan hyn?

Pa un ai ydych chi'n hoffi bywyd yn yr awyr agored neu beidio – rhaid i chi ddysgu'r ymadroddion yma.

Ich möchte einen **Platz** für **drei Nächte** bitte.

Drato – anghofiais i'r agorwr tun.

Rhowch fan hyn am faint rydych chi eisiau aros.

= Hoffwn i safle am dair noson, os gwelwch yn dda.

safle ar gyfer pabell: der Platz (¨e)
pabell: das Zelt (-e)

Gallai fod angen yr ymadroddion hyn arnoch chi hefyd:
Oes dŵr yfed yma?: Gibt es hier Trinkwasser?
Alla i gynnau tân yma?: Kann man hier Feuer machen?
Ble alla i gael ...?: Wo bekomme ich ...?

carafan: der Wohnwagen (–)
sach gysgu: der Schlafsack (¨e)

Efallai y bydd yn rhaid i chi fwcio ymlaen llaw. Gweler tudalen 67 am sut i ysgrifennu llythyr ffurfiol.

Oes gyda chi ystafelloedd gwag? – Na, mae dodrefn ynddyn nhw i gyd ...

Mae mynd i westy neu wersyll yn sefyllfa maen nhw'n debygol iawn o'i rhoi i chi yn eich prawf llafar. Felly, hyd yn oed os nad ydych chi byth yn mynd i fynd ar wyliau i'r Almaen, dysgwch y dudalen yma.

Adran 3 - Tywydd, Teithio a Gwyliau

Ble/Pryd mae …

Os ydych chi eisiau gwneud yn dda yn yr arholiad, mae'n **rhaid** i chi fod yn gallu holi am y gwesty — a **deall** yr ateb. Mae'n ddefnyddiol hefyd ar gyfer mynd ar wyliau.

Wo ist …? – Ble mae …?

Mae gwybod sut i ofyn **ble** mae pethau yn hanfodol – **dysgwch** y rhain.

Wo ist **der Speisesaal** *, bitte?* = Ble mae'r ystafell fwyta, os gwelwch yn dda?

maes parcio: der Parkplatz (¨e)
ystafell chwaraeon: das Spielzimmer (–)
lle chwarae: der Spielplatz (¨e)
toiled: die Toilette (-n)
tŷ bach: das Klo (-s)

Gweler tudalen 14 am fwy o bethau y gallech fod eisiau holi amdanyn nhw.

Wo ist der Gorilla?

Mae rhif y llawr yn y derbyniol.

Er ist im **dritten Stock** *.* = Mae ar y trydydd llawr.

Dim ond 13 llawr i fynd …

pedwerydd llawr: vierten Stock
ail lawr: zweiten Stock
llawr cyntaf: ersten Stock
llawr isaf: Erdgeschoss

Am rifau lloriau uwch, gweler tudalen 1.

Dyma eiriau eraill y gallai fod eu hangen arnoch wrth ddisgrifio ble mae rhywbeth:

y tu allan: draußen
ar y chwith/dde: links / rechts
i fyny'r grisiau: oben
i lawr y grisiau: unten
ar ddiwedd y coridor: am Ende des Gangs

Wann ist …? Pryd mae …?

Ac wedyn ar ôl i chi sicrhau **ble** mae popeth, bydd angen i chi wybod **pryd** mae pethau'n digwydd …

Wann wird **das Frühstück** *serviert, bitte?* = Pryd mae brecwast yn cael ei weini, os gwelwch yn dda?

cinio: das Mittagessen (–)
swper: das Abendessen (–)

Am fwy o amserau, gweler tudalen 2.

Wann wird das Abendessen serviert?

O na!

Es wird um **acht Uhr** *serviert.* = Mae'n cael ei weini am wyth o'r gloch.

Y Speisesaal – lle mae'r sbiwyr sâl yn bwyta …

Rhaid i chi **wybod** yr eirfa yma i gyd i gael **marciau** da. Y ffordd orau o sicrhau eich bod yn ei gwybod yw **gorchuddio'r** dudalen a rhoi tro ar **ysgrifennu**'r geiriau. Os na allwch chi wneud hynny, dydych chi ddim wedi eu dysgu. Mae'r stwff am y **llawr cyntaf**, yr **ail lawr** ac ati yn codi mewn sefyllfaoedd **eraill** hefyd, e.e. **siopau** … felly mae'n werth ei **ddysgu**.

Adran 3 – Tywydd, Teithio a Gwyliau

Gofyn am wybodaeth

Mae'r arholwyr hefyd eisiau i chi fod yn gallu darganfod beth sydd i'w wneud mewn tref. Yn anffodus mae hyn yn golygu llawer o waith dysgu. Gwell dechrau'n syth felly ...

Das Verkehrsamt — Y Swyddfa Dwristiaeth

Dyma ble rydych yn cael gwybodaeth am yr hyn sy gan dref i'w gynnig. Dysgwch yr ymadroddion hyn ar eich cof.

Können Sie mich über den Zoo informieren, bitte?

= Allwch chi roi gwybodaeth i fi am y sŵ, os gwelwch yn dda?

atyniadau Stuttgart: die Sehenswürdigkeiten von Stuttgart
yr amgueddfa: das Museum

Am ragor o bethau y gallech holi amdanynt, gweler tudalennau 21 a 36.

PWYSIG
Pan fod 'über' yn golygu 'am', fe'i dilynir gan y gwrthrychol. Gweler tudalen 76.

Wann macht das Museum auf?

= Pryd mae'r amgueddfa'n agor?

yr arddangosfa: die Ausstellung
yr oriel: die Galerie

cau: zu

Gweler tudalen 22 am wybodaeth am ofyn am gyfarwyddiadau.

Ausflüge – Gwibdeithiau

Dysgwch y stwff yma ac fe gewch lawer o farciau bonws yn yr arholiad.

Haben Sie Broschüren über Ausflüge von München aus?

= Oes gyda chi daflenni am wibdeithiau o Munich?

yr amgueddfeydd yn Cologne: die Museen in Köln

Mae'r hyn rydych chi eisiau taflenni amdano yn mynd fan hyn.

Was für einen Ausflug würden Sie gern machen?

= Pa fath o wibdaith hoffech chi fynd arni?

Ich möchte Neuschwanstein besichtigen.

= Hoffwn i edrych o gwmpas Neuschwanstein.

mynd i amgueddfa: in ein Museum gehen
gweld y castell: das Schloss sehen

Was kostet es? = Faint mae'n costio?

Es kostet fünf Euro für eine Person. = Mae'n costio 5 ewro am un person

Dieser Bus fährt nach Neuschwanstein.
Der Bus fährt um halb drei vom Rathaus ab.

= Mae'r bws yma'n mynd i Neuschwanstein. Mae'r bws yn gadael neuadd y dref am hanner awr wedi dau.

y trên: der Zug
2.00 y prynhawn: vierzehn Uhr
3.15 y prynhawn: fünfzehn Uhr fünfzehn
o'r eglwys: von der Kirche
o sgwâr y farchnad: vom Marktplatz

Pethau anodd Pethau anodd Pethau anodd Pethau anodd

Yn y prawf llafar, gallech chi orfod esgus eich bod mewn swyddfa dwristiaeth yn gofyn am daflenni neu'n holi am wibdeithiau, a gallech orfod ysgrifennu llythyr i swyddfa dwristiaeth yn yr arholiad ysgrifennu.

Adran 3 - Tywydd, Teithio a Gwyliau

Siarad am eich gwyliau

Ar ôl bod ar wyliau rydych chi eisiau diflasu pawb trwy siarad amdano'n ddi-baid. Ar ôl dysgu'r dudalen yma byddwch chi'n gallu diflasu pobl yn Almaeneg hefyd ... a chael marciau da.

Wohin bist du gefahren? — Ble est ti?

Ich bin **vor zwei Wochen** nach **Amerika** gefahren.

= Es i i America bythefnos yn ôl.

Dyma pryd aethoch chi ... ... a dyma ble aethoch chi.

wythnos yn ôl: vor einer Woche
y mis diwethaf: letzten Monat
ym mis Gorffennaf: im Juli
yn yr haf: im Sommer

Sbaen: Spanien
Ffrainc: Frankreich
Iwerddon: Irland

Peidiwch ag anghofio y bydd yn rhaid i chi ddefnyddio'r derbyniol ar ôl 'nach'. Gweler tudalen 77.

Pan fod 'vor' yn golygu 'yn ôl', bydd angen y derbyniol. Gweler tudalen 77.

- Dyddiadau ac amserau eraill: tudalennau 2-3.
- Pwyntiau'r cwmpawd: tudalen 23.
- Rhestr fwy o wledydd: tudalen 13.

Ich bin nach Las Vegas gefahren.

Mit wem warst du im Urlaub? — Gyda phwy est ti ar dy wyliau?

Gwell i chi ateb y cwestiwn yma neu bydd pob math o straeon yn codi.

Ich war **einen Monat** lang mit **meiner Familie** im Urlaub.

Mae am faint aethoch chi yn mynd fan hyn ..
pythefnos: zwei Wochen
mis: einen Monat (-e)

... a gyda phwy aethoch chi fan hyn.
fy mrawd: meinem Bruder
fy ffrindiau: meinen Freunden

= Es i ar fy ngwyliau gyda fy nheulu am fis.

Am amserau'r gorffennol, gweler tudalennau 94 a 95.

Defnyddiwch y derbyniol ar ôl 'mit'. Gweler tudalen 77.

Am ffrindiau a'r teulu — gweler tudalen 55.

Was hast du gemacht? – Beth wnest ti?

Rhaid i chi fod yn gallu dweud beth wnaethoch chi ar eich gwyliau – dysgwch hyn yn drylwyr.

Ich bin **an den Strand** gegangen.

= Es i i'r traeth.

i ddisgo: zu einer Diskothek
i amgueddfa: in ein Museum

Am lefydd eraill gweler tudalen 21.

torheulais i: mich gesonnt
chwaraeais i dennis: Tennis gespielt

Ich bin an den Strand gegangen!

Ich habe **mich entspannt**. = Ymlaciais i.

Am chwaraeon a gweithgareddau eraill, gweler tudalen 36.

Treuliais i fy ngwyliau yn adolygu Almaeneg – wir ...

Mae'n rhaid i chi fod yn gallu siarad am wyliau yn eich arholiadau llafar ac ysgrifennu, a deall pobl eraill yn siarad am eu gwyliau nhw. Gorchuddiwch y dudalen er mwyn gweld faint rydych yn ei gofio.

Adran 3 - Tywydd, Teithio a Gwyliau

Siarad mwy am eich gwyliau

Dyma'r manylion ychwanegol fydd yn creu argraff fawr ar yr arholwr. Felly ymlaen â ni …

Wie bist du dorthin gekommen? — Sut est ti yno?

Mae 'dorthin' yn golygu 'yno' pan eich bod yn mynd i rywle. Mae'n air defnyddiol.

Wir sind mit dem Wagen dorthin gekommen. = Aethon ni yno yn y car.

Rhowch y cerbyd y teithioch chi ynddo fan hyn.

awyren: dem Flugzeug
cwch: dem Boot
beic: dem Fahrrad

Am ragor o ddulliau cludiant gweler tudalennau 24-25.

Wie war das Wetter? – Sut oedd y tywydd?

Fyddai eich disgrifiad o'ch gwyliau ddim yn gyflawn heb fanylion am y tywydd.

Die Sonne schien und es war heiß. = Roedd yr haul yn tywynnu ac roedd hi'n dwym.

Roedd hi'n bwrw glaw: Es regnete
Roedd hi'n bwrw eira: Es schneite

glawog: regnerisch
oer: kalt

Gweler tudalen 12 am fwy o ffyrdd o siarad am y tywydd.

Gallech chi ddweud: 'Die Sonne hat geschienen'.
Mae'r ffurf yma yn fwy cyffredin mewn rhai ardaloedd, yn arbennig yn y de.

Wie hat dir deine Reise gefallen? — Sut oedd dy daith?

Mae rhoi eich barn yn ffordd dda o wneud i'r arholwr feddwl eich bod chi'n wych.

Wie fandest du deinen Urlaub? = Sut oedd dy wyliau?

Roedd yn iawn: Er war in Ordnung

Er hat mir gefallen. = Hoffais ef.

Er hat mir nicht gefallen. = Doeddwn i ddim yn ei hoffi.

Wohin wirst du fahren? — Ble byddi di'n mynd?

Mae'n rhaid i chi allu siarad am y dyfodol - pethau y byddwch yn eu gwneud …

Mae'r rhain i gyd yn y dyfodol … … ac mae'r rhain yn y presennol/dyfodol …

Ble byddi di'n mynd? Wohin wirst du fahren?	Dw i'n mynd i America mewn pythefnos. Ich fahre in zwei Wochen nach Amerika.
Gyda phwy byddi di'n mynd ar dy wyliau? Mit wem wirst du im Urlaub fahren?	Dw i'n mynd ar fy ngwyliau am fis gyda fy nheulu. Ich fahre einen Monat lang mit meiner Familie im Urlaub.
Beth fyddi di'n ei wneud? Was wirst du machen?	Dw i'n mynd i'r traeth. Ich gehe an den Strand.
Sut byddi di'n cyrraedd yno? Wie wirst du dorthin kommen?	Dw i'n mynd yno yn y car. Ich komme mit dem Wagen dorthin.

Am fwy am y dyfodol, gweler yr adran ramadeg – tudalen 93.

Pethau anodd Pethau anodd

Gwersylla yn y dyfodol – ar y lleuad efallai …

Rhaid i chi wybod yr eirfa hon i gyd er mwyn ysgrifennu am wyliau yn yr arholiad. Gallwch chi ddisgrifio gwyliau dychmygol, os ydych yn gwybod y geiriau Almaeneg. Gwenwch – gallai pethau fod yn waeth. Efallai.

Adran 3 - Tywydd, Teithio a Gwyliau

Crynodeb adolygu

Mae'r cwestiynau hyn yma i sicrhau eich bod yn gwybod eich stwff <u>yn drylwyr</u>. Gweithiwch trwyddyn nhw <u>i gyd</u>, a gwnewch nodyn o'r rhai nad oeddech chi'n gallu eu hateb. Edrychwch yn ôl trwy'r adran i atgoffa'ch hun sut i'w hateb. Rhowch dro arall ar y cwestiynau anodd. Wedyn edrychwch eto ar unrhyw rai sy'n dal i achosi anhawster i chi. Cadwch ati nes eich bod yn gallu eu hateb nhw <u>i gyd</u> — achos bydd hynny'n golygu eich bod wedi <u>eu dysgu</u> yn drylwyr.

1) Mae eich ffrind llythyru Almaenig eisiau gwybod sut mae'r tywydd lle rydych chi'n byw. Dywedwch ei bod yn gymylog ac yn bwrw glaw, ond y bydd yr haul yn tywynnu yfory.

2) Ysgrifennwch ddeg gwlad yn Almaeneg. Sut byddech chi'n dweud eich bod yn dod o un o'r gwledydd yma?

3) Rydych chi'n cyrraedd gwesty yn yr Almaen. Gofynnwch a oes ystafelloedd gwag gyda nhw.

4) Dywedwch eich bod eisiau un ystafell ddwbl a dwy sengl. Dywedwch eich bod eisiau aros pum noson. Dywedwch eich bod yn cymryd yr ystafelloedd.

5) Gofynnwch ble mae'r ystafell chwaraeon.

6) Rydych yn cael yr ateb: 'Gehen Sie links bis zum Ende des Gangs.' Beth sy raid i chi ei wneud i gyrraedd yr ystafell chwaraeon?

7) Dywedwch wrth staff y gwesty eich bod eisiau gwely a brecwast. Gofynnwch pryd maen nhw'n gweini brecwast.

8) Rydych yn cyrraedd gwersyll. Gofynnwch a oes lle ar ôl. Gofynnwch a oes dŵr yfed.

9) Rydych yn cyrraedd Tübingen ac yn mynd i'r swyddfa dwristiaeth. Gofynnwch am wybodaeth am yr atyniadau.

10) Mae gwibdaith i amgueddfa gyfagos. Gofynnwch am daflen am y wibdaith. Gofynnwch pryd mae'r bws yn gadael o neuadd y dref.

11) Rydych chi newydd fod ar wyliau yn Yr Eidal. Aethoch chi am bythefnos gyda'ch chwaer. Aethoch chi yno mewn awyren. Ymlacioch chi a thorheulo. Roedd y tywydd yn dwym ac yn heulog. Mwynheuoch chi'r gwyliau ac rydych yn mynd i Sbaen flwyddyn nesaf. Whiw – dywedwch hyn i gyd yn Almaeneg!

Adran 3 - Tywydd, Teithio a Gwyliau

Adran 4 – Y Dref a'r Ardal Leol

Enwau adeiladau

Byddwch yn gallu siarad am eich tref lawer yn well os ydych yn gwybod pa adeiladau sydd yno — a bydd yr arholwyr yn edmygu eich gwybodaeth hefyd — fydd yn golygu llond bwced o farciau.

Die Gebäude — Adeiladau

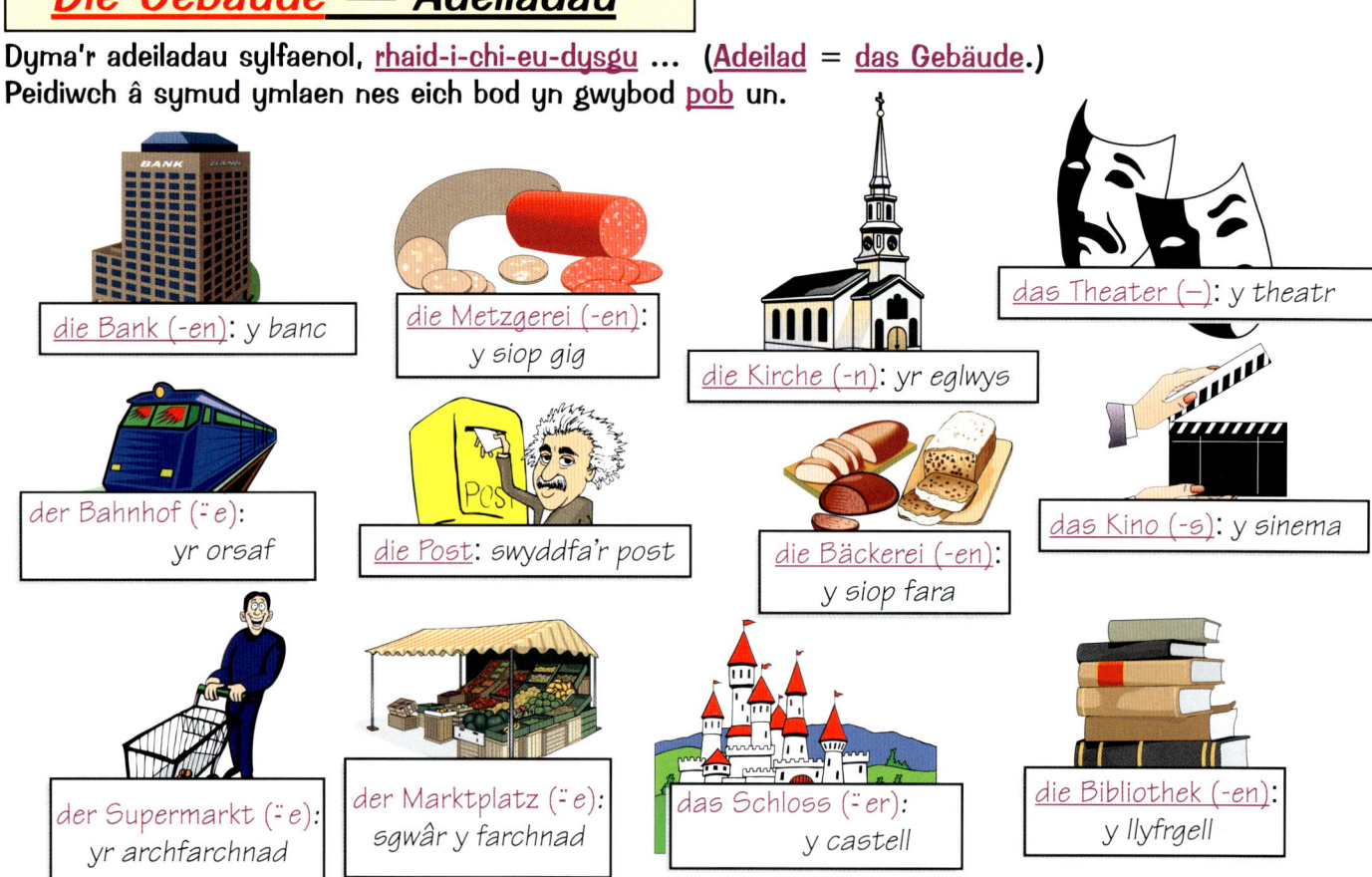

Dyma'r adeiladau sylfaenol, rhaid-i-chi-eu-dysgu ... (Adeilad = das Gebäude.)
Peidiwch â symud ymlaen nes eich bod yn gwybod pob un.

die Bank (-en): y banc

die Metzgerei (-en): y siop gig

die Kirche (-n): yr eglwys

das Theater (–): y theatr

der Bahnhof (¨e): yr orsaf

die Post: swyddfa'r post

die Bäckerei (-en): y siop fara

das Kino (-s): y sinema

der Supermarkt (¨e): yr archfarchnad

der Marktplatz (¨e): sgwâr y farchnad

das Schloss (¨er): y castell

die Bibliothek (-en): y llyfrgell

Andere Gebäude — Adeiladau eraill

Waeth i mi gyfaddef. Mae nifer fawr o adeiladau y dylech eu dysgu. Dyma'r gweddill:

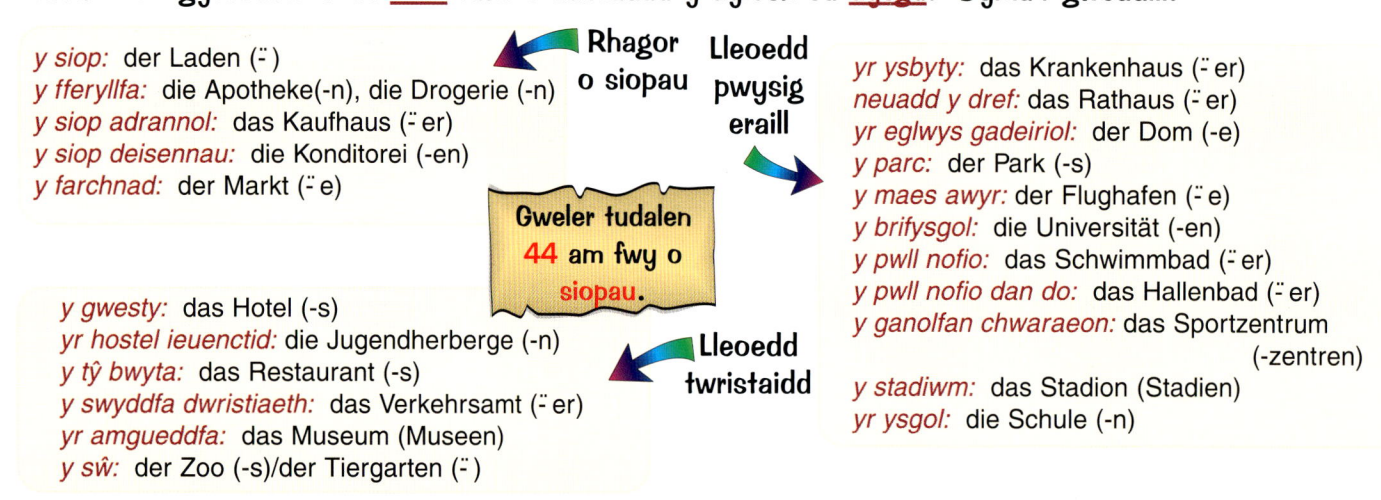

Rhagor o siopau

y siop: der Laden (¨)
y fferyllfa: die Apotheke (-n), die Drogerie (-n)
y siop adrannol: das Kaufhaus (¨er)
y siop deisennau: die Konditorei (-en)
y farchnad: der Markt (¨e)

Gweler tudalen 44 am fwy o siopau.

Lleoedd twristaidd

y gwesty: das Hotel (-s)
yr hostel ieuenctid: die Jugendherberge (-n)
y tŷ bwyta: das Restaurant (-s)
y swyddfa dwristiaeth: das Verkehrsamt (¨er)
yr amgueddfa: das Museum (Museen)
y sŵ: der Zoo (-s)/der Tiergarten (¨)

Lleoedd pwysig eraill

yr ysbyty: das Krankenhaus (¨er)
neuadd y dref: das Rathaus (¨er)
yr eglwys gadeiriol: der Dom (-e)
y parc: der Park (-s)
y maes awyr: der Flughafen (¨e)
y brifysgol: die Universität (-en)
y pwll nofio: das Schwimmbad (¨er)
y pwll nofio dan do: das Hallenbad (¨er)
y ganolfan chwaraeon: das Sportzentrum (-zentren)
y stadiwm: das Stadion (Stadien)
yr ysgol: die Schule (-n)

Mae llawer o eirfa i'w dysgu fan hyn. Y ffordd orau o wneud hynny yw troi'r dudalen drosodd a gweld a ydych yn gallu ysgrifennu'r geiriau i gyd. Yna gwiriwch eich atebion a rhowch dro arall arni. Mae'n ddiflas ond mae'n gweithio. Dyw darllen y tudalennau yn unig ddim yn ddigon — fyddwch chi ddim yn eu cofio nhw yfory, heb sôn am yn yr arholiad.

Gofyn am gyfarwyddiadau

Rydych chi'n sicr o gael o leiaf un cwestiwn am holi am gyfarwyddiadau. Felly mae'r dudalen yma yn bwysig. Dechreuwch ddysgu'r ymadroddion yma ar eich cof.

Wo ist ... ? — Ble mae ...?

Mae'n hawdd iawn gofyn ble mae lle — dywedwch 'wo ist...' a rhowch y lle ar y diwedd.
Dim problem gyda threfn y geiriau yn y frawddeg — mae'r drefn yr un fath ag yn Gymraeg.

Wo ist die Post, bitte? = Ble mae swyddfa'r post, os gwelwch yn dda?

Gweler tudalen 21 am fwy o adeiladau.

Gibt es hier in der Nähe eine Bibliothek? = Oes llyfrgell yn agos?

Wie weit ist es? — Pa mor bell yw hi?

Gallai'r lle rydych yn chwilio amdano fod yn rhy bell i gerdded iddo — efallai y bydd yn rhaid i chi fynd ar fws neu dram. Dyma sut mae holi ynglŷn â'r pellter, rhag eich bod yn eich cael eich hun yn cerdded am dair awr i'r maes awyr.

Wie weit ist es zum Kino? = Pa mor bell yw hi i'r sinema?

Pwynt pwysig: Defnyddiwch 'zur' gyda geiriau 'die' a 'zum' gyda geiriau 'der' a 'das'.

Es ist zwei Kilometer von hier. = Mae'n ddau gilometr o fan hyn.

Hi/ef: er / sie / es
can metr: hundert Meter
yn agos: in der Nähe   pell: weit

Wie komme ich zu ...? Sut mae cyrraedd ...?

Os nad ydych chi'n sefyll o flaen y lle, bydd angen cyfarwyddiadau arnoch. Dyma sut mae gofyn andanyn nhw:

Entschuldigen Sie bitte, wie komme ich zur Bank? = Esgusodwch fi, sut mae mynd i'r banc?

Marciau ychwanegol: Gallwch chi ychwanegu 'am besten' at y frawddeg (cyn yr adeilad) er mwyn gofyn beth yw'r ffordd orau i fynd yno.

Wie komme ich am besten zum Bahnhof?

Pwynt pwysig: Rhowch unrhyw le fan hyn, gan ddefnyddio 'zum' neu 'zur' fel yn y cwestiwn diwethaf.

i'r orsaf: zum Bahnhof
i'r llyfrgell: zur Bibliothek
i'r castell: zum Schloss

Bydd angen yr holl eirfa hon arnoch chi i ddeall y cyfarwyddiadau y byddwch yn eu cael.

ewch yn syth ymlaen: gehen Sie geradeaus
ewch i'r dde: gehen Sie rechts
ewch i'r chwith: gehen Sie links
ar y cornel: an der Ecke
rownd y cornel: um die Ecke

i'r dde wrth y goleuadau: rechts an der Ampel
yn syth ymlaen, heibio i'r eglwys: geradeaus, an der Kirche vorbei
cymerwch y ffordd gyntaf ar y chwith: nehmen Sie die erste Straße links

Edrychwch ar dudalen 1 am fwy o stwff am cyntaf, ail, ac ati.

Dyma dudalen arall o stwff sydd bron yn siŵr o ymddangos yn un o'ch arholiadau, felly mae'n bryd i chi orchuddio'r dudalen a gweld faint o'r eirfa rydych yn ei chofio. Gwnewch hyn drosodd a throsodd nes eich bod yn gwybod yr eirfa i gyd. Defnyddiwch yr ymadroddion gyda'r holl adeiladau rydych yn eu cofio o dudalen 21. Dim gwaith, dim maeth.

Adran 4 – Y Dref a'r Ardal Leol

Beth yw eich barn am ble rydych yn byw

P'un ai ydych chi'n hoffi ble rydych yn byw neu beidio, dylech fod â <u>digon</u> i'w ddweud amdano. Gwnewch yn siŵr eich bod yn <u>dysgu</u>'r ymadroddion hyn, wedyn gallwch eu <u>hailadrodd</u> yn hyderus yn eich <u>arholiad</u> heb feddwl.

Wo wohnst du? — Ble rwyt ti'n byw?

Ewch chi <u>ddim</u> trwy'r arholiad heb gael y cwestiwn <u>yma</u> — felly paratowch eich ateb.

Ich wohne in **Abersoch**. = Dw i'n byw yn Abersoch.

Abersoch liegt **in Nordwest Wales**. = Mae Abersoch yng ngogledd-orllewin Cymru.

Mein Haus

gogledd: im Norden   *de:* im Süden   *yn ne-ddwyrain Cymru:* in Südostwales
dwyrain: im Osten   *gorllewin:* im Westen   *yng ngogledd yr Alban:* in Nordschottland

Am fwy o wledydd gweler tudalen 13

In deiner Stadt — Yn dy dref

Dyma gwestiwn <u>arall</u> sy'n ymddangos trwy'r amser — ymarferwch eich atebion <u>cyn</u> yr arholiad.

Was gibt es in deiner Stadt? = Beth sydd yn dy dref?

Es gibt **einen Markt**. = Mae marchnad.

Gweler tudalen 21 am fwy o <u>adeiladau</u>.

Lebst du gern in Abersoch? = Wyt ti'n hoffi byw yn Abersoch?

Ich lebe **gern** in Abersoch. = Dw i'n hoffi byw yn Abersoch.

ddim yn hoffi: nicht gern

Was für eine Stadt ist Abertawe? — Pa fath o dref yw Abertawe?

Os ydych chi eisiau marc <u>gwirioneddol dda</u>, gwnewch yn siŵr y gallwch chi roi mwy o <u>fanylion</u>.

Die Stadt ist **sehr interessant**. = Mae'r dref yn ddiddorol iawn.

diflas: langweilig
gwych: klasse / prima
brwnt: schmutzig
glân: sauber
tawel: ruhig / still

Es gibt **viel** zu tun. = Mae llawer i'w wneud.

(does) dim: nichts   *(does) dim llawer:* wenig
digon: genug   *bob amser rhywbeth:* immer etwas

Cofiwch: Dywedwch <u>gelwydd</u> os oes angen — ond gwnewch e'n <u>gredadwy</u>.

Gweler tudalennau 6-7 am ragor am fynegi barn.

Rhowch nhw <u>at ei gilydd</u> a gwneud brawddeg <u>hirach</u> — ac fe gewch <u>farciau ychwanegol</u> os yw'n gywir.

Ich lebe gern in **Abertawe**, weil es immer viel zu tun gibt. = Dw i'n hoffi byw yn Abertawe, achos mae bob amser llawer i'w wneud.

Ich lebe nicht gern in **Abertawe**, weil es nichts zu tun gibt. = Dw i ddim yn hoffi byw yn Abertawe, achos does dim byd i'w wneud.

Os ydych yn byw mewn lle hollol ddiflas, heb <u>unryw beth</u> da i'w ddweud amdano, gallwch chi <u>ddefnyddio eich dychymyg</u> (o fewn rheswm) — ond mae'n siŵr y bydd <u>rhywbeth</u> i'w ddweud am rywle yn y cyffiniau. Dechreuwch trwy ddweud <u>ble mae e</u> a cheisiwch weld faint allwch chi ei ddweud amdano <u>heb</u> edrych ar y dudalen.

Adran 4 — Y Dref a'r Ardal Leol

Teithio ar y trên

Trenau, awyrennau a cheir — wel, dim ond trenau am y tro. Bydd angen llawer o eirfa arnoch i sicrhau'r marciau gorau. Ac mae'n rhaid i chi wybod rhai brawddegau sylfaenol — pethau y bydd eu hangen arnoch chi bob amser.

Ich möchte mit dem Zug fahren — Hoffwn i deithio yn y trên

Dyma sut mae prynu tocyn. Dim ond rhywun dewr iawn fyddai'n mynd i'r arholiad heb wybod hyn.

Fährt ein Zug nach Berlin? = Oes trên i Berlin?

i Mülheim: nach Mülheim
i Aachen: nach Aachen

Y genidol yw hwn — gweler tudalen 77.

Einmal einfach nach Berlin, Mainz, Köln, München, Heidelberg und Lübeck bitte.

Doedd Camilla ddim yn gallu penderfynu ble i fynd gyntaf.

Einmal einfach nach Berlin, erster Klasse. = Un tocyn un ffordd i Berlin, dosbarth cyntaf.

dau: zweimal
tri: dreimal
un ffordd: einfach
dwy ffordd: hin und zurück
dosbarth cyntaf: erster Klasse
ail ddosbarth: zweiter Klasse

Mae gair arall y dylech chi ei wybod sy'n golygu tocyn dwy ffordd — **die Rückfahrkarte**.

Eine Rückfahrkarte nach Berlin, bitte. = Un tocyn dwy ffordd i Berlin, os gwelwch yn dda.

Wann fahren sie? — Pryd ydych chi'n teithio?

Mae'r stwff yma yn fwy cymhleth, ond mae'n hollbwysig. Ewch chi ddim yn bell (yn yr Almaen nac yn eich arholiad) os nad ydych chi'n gwybod sut i ofyn y math yma o gwestiwn.

Ich möchte am Samstag nach Köln fahren. = Hoffwn i deithio i Cologne ddydd Sadwrn.

heddiw: heute *ddydd Llun nesaf*: nächsten Montag *ar y degfed o Fehefin*: am zehnten Juni

Wann fährt der Zug nach Köln ab? = Pryd mae'r trên nesaf yn mynd i Cologne?

Mae 'abfahren' ac 'ankommen' yn ferfau sy'n rhannu. Gweler tudalen 97 am fwy o wybodaeth.

Wann kommt der Zug in Köln an? = Pryd mae'r trên yn cyrraedd Cologne?

Von welchem Gleis fährt der Zug ab? = O ba blatfform mae'r trên yn gadael?

Rhagor o eirfa — ydy, mae mor ddiflas â lwmpyn mawr diflas, ond mae'n hanfodol eich bod yn gwybod cymaint ag y gallwch chi.

gadael: abfahren	*cyrraedd*: ankommen	*newid (trên)*: umsteigen
platfform: das Gleis (-e)	*ymadawiad*: die Abfahrt	*cyrraedd*: die Ankunft
ystafell aros: der Warteraum	*tocyn*: die Fahrkarte (-n)	*cownter tocynnau*: der Fahrkartenschalter
peiriant tocynnau: der Fahrkartenautomat (-en)	*amserlen*: der Fahrplan	*mynd ar (y trên)*: einsteigen
dod oddi ar (y trên): aussteigen	*trên cyflym*: der D-Zug	*trên cyflym sy'n stopio'n aml*: der Eilzug
trên lleol: der Nahverkehrszug	*trên trefol*: die S-Bahn	*trên rhyngdrefol*: der Inter-City-Zug

Byddwch yn ofalus gyda berfau fel 'abfahren' ac 'einsteigen'. Maen nhw'n rhannu — rydych chi'n dweud 'Der Zug fährt ab', nid 'der Zug abfährt'. Ar wahân i hynny, mae hyn i gyd yn eithaf syml — felly dysgwch e. Yna bydd teithio o gwmpas yr Almaen lawer yn haws — ac yn bwysicach fyth, bydd yr arholiad yn haws hefyd.

Adran 4 – Y Dref a'r Ardal Leol

Pob math o drafnidiaeth

Dyma beth mae'n rhaid i chi ei wybod am fathau eraill o drafnidiaeth. Dyma bwnc arall y dylech fod yn ei ddysgu yn drylwyr iawn — ac mae'n rhaid i chi wybod llwyth o eirfa ar ei gyfer hefyd.

Wie kommst du dahin? — Sut wyt ti'n mynd yno?

Bydd yn rhaid i chi ddweud sut ydych chi'n teithio. Defnyddiwch y ferf 'fahren' ar gyfer cerbydau ond 'gehen' os ydych chi'n cerdded. Hefyd, mae'n rhaid i chi ddefnydio 'mit ' ar gyfer cerbydau — ond os ydych chi'n cerdded, dywedwch 'zu Fuß'.

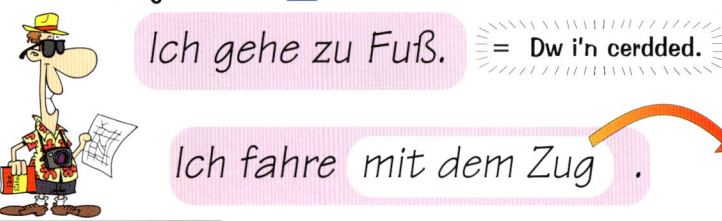

Ich gehe zu Fuß. = Dw i'n cerdded.

Ich fahre mit dem Zug. = Dw i'n teithio ar y trên.

ar y bws: mit dem Bus
ar y tram: mit der Straßenbahn
ar y trên tanddaearol: mit der U-Bahn
ar y beic: mit dem Fahrrad
yn y car: mit dem Auto
ar y beic modur: mit dem Motorrad
ar y bws: mit dem Reisebus
yn y cwch: mit dem Boot
yn yr awyren: mit dem Flugzeug

Roedd Dyfan yn gwneud ei orau i beidio ag edrych fel twrist.

Normalerweise fahre ich mit dem Bus in die Stadt. = Fel arfer dw i'n mynd i'r dref ar y bws.

Abfahrt und Ankunft — Ymadael a chyrraedd

Dyma'r math o gwestiynau y byddai'n rhaid i chi eu gofyn yn yr orsaf. Neu yn eich arholiad efallai.

Fährt ein Bus nach Mannheim? = Oes bws yn mynd i Mannheim?

Dyw hyn ddim yn edrych fel Stuttgart — Rhaid mod I wedi mynd ar y bws anghywir

tram: eine Straßenbahn
bws: ein Reisebus
awyren: ein Flugzeug
cwch: ein Boot

Wann fährt der nächste Bus nach Stuttgart ab? = Pryd mae'r bws nesaf yn gadael am Stuttgart?

y bws (nesaf): der (nächste) Reisebus   y cwch (nesaf): das (nächste) Boot

Wann kommt das Flugzeug in Frankfurt an? = Pryd mae'r awyren yn cyrraedd Frankfurt?

Welcher Bus ...? — Pa fws ...?

Does dim amheuaeth — rhaid i chi allu gofyn pa fws neu drên sy'n mynd i ble. Dysgwch hyn.

Welcher Bus fährt zum Stadtzentrum, bitte? = Pa fws sy'n mynd i ganol y dref, os gwelwch yn dda?

Pa dram ...: Welche Straßenbahn...
Pa linell danddaearol ...: Welche U-Bahn-Linie...

i'r arhosfan bysiau: zur Bushaltestelle
i'r maes awyr: zum Flughafen
i'r harbwr/porthladd: zum Hafen

Cymerwch y bws — na, gadewch e fan'na ...

Meddyliwch sut rydych chi'n arfer teithio a sut byddech chi'n ei ddweud yn Almaeneg — a sut rydych yn teithio pan eich bod ar eich gwyliau. Dyna ffordd dda o ymarfer y geiriau am wahanol fathau o drafnidiaeth. Yn yr Almaen mae tramiau yn ogystal â bysiau — edrychwch allan amdanyn nhw os ewch chi yno.

Adran 4 – Y Dref a'r Ardal Leol

Newid arian ac eiddo coll

Byddai hyn yn bwysig iawn pe byddech chi'n mynd i'r Almaen a rhywun yn dwyn eich eiddo. Os ydych chi eisiau ennill y marciau gorau posibl yn eich arholiadau, gwell i chi fynd ati i ddysgu'r ymadroddion hyn.

Die Wechselstube — Y gyfnewidfa arian

Mae hyn yn codi trwy'r amser yn y prawf llafar — felly dysgwch e'n dda.

Ich möchte **Geld** *wechseln, bitte.* = Hoffwn i newid arian, os gwelwch yn dda.

arian Prydeinig: britisches Geld
£50: fünfzig Pfund

Edrychwch yn ôl ar dudalennau 45 ac 1 am fwy am arian a rhifau.

1 Million, bitte.

Ich möchte **diesen Reisescheck** *einlösen, bitte.* = Hoffwn i newid y siec deithio yma, os gwelwch yn dda.

y sieciau teithio yma: diese Reisechecks

Die Polizei — Swyddfa'r Heddlu

Sefyllfa arall sy'n debyg o godi yn y prawf llafar.

Ich habe **meine Tasche** *verloren.* = Dw i wedi colli fy mag.

Wo haben Sie **Ihre Tasche** *verloren?* = Ble colloch chi eich bag?

Gweler tudalen 83 am fyw am 'mein', 'ihr' ac ati

Ich habe **meine Tasche** **am Bahnhof** *liegen lassen.* = Collais i fy mag yn yr orsaf.

fy mag: meine Tasche
fy mhasport: meinen Pass
fy nghamera: meinen Fotoapparat
fy mhwrs: mein Portemonnaie
fy allwedd: meinen Schlüssel
fy arian: mein Geld

Am ragor o adeiladau gweler tudalen 21.

Jemand hat **meine Tasche** *gestohlen.* = Mae rhywun wedi dwyn fy mag.

Mae'r rhain mewn gwahanol gyflyrau. Am fwy o wybodaeth, gweler tudalen 83.

Meine Tasche **wurde** **vor einer Stunde** *gestohlen.* = Cafodd fy mag ei ddwyn awr yn ôl.

Wie sieht es aus? — Sut mae'n edrych?

Bydd angen hyn arnoch chi hefyd. Mae'n sicr o godi rywbryd yn ystod eich arholiad.

Mein Portemonnaie ist **klein und schwarz**. = Mae fy mhwrs yn fach ac yn ddu.

glas: blau   mawr: groß   hen: alt   wedi ei wneud o ledr: aus Leder

Gweler tudalennau 45 a 82 am fwy ar liwiau a disgrifiadau.

Eiddo Coll — dw i wedi colli fy nhŷ ...

Rydych chi'n bur debyg o gael rhywbeth am golli pethau neu newid arian yn yr arholiad. Bydd dysgu'r ychydig ymadroddion hyn yn gwneud eich bywyd lawer yn haws os yw hynny'n digwydd. Cofiwch ddefnyddio'r amser perffaith ('ich habe ...') am yr hyn sy wedi digwydd — ac fe wnewch greu andros o argraff ar yr arholwr!

Adran 4 – Y Dref a'r Ardal Leol

Crynodeb adolygu

Y ffordd i lwyddo yn eich TGAU Almaeneg yw <u>dysgu</u> ychydig o <u>ymadroddion</u>, gallu newid rhai <u>geiriau</u> oddi mewn iddyn nhw a defnyddio'r ymadroddion gyda'i gilydd. Ond os nad ydych chi'n gwybod yr ymadroddion, mae gyda chi broblem. Bydd y cwestiynau yma'n dangos faint rydych chi'n ei wybod. Ewch drostyn nhw nes eich bod yn gallu eu gwneud nhw <u>i gyd</u>.

1) Rydych chi newydd gyrraedd Heidelberg ac yn ysgrifennu at eich ffrind llythyru am yr hyn sydd i'w weld yno. Sut ydych chi'n dweud bod castell, pwll nofio, prifysgol, sŵ, amgueddfa a theatr yno?

2) Mae'n rhaid i chi fynd i'r fferyllfa. Sut ydych chi'n gofyn ble mae hi a pha mor bell yw hi?

3) Mae ymwelydd o'r Almaen yn ymweld â'ch tref chi ac mae'n chwilio am yr hostel ieuenctid. Dywedwch wrtho am fynd yn syth ymlaen, troi i'r chwith wrth y goleuadau a bod yr hostel ieuenctid ar y dde.

4) Dywedwch wrth eich ffrind llythyru o'r Almaen ble rydych yn byw a ble mae e (pa wlad ac ym mha ran ohoni e.e. yn y gogledd-ddwyrain).

5) Dywedwch eich bod yn hoffi byw yn eich tref, bod llawer i'w wneud yno a'i bod hi'n lân. Dywedwch bod canolfan chwaraeon a sinema yno.

6) Rydych wedi cyrraedd yr Almaen heb ewros. Dywedwch wrth y swyddog yn y gyfnewidfa arian eich bod eisiau newid 50 punt a newid siec deithio.

7) Rydych chi wedi colli eich pwrs — dywedwch hyn wrth yr heddlu. Dywedwch fod y pwrs yn goch ac wedi ei wneud o ledr, a'ch bod chi wedi ei golli yn y siop fara awr yn ôl.
(Cofiwch fod yr amser yn dod cyn y lle yn Almaeneg.)

8) Gofynnwch am dri thocyn dwy ffordd ail ddosbarth i Dresden. Gofynnwch o ba blatfform mae'r trên yn gadael a ble mae'r ystafell aros. Gofynnwch a oes rhaid i chi newid trên.

9) Dywedwch eich bod yn mynd i'r ysgol yn y car, ond bod eich ffrind yn cerdded. (Gwnewch yn siŵr eich bod yn defnyddio'r ferf gywir am y rhain.)

10) Rydych chi wedi colli'r bws i Frankfurt. Gofynnwch pryd mae'r bws nesaf yn mynd a phryd mae'n cyrraedd Frankfurt.

Adran 4 — Y Dref a'r Ardal Leol

Adran 5 — Yr Ysgol a Gwaith

Pynciau Ysgol

Ysgol a gwaith — hwyrach nad dyna'r pethau mwya cyffrous yn eich bywyd. Ond ta waeth — mae'r stwff yma'n wirioneddol <u>bwysig</u> ar gyfer yr <u>arholiadau</u>, felly dysgwch e'n drylwyr a bydd llai o achos i chi boeni.

Welche Schulfächer hast du?
Pa bynciau ysgol wyt ti'n eu hastudio?

Ewch dros bob grŵp o bynciau nes eich bod yn gallu eu hysgrifennu nhw <u>i gyd</u> heb edrych.

Ieithoedd:
Almaeneg: Deutsch (das)
Ffrangeg: Französisch (das)
Sbaeneg: Spanisch (das)
Eidaleg: Italienisch (das)

Gwyddoniaeth:
gwyddoniaeth: Naturwissenschaft (die)
ffiseg: Physik (die)
cemeg: Chemie (die)
bioleg: Biologie (die)

Rhifau a phethau:
mathemateg: Mathe(matik) (die)
technoleg gwybodaeth: Informationstechnik (die)

Addysg gorfforol:
Ymarfer Corff: Sport (der)

Celf a Chrefft:
astudiaethau theatr: Theaterwissenschaft (die)
celf: Kunst (die)
cerdd: Musik (die)
tecstilau: Handwerk (das)
gwaith coed: Tischlerei (die)
gwyddor tŷ: Hauswirtschaft (die)

Dyniaethau:
Cymraeg: Walisisch (das)
hanes: Geschichte (die)
daearyddiaeth: Erdkunde/Geografie (die)
athroniaeth: Philosophie (die)
cymdeithaseg: Sozialwissenschaft (die)
addysg grefyddol: Reli(gion) (die)

Welche Fächer sind dir lieber?
— Pa bynciau wyt ti'n eu hoffi fwya?

Efallai nad yw'r stwff yma am yr ysgol yn gyffrous, ond mae'n <u>rhaid</u> i chi ei wybod.

Was ist dein Lieblingsfach? = Beth yw dy hoff bwnc?

Ich mag Mathe. = Dw i'n hoffi mathemateg.

Mae mwy am sut i ddweud beth ydych yn ei hoffi a ddim yn ei hoffi ar dudalennau 6-7.

Biologie gefällt mir mehr. = Mae'n well gen i fioleg.

Deutsch ist mein Lieblingsfach. = Almaeneg yw fy hoff bwnc.

Ich hasse Sport. = Dw i'n casáu Ymarfer Corff.

Yn ystod Ymarfer Corff breuddwydiai Dyfan am ei annwyl fathemateg.

Gwnewch yn siŵr eich bod yn gallu <u>dweud</u> yr holl bynciau rydych yn eu gwneud, ac o leia'n <u>deall</u> y rhai nad ydych yn eu gwneud. <u>Does dim rhaid</u> i chi ddefnyddio 'der', 'die' neu 'das wrth siarad am bwnc ysgol — ffiw. Dylech fod yn gyfarwydd â'r rhan fwya o'r stwff yma — jyst gwnewch yn siŵr ei fod wedi hoelio yn eich meddwl.

Trefn ddyddiol yr ysgol

Efallai nad yw'r brawddegau yma'n eich cyffroi, ond maen nhw'n werth eu pwysau mewn aur yn yr arholiadau. Cadwch eich brawddegau'n _fyr_ ac wedi eu _ffurfio'n berffaith_ — mae'n haws peidio â llithro felly.

Wie kommst du in die Schule? — Sut wyt ti'n mynd i'r ysgol?

Ymarferwch _ddweud_ y frawddeg rydych yn mynd i'w defnyddio yn y _prawf llafar_. Ond dyw hynny ddim yn ddigon — gallai unrhyw un o'r amrywiadau eraill godi yn yr arholiadau darllen neu ysgrifennu, felly dysgwch nhw i gyd.

Ich fahre mit dem Auto in die Schule. = Dw i'n mynd i'r ysgol yn y car.

car: dem Auto/dem Wagen
bws: dem Bus
beic: dem Fahrrad

Defnyddiwch 'in die Schule' am 'i'r ysgol'. Mae 'gehen' yn golygu 'mynd' yn yr ystyr 'cerdded', felly defnyddiwch 'fahren' os ydych yn teithio mewn unrhyw fath o gerbyd.

Dw i bob amser yn dal yr ystlum i'r ysgol.

Ich gehe zu Fuß in die Schule. = Dw i'n cerdded i'r ysgol.

Eine Stunde — Gwers

Ysgrifennwch y brawddegau hyn i gyd gan osod i mewn yr _amserau_ a'r _rhifau iawn_ ar gyfer _eich ysgol chi_. Y cwbl sydd raid i chi ei wneud wedyn yw _dysgu, dysgu_ a _dysgu_ eto, nes eich bod yn gallu eu hadrodd fel robot.

Die Schule fängt um neun Uhr an. = Mae'r ysgol yn dechrau am 9.00.

Am fwy am amserau, gweler tudalen 2 yn 'Stwff Cyffredinol'.

Die Schule ist um halb vier aus. = Mae'r ysgol yn gorffen am 3.30.

Wir haben acht Stunden pro Tag. = Rydyn ni'n cael 8 gwers bob dydd.

Byddwch yn ofalus — mae 'Stunde' yn gallu golygu 'gwers' neu 'awr'. Slei.

Um elf haben wir Pause. = Rydyn ni'n cael egwyl am 11.00.

egwyl: Pause
amser cinio: Mittagspause

Mae'r egwyl drosodd!

Jede Stunde dauert vierzig Minuten. = Mae pob gwers yn para 40 munud.

Wir machen eine Stunde Hausaufgaben pro Tag. = Rydyn ni'n cael awr o waith cartref bob dydd.

Y tro nesaf y bydd eich mam yn gofyn beth ydych chi wedi bod yn ei wneud yn yr ysgol trwy'r dydd, gallwch ateb yn Almaeneg. Wel efallai na, ond _mae_ hyn i gyd _yn_ stwff _defnyddiol_ iawn, a byddwch chi'n teimlo'n wirion os _nad ydych_ chi'n ei wybod yn yr _arholiad_. Cofiwch yr ymadrodd defnyddiol '_pro Tag_' — gallwch ei gynnwys mewn llawer o frawddegau.

Adran 5 – Yr Ysgol a Gwaith

Rheolau a gweithgareddau ysgol

Mae'r dudalen yma'n llawn o ddarnau ychwanegol sy'n codi o'r sgwrs sylfaenol am yr ysgol. Gallan nhw ddod i fyny yn yr arholiadau darllen ac ysgrifennu a'r prawf llafar — hebddynt gallech golli'r cyfle i ennill llawer o farciau hawdd.

Siarad am eich gweithgareddau all-gyrsiol

Mae'n bryd disgrifio eich holl hobïau rhyfeddol — neu gallech esgus eich bod yn gwneud rhywbeth sy'n hawdd i'w ddweud.

Hast du Aktivitäten außerhalb des Stundenplans? = Wyt ti'n gwneud gweithgareddau allgyrsiol?

Am fwy am hobïau, gweler tudalen 36 yn 'Amser hamdden a hobïau'.

Dw i'n chwarae mewn band: spiele ich in einer Band
Dw i'n casglu stampiau: sammle ich Briefmarken

Außerhalb des Stundenplans treibe ich Sport. = Dw i'n gwneud chwaraeon y tu allan i amser ysgol.

Wie lange ...? — Ers faint ...?

Dw i ddim wedi cynnwys hwn i'm plesio fy hun. Mae e yma achos gallai fod yn eich arholiad. Felly dysgwch e.

Wie lange lernst du schon Deutsch? = Ers faint wyt ti'n dysgu Almaeneg?

Gwnewch yn siŵr eich bod yn defnyddio'r amser presennol — dydych chi ddim yn dweud 'dw i wedi bod yn' ond 'dw i yn' yn Almaeneg.

Am fwy am rifau gweler tudalen 1 yn 'Cyffredinol'.

Ich lerne seit drei Jahren Deutsch. = Dw i wedi bod yn dysgu Almaeneg ers tair blynedd.

Der Stundenplan — Yr amserlen

Mae hyn ychydig yn anos, ond os ydych chi eisiau marciau uchel, rhaid i chi ei ddysgu.

Der Stundenplan = Amserlen   Es gibt drei Trimester. = Mae tri thymor.

Wir haben im Sommer sechs Wochen Ferien. = Rydyn ni'n cael chwech wythnos o wyliau yn yr haf.

Am fwy am ddillad, gweler tudalen 47 yn 'Siopa a bwyd a diod'.

dros y Nadolig: zu Weihnachten
dros y Pasg: zu Ostern

wyth wythnos: acht Wochen
pum niwrnod: fünf Tage

Die Regeln sind streng. = Mae'r rheolau yn llym.

In der Schule tragen wir eine Uniform. = Rydyn ni'n gwisgo gwisg ysgol yn yr ysgol.

Roedd dillad ysgol Gwilym ychydig yn rhy fawr iddo.

Unsere Uniform ist ein roter Pulli, eine graue Hose, ein weißes Hemd und ein grüner Schlips. = Ein gwisg ysgol yw siwmper goch, trowsus llwyd, crys gwyn a thei gwyrdd.

Pethau anodd

Gwisg ysgol — beth mae'ch ysgol chi'n ei wisgo?

Gwnewch yn siŵr eich bod yn gwybod eich rhifau Almaeneg ar gyfer yr adran yma. Gorau po fwyaf y gallwch chi falu awyr am eich ysgol — caewch y llyfr i weld faint rydych chi'n ei gofio. Os ydych chi'n cyfarfod ag Almaenwr, bydd e wrth ei fodd yn clywed am eich gwisg ysgol achos dyw Almaenwyr ddim yn gwisgo gwisg ysgol — does dim tegwch yn y byd.

Adran 5 – Yr Ysgol a Gwaith

Iaith y dosbarth

Mae'r stwff yma'n bwysig iawn os nad ydych chi bob amser yn deall Almaeneg yn berffaith. Mae'n ddefnyddiol iawn gallu gofyn i rywun ailadrodd rhywbeth, neu sillafu gair dydych chi ddim yn siŵr ohono.

Setzt euch! — Eisteddwch!

Dysgwch y tri ymadrodd byr yma i osgoi pryd o dafod yn y dosbarth!

- Steht auf! = Codwch!
- Setzt euch! = Eisteddwch!
- Seid ruhig! = Byddwch yn dawel!

Sprichst du Deutsch? — Wyt ti'n siarad Almaeneg?

Gall yr ymadroddion yma fod yn hanfodol yn y prawf llafar. Hyd yn oed os daw hi i'r gwaethaf, mae'n llawer gwell dweud 'Dw i ddim yn deall' yn Almaeneg na chodi eich ysgwyddau, gwenu a mwmian rhywbeth yn Gymraeg.

- Verstehst du? = Wyt ti'n deall?
- Ich verstehe (nicht). = Dw i (ddim) yn deall.
- Wie spricht man das aus? = Sut mae ynganu hynny?
- Wie buchstabiert man das? = Sut mae sillafu hynny?
- Wie sagt man das auf Deutsch? = Sut mae dweud hynny yn Almaeneg?

Raahhhhhh shaddabbaa

Digon teg, ond sut wyt ti'n ei ddweud e yn Almaeneg?

Ich verstehe nicht — Dw i ddim yn deall

Mae llawer gwell siawns gyda chi o ddeall rhywbeth os gallwch chi ofyn i rywun ei ailadrodd. Felly mae'r stwff yma yn wirioneddol werth ei ddysgu.

- Was bedeutet das, bitte? = Beth mae hynny'n ei olygu, os gwelwch yn dda?
- Kannst du dieses Wort erklären? = Alli di egluro'r gair yma?

Allwch chi: können Sie

- Können Sie das bitte wiederholen? = Allwch chi ailadrodd hynna, os gwelwch yn dda?
- Ist das falsch? = Ydy hynny'n anghywir?
- Ich weiß nicht. = Dw i ddim yn gwybod.
- Das ist falsch. = Mae hynny'n anghywir.
- Das ist richtig. = Mae hynny'n iawn.

Rhoch, rhoch, rhoch, ...rhoch, rhoch rhoch?
Können Sie das wiederholen, bitte?

Dysgwch yr ymadroddion defnyddiol hyn i gyd — hyd yn oed os nad oes unrhyw syniad gyda chi beth mae'r arholwr newydd ei ddweud, cewch chi farciau am ofyn iddo ailadrodd rhywbeth — ac ar yr un pryd byddwch chi'n osgoi distawrwydd chwithig. Peidiwch â gwylltio — mae pethau fel yna yn digwydd i bawb.

Adran 5 – Yr Ysgol a Gwaith

Mathau o swyddi

Mae yna bob math o swyddi — ac mae'n rhaid i chi eu hadnabod nhw i gyd achos gallai unrhyw un godi yn eich arholiadau gwrando a darllen. Mae'r swyddi rydych chi a'ch teulu'n eu gwneud yn fwy pwysig fyth — byddan nhw yn sicr o godi yn eich prawf llafar.

Ychwanegwch '-in' i wneud swydd yn fenywaidd.

Bydd angen yr ymadroddion yma arnoch i siarad ac ysgrifennu am swyddi rhan-amser neu am fod yn fyfyriwr.

myfyriwr: Student(in)
profiad gwaith: Praktikum
swydd benwythnos: Wochenendsjob
gweithiwr rhan-amser: Teilzeitarbeiter(in)

Beth maen nhw'n meddwl wrth ddweud bod plant yr ysgol yma'n dipyn o adar?

Gwrywaidd/Benywaidd
Yn y mwyafrif o swyddi, rydych yn ychwanegu '-in' i greu'r ffurf fenywaidd. Os yw'r swydd yn gorffen yn '-mann' newidiwch hynny i '-frau'. Gwyliwch eithriadau fel 'Friseur/Friseuse', a geiriau lle rydych yn gorfod ychwanegu Umlaut yn nherfyniad y benywaidd.

Mae cenedl swydd yn dibynnu ar bwy sy'n ei gwneud.

Bydd angen i chi fod yn gallu dweud ac ysgrifennu unrhyw swyddi rydych chi a'ch teulu yn eu gwneud — ac adnabod y gweddill pan fyddwch yn eu gweld neu eu clywed.

Swyddi siwt
dyn busnes/menyw fusnes: Geschäftsmann/-frau
cyfrifydd: Buchhalter(in)
ysgrifennydd/ysgrifenyddes: Sekretär(in)
banciwr: Bankier(in)
peiriannydd: Ingenieur(in)
rhaglennydd: Programmierer(in)
gwas sifil: Beamter/Beamtin
cyfreithiwr(aig): Rechtsanwalt/Rechtsanwältin

Fel y byddech chi'n disgwyl, mae cenedl swydd bob amser yn wrywaidd ar gyfer dyn a benywaidd ar gyfer menyw.

Swyddi yn y celfyddydau
actor/actores: Schauspieler(in)
cerddor: Musiker(in)
dawnsiwr(aig): Tänzer(in)

Swyddi eraill
mecanydd: Mechaniker(in)
trydanwr: Elektriker(in)
plymwr: Klempner(in)
cogydd: Koch/Köchin
cigydd: Metzger(in)

Mwy o swyddi
gwerthwr(aig): Verkäufer(in)
newyddiadurwr(aig): Journalist(in)
athro/athrawes: Lehrer(in)
llyfrgellydd: Bibliothekar(in)
gwleidydd: Politiker(in)
person trin gwallt: Friseur/Friseuse
gwraig tŷ: Hausfrau
merch au pair: au pair-Mädchen
plismon(es): Polizist(in)
Aelod Seneddol/Aelod o'r Cynulliad: der/die Abgeordnete
postmon: Briefträger(in)
asiant gwerthu tai: Immobilienmakler(in)

Swyddi meddygol
deintydd: Zahnarzt/Zahnärztin
fferyllydd: Drogist(in)
nyrs: Krankenschwester, Krankenpfleger
meddyg: Arzt/Ärztin

Abgeordnete — tipyn o lond ceg

Peidiwch â digalonni â hyd y rhestri. Dechreuwch gyda'r swyddi sy hawsaf i'w cofio, a chofiwch mai dim ond swyddi mae aelodau eich teulu yn eu gwneud y mae'n rhaid i chi siarad amdanyn nhw — ond dylech ddeall y gweddill. Gwnewch yn siŵr eich bod yn gallu dweud fersiwn benywaidd pob swydd — a gwyliwch y rhai od.

Adran 5 — Yr Ysgol a Gwaith

Swyddi rydych chi a'ch teulu yn eu gwneud

Os yw eich tad yn wneuthurwr careiau hunan-gyflogedig efallai y byddai'n well gyda chi ddweud celwydd yn yr arholiad! Byddai'n well i chi esgus ei fod e'n gogydd neu rywbeth — bydd hynny'n gwneud yr arholiadau lawer yn haws.

Mein Vater — Fy nhad, Meine Mutter — Fy mam

Dewiswch swyddi sy'n hawdd i'w dweud o dudalen 32 i'w rhoi yn y brawddegau hyn ar gyfer eich teulu i gyd — ac wedyn dysgwch nhw.

Am fwy am deuluoedd, gweler tudalen 55. Am fwy am rifau, gweler tudalen 1.

Mein Vater ist Rechtsanwalt. = Mae fy nhad yn gyfreithiwr.

fy mrawd: Mein Bruder
fy chwaer: Meine Schwester
banciwr: Bankier(in)
cogydd: Koch/Köchin
pum dydd: fünf Tage

Cofiwch: peidiwch â rhoi 'ein' neu 'eine' cyn y disgrifiad swydd, dim ond 'ist' a'r swydd.

Meine Mutter arbeitet fünfunddreißig Stunden pro Woche. = Mae fy mam yn gweithio 35 awr yr wythnos.

Ich habe einen Teilzeitjob — Mae gen i swydd ran-amser

Gnewch y rhain yn haws trwy ddewis swyddi hawdd a symiau syml — o na fyddai bywyd i gyd mor rwydd!

Ich habe einen Wochenendsjob. = Mae gen i swydd benwythnos.

swydd benwythnos: Wochenendsjob
swydd ran-amser: Teilzeitjob
£3.50 yr awr: dreieinhalb Pfund pro Stunde
£15 yr wythnos: fünfzehn Pfund pro Woche

Ich verdiene fünf Pfund pro Stunde. = Dw i'n ennill £5 yr awr.

Ich bin Metzger/Metzgerin. = Dw i'n gigydd.

Ich mache ein Praktikum als Journalist. = Dw i'n gwneud profiad gwaith fel newyddiadurwr.

Mae digonedd o swyddi i'w gosod yn y blychau gwyn ar dudalen 32.

Y Ganolfan Waith — Efallai bod gyda chi gyrn ond mae gen i ddiploma o ysgol bwystfilod.

Cyfweliadau am fwystfil rhan-amser. CIWIWCH FAN HYN.

Dywedwch pa swydd yr hoffech chi ei gwneud a pham

Dywedwch wrth yr arholwyr pa swydd yr hoffech ei gwneud gan roi rheswm byr a syml — hawdd.

Ich möchte Arzt werden, ... = Hoffwn i fod yn feddyg ...

Defnyddiwch 'werden' (mynd yn) i ddweud pa swydd yr hoffech chi ei gwneud.

Am fwy o eiriau i'w defnyddio i ddweud beth yw eich barn am rywbeth, gweler tudalennau 6-7.

... weil der Job interessant wäre. = ... achos byddai'r swydd yn ddiddorol.

anodd: schwierig *diddorol:* spaßig *hawdd:* einfach

Efallai nad yw'r stwff yma yn mega-gyffrous ond o leiaf mae'r brawddegau'n syml. Os ydych yn defnyddio eich dychymyg, gwnewch yn siŵr nad ydych chi'n dewis rhywbeth gwirion. Peidiwch â mynd ymlaen heb ddysgu'r dudalen yma — mae hwn yn stwff gwerthfawr. Mae llawer o'r geiriau yn debyg i'r Saesneg — mae hynny'n gwneud pethau'n haws.

Adran 5 – Yr Ysgol a Gwaith

Cynlluniau ar gyfer y dyfodol

Os ydych chi'n gwybod beth fyddwch yn ei wneud ar ôl gadael ysgol, gwych — os nad oes syniad gyda chi, meddyliwch am rywbeth. Yna dysgwch e ar eich cof a fyddwch chi ddim yn agor a chau eich ceg fel pysgodyn aur yn yr arholiadau erchyll.

Was möchtest du nach der Schule machen?
— Beth hoffet ti ei wneud ar ôl gadael ysgol?

Gallai'r stwff yma ymddangos — felly byddai'n wirion peidio â'i ddysgu.

Ich möchte das Abitur machen. = Hoffwn i wneud Lefel Uwch.

Mae Abitur yn arholiad maen nhw'n ei sefyll yn yr Almaen sy'n debyg i Lefel Uwch ond maen nhw'n gwneud mwy o bynciau na ni.

Ich möchte auf die Universität gehen. = Hoffwn i fynd i'r brifysgol.

Ich möchte Geografie studieren. = Hoffwn i astudio daearyddiaeth.

Ich möchte ein Jahr freinehmen. = Hoffwn i gymryd blwyddyn allan.

Os hoffech chi wneud swydd benodol ar ôl ysgol, defnyddiwch yr ymadroddion ar dudalen 33.

Rhowch resymau byr, cryno am eich atebion

Meddyliwch am resymau am yr ateb roesoch chi. Cadwch eich esboniad yn fyr, yn gryno ac yn syml. Er enghraifft 'Hoffwn i gymryd blwyddyn allan i deithio' — byr a chryno.

Ich möchte Politologie studieren, weil ich später Politiker werden will. = Hoffwn i astudio gwleidyddiaeth achos dw i eisiau bod yn wleidydd yn nes ymlaen.

mathemateg: Mathe(matik)
cerdd: Musik
cyfrifydd: Buchhalter(in)
cerddor(es): Musiker(in)

Am bynciau ysgol gweler tudalen 28.

Ich möchte das Abitur machen, weil ich später Biologie studieren will. = Hoffwn i wneud Lefel Uwch achos dw i eisiau astudio bioleg yn nes ymlaen.

Cynlluniau ar gyfer y dyfodol — hoffwn i adeiladu peiriant teithio trwy amser ...

Mae'n siŵr eich bod yn meddwl y byddai arholiadau lawer yn haws pe baen nhw'n dweud wrthoch chi o flaen llaw pa gwestiynau sy'n mynd i ymddangos. Y pwynt yw, maen nhw fwy neu lai yn gwneud hynny. Mae'r stwff ar y dudalen yma yn codi flwyddyn ar ôl blwyddyn — felly os ydych chi wedi ei ddysgu, byddwch chi'n iawn. Defnyddiwch eiriau fel 'weil' i ennill marciau ychwanegol.

Adran 5 – Yr Ysgol a Gwaith

Crynodeb adolygu

Mae'n <u>rhaid</u> i chi wybod y stwff yma. Ewch trwy'r cwestiynau hyn — os gallwch chi eu hateb nhw i <u>gyd</u> heb edrych yn ôl dros unrhyw beth, <u>gwenwch</u> fel giât. Os oes rhai nad allwch eu gwneud, ewch yn ôl drostyn nhw. Wedyn rhowch dro <u>eto</u>. Ac eto. Nes eich bod yn gallu eu gwneud nhw i gyd heb unrhyw anhawster. Gallai hyn gymryd amser ond wedi'r cyfan, allwch chi ddim disgwyl dysgu popeth mewn un diwrnod.

1) Dywedwch yr holl bynciau rydych yn eu gwneud yn yr arholiadau yn Almaeneg (neu gynifer â phosibl). Un ohonyn nhw fydd Deutsch ...

2) Mae Roland yn mynd i'r ysgol ar y beic ond mae Sonia yn mynd yn y car. Sut bydden nhw'n dweud wrth ei gilydd sut maen nhw'n mynd i'r ysgol?

3) Sut byddech chi'n dweud bod amser cinio yn dechrau am 12.45 a'ch bod yn cael un awr?

4) Mae Siôn yn disgrifio ei wisg ysgol i'w ffrind o'r Almaen, Markus. Sut byddai e'n dweud ei fod yn gwisgo crys glas, trowsus gwyrdd, siwmper ddu a thei coch?

5) Sut ydych chi'n dweud eich bod wedi bod yn dysgu Ffrangeg ers pum mlynedd ac Almaeneg ers pedair blynedd?

6) Sut ydych chi'n dweud eich bod yn cael chwe gwers bob dydd, bod pob gwers yn para pum deg munud a bod yn rhaid i chi wneud gwaith cartref?

7) a) Mae eich athrawes wedi dweud brawddeg hir yn Almaeneg a dydych chi ddim yn deall. Sut byddech chi'n gofyn iddi ei hailadrodd?
   b) Dydych chi ddim yn deall o hyd. Beth allech chi ddweud nawr? Sut ydych chi'n gofyn sut mae sillafu'r gair sy'n eich drysu?

8) Mae swydd ran-amser gyda chi mewn siop. Rydych chi'n gweithio am dair awr ar ddydd Sadwrn ac yn ennill £5.00 yr awr.
Ysgrifennwch sut byddech chi'n dweud hynny i gyd wrth eich ffrind llythyru o'r Almaen.

9) Mae Lowri eisiau astudio ffiseg. Sut mae hi'n dweud ei bod eisiau gwneud yr Abitur er mwyn mynd i'r brifysgol? Sut mae hi'n dweud mai mathemateg, ffiseg a chemeg yw ei hoff bynciau?

10) Mae Bernd eisiau cymryd blwyddyn allan ar ôl gadael yr ysgol ac astudio wedyn. Sut mae e'n dweud hyn? (*Byddwch yn ofalus gyda threfn y frawddeg.*)

11) Ysgrifennwch yr enwau Almaeneg am bedair swydd y gallech chi ystyried eu gwneud yn y dyfodol a phedair na fyddech chi byth eisiau eu gwneud.

Mae Dyfan wedi gwneud ei gynlluniau ar gyfer y dyfodol ...

Adran 5 – Yr Ysgol a Gwaith

Adran 6 – Amser hamdden a hobïau

Chwaraeon a hobïau

Llawer o eirfa ddefnyddiol iawn. Dewch yn ôl i'r dudalen yma os ydych chi'n chwilio am enw hobi.

Treibst du Sport? — Wyt ti'n gwneud chwaraeon?

Bydd tipyn o'r stwff y bydd disgwyl i chi ddweud amdanoch chi eich hunan yn ymwneud â chwaraeon. Hyd yn oed os nad ydych yn disgleirio ar y cae chwarae, bydd yn rhaid i chi allu siarad amdano'n rhugl.

Enwau chwaraeon

- *badminton:* der Federball
- *pêl-droed:* der Fußball
- *gêm:* das Spiel (-e)
- *tennis:* das Tennis
- *tennis bwrdd:* das Tischtennis
- *sboncen:* das Squash
- *hoci:* das Hockey

Fel arfer, wrth siarad am chwaraeon, rydych chi'n dweud yr enw'n unig, e.e. 'Federball' nid 'der Federball'.

Berfau chwaraeon awyr agored

- *pysgota:* angeln
- *mynd allan:* ausgehen
- *rhedeg:* laufen
- *seiclo:* Rad fahren
- *nofio:* schwimmen
- *sgio:* Ski fahren
- *mynd am dro:* spazieren gehen
- *chwarae:* spielen
- *cerdded:* wandern

Llefydd gwneud chwaraeon:

- *canolfan ffitrwydd:* das Fitnesszentrum (-zentren)
- *pwll nofio awyr agored:* das Freibad (¨-er)
- *pwll nofio:* das Schwimmbad (¨-er)
- *pwll nofio dan do:* das Hallenbad (¨-er)
- *cae chwarae:* der Sportplatz (¨-e)
- *canolfan chwaraeon:* das Sportzentrum (-zentren)
- *canolfan fowlio:* die Kegelbahn (-en)
- *parc:* der Park (-s)

Hast du ein Hobby? — Oes gennyt ti hobi?

Mae pethau eraill i'w gwneud heblaw chwaraeon a dyna lle mae'r tameidiau blasus yma yn werthfawr.

Cyffredinol ond pwysig

- *hobi:* das Hobby (-s)
- *diddordeb:* das Interesse (-n)
- *cefnogwr:* der Fan (-s)
- *clwb:* der Club / Klub (-s)
- *aelod:* das Mitglied (-er)

Berfau gweithgareddau dan do

- *cyfarfod:* (sich) treffen
- *dawnsio:* tanzen
- *canu:* singen
- *casglu:* sammeln
- *bowlio:* kegeln
- *darllen:* lesen

Enwau pwysig eraill

- *gwyddbwyll:* das Schach
- *ffilm:* der Film (-e)
- *perfformiad:* die Vorstellung (-en)
- *drama (mewn theatr):* das Theaterstück (-e)

I weld sut mae defnyddio berfau gyda gwahanol bobl, gweler tudalennau 90 a 93.

Offerynnau cerddorol

- *ffidil:* die Geige (-n) / die Violine (-n)
- *ffliwt:* die Querflöte (-n)
- *drymiau:* die Trommeln (lluosog)
- *clarinet:* die Klarinette (-n)
- *gitâr:* die Gitarre (-n)
- *trwmped:* die Trompete (-n)
- *piano:* das Klavier (-e)
- *soddgrwth:* das Cello (Celli)
- *telyn:* die Harfe (-n)

Geiriau cerddoriaeth

- *band, grŵp:* die Band (-s)
- *crynoddisg:* die CD (-s)
- *offeryn:* das Instrument (-e)
- *casét:* die Kassette (-n)
- *cyngerdd:* das Konzert (-e)
- *record:* die Schallplatte (-n)
- *stereo:* die Stereoanlage (-n)
- *walkman:* der Walkman (-s)

Freibad — padell ffrio? ...

Mae hyn yn bwysig iawn. Gallwch chi ddod yn ôl i'r dudalen yma wrth ddysgu gweddill yr adran ond bydd rhaid i chi ei dysgu yn y pen draw. Gorchuddiwch y rhannau Almaeneg ac ysgrifennwch y rhai rydych yn eu gwybod. Edrychwch yn ôl, chwiliwch am y rhai nad ydych yn eu gwybod a rhowch dro eto ... ac eto ... ac eto ...

Yn eich amser hamdden

Byddan nhw'n siŵr o ofyn i chi yn yr arholiad beth ydych yn ei wneud yn eich amser hamdden. Byddan nhw'n siŵr o'ch holi chi hefyd am eich barn am hobïau erail. Felly mae'n rhaid i chi ddysgu'r dudalen yma.

Was machst du in deiner Freizeit? — Beth wyt ti'n ei wneud yn dy amser hamdden?

Maen nhw'n gofyn hyn trwy'r amser yn yr arholiad — felly dysgwch e.

Ich spiele am Wochenende Fußball. = Dw i'n chwarae pêl-droed ar y penwythnos.

Mae mwy o chwaraeon ar dudalen 36.

- bob dydd: jeden Tag
- bob wythnos: jede Woche
- ddwywaith y mis: zweimal im Monat

- badminton: Federball
- tennis: Tennis

Am fwy am amserau, gweler tudalennau 2-3.

Ich spiele Klavier. = Dw i'n chwarae'r piano.

Mae mwy o offerynnau ar dudalen 36.

Ich bin Mitglied eines Tennisclubs. = Dw i'n aelod o glwb tennis.

- clwb gwyddbwyll: Schachclubs
- clwb sboncen: Squashclubs

Pwysig: Yn Almaeneg rydych chi'n dweud 'dw i'n chwarae piano' — does dim angen 'y'.

Cofiwch: Os ydych chi'n siarad am glwb chwaraeon ychwanegwch 'club' at ddiwedd y gamp.

Dyw'r 's' ar 'Clubs' ddim yn ei wneud yn lluosog — y genidol yw e. Gweler yr Adran Ramadeg ar dudalen 77. Gall hyn fod yn ddryslyd achos mae lluosog 'Club' hefyd yn 'Clubs' — byddwch yn ofalus.

Wie findest du Fußball? — Beth wyt ti'n ei feddwl o bêl-droed?

Dyma sut mae dweud beth ydych chi'n ei feddwl am wahanol hobïau — dysgwch yr ymadroddion hyn, hyd yn oed os nad oes llawer o ddiddordeb gyda chi ynddyn nhw.

Ich spiele gern Fußball. = Dw i'n hoffi chwarae pêl-droed.

Ich finde Fußball okay. = Dw i'n meddwl bod pêl-droed yn iawn.

Rhowch 'gern' fan hyn os ydych yn hoffi rhywbeth, neu 'ungern' os na. Gweler Stwff Cyffredinol ar dudalennau 6-7.

- y sinema: das Kino
- cerdded: Wandern
- da: gut
- gwael: schlecht
- gwych: ausgezeichnet
- ofnadwy: furchtbar

Mwy o opsiynau ar dudalen 36.

- Dw i'n meddwl hynny hefyd: Das denke ich auch.
- Dw i ddim yn meddwl hynny: Das denke ich nicht.
- Mae hynny'n wir: Das ist wahr.
- Dyw hynny ddim yn wir: Das ist nicht wahr.

Gallwch ddefnyddio'r ymadroddion hyn i gytuno neu anghytuno.

ond mae loncian mor ddiflas...

Warum denkst du das? = Pam wyt ti'n meddwl hynny?

Am fwy am fynegi barn, gweler adran Stwff Cyffredinol, tudalennau 6-7.

Ich jogge ungern, weil es langweilig ist. = Dw i ddim yn hoffi loncian achos mae'n ddiflas.

- diddorol: interessant
- cyffrous: aufregend
- anodd: schwierig
- blinedig: anstrengend

Peli ffwdanus — Fußballs ...

Ie, fe wn i, mwy i'w ddysgu. Meddyliwch sut i ddweud beth ydych yn ei wneud yn eich amser hamdden a pha hobïau sy gyda chi. Peidiwch ag anghofio dysgu sut i ddweud pryd rydych chi'n eu gwneud nhw. Ac un peth arall — gwnewch yn siŵr eich bod yn gallu dweud beth ydych chi'n ei feddwl am lwyth o hobïau a gweithgareddau eraill.

Adran 6 – Amser hamdden a hobïau

Mynd allan

Bydd angen y stwff yma arnoch chi — efallai y bydd yn rhaid i chi siarad amdano ac yn bendant mae'n rhaid i chi ei ddeall. Felly i ffwrdd â chi, rhowch eich troed ar y sbardun ac ewch ati.

Wie teuer ist es ...? — Pa mor ddrud yw e ...?

Wie teuer ist es, schwimmen zu gehen?
= Pa mor ddrud yw mynd i nofio?

chwarae tennis: Tennis zu spielen
mynd i seiclo: Rad zu fahren

Am chwaraeon a gweithgareddau eraill, gweler tudalen 36.

Es kostet 2 Euro.
= Mae'n costio 2 euro.

Es kostet 5 Euro pro Stunde.
= Mae'n costio 5 ewro yr awr.

Am fwy o brisiau, gweler tudalen 45.

Wann macht das Schwimmbad auf? — Pryd mae'r pwll nofio'n agor?

cau: macht ... zu

Wann macht das Schwimmbad auf?
= Pryd mae'r pwll nofio'n agor?

Am fwy am ferfau rhyfedd fel hon, gweler tudalen 102.

canolfan chwaraeon: das Sportzentrum
oriel: die Galerie

Am ragor o leoedd y gallech chi holi amdanyn nhw, gweler tudalen 36.

Dyma'r presennol, ond mae'n sôn am rywbeth sy'n mynd i ddigwydd yn y dyfodol. Am fwy o wybodaeth, gweler tudalen 93.

Es macht um halb zehn auf und macht um fünf Uhr zu.
= Mae'n agor am hanner awr wedi naw ac yn cau am bump.

Ich möchte bitte eine Karte.
= Hoffwn i un tocyn os gwelwch yn dda.

dau docyn: zwei Karten

Am fwy o wybodaeth am amserau a rhifau, gweler tudalennau 1-3.

... in der Nähe? ... gerllaw?

Gibt's hier in der Nähe ein Theater?
= Oes theatr gerllaw?

cae chwarae: einen Sportplatz
canolfan fowlio: eine Kegelbahn

chwarae tennis: Tennis spielen
mynd am dro: spazieren gehen

Mae damwain wedi digwydd. Mae'n rhaid i fi roi llawdriniaeth frys. Gibt's hier in der Nähe ein Theater?

Y math anghywir o theatr.

Kann man hier in der Nähe schwimmen?
= All pobl fynd i nofio rywle o gwmpas fan hyn?

Am hobïau a mwy o leoedd, gweler tudalennau 21 a 36.

Ceffyl swnllyd gerllaw — Nähe

Cyn symud ymlaen, gwnewch yn siŵr eich bod yn gallu gofyn faint mae rhywbeth yn costio, pryd mae rhywbeth yn agor ac a yw rhywbeth yn agos. Felly trowch y llyfr drosodd i weld os ydych chi wedi eu meistroli nhw.

Adran 6 – Amser hamdden a hobïau

Gwahodd pobl allan

Yn ogystal â holi faint mae pethau'n costio, pryd maen nhw ar agor a ble maen nhw, mae'n rhaid i chi ddysgu sut i ofyn i rywun ddod gyda chi — hyd yn oed os nad ydych chi byth yn gofyn i neb ond yr arholwr.

Gehen wir weg — Awn ni allan.

Mae'r rhain i gyd yn ymadroddion gwirioneddol ddefnyddiol ar gyfer yr arholiad, felly dysgwch nhw.

Gehen wir **ins Schwimmbad**. = Awn ni i'r pwll nofio.

i'r theatr: ins Theater
i'r parc: zum Park

Am leoedd eraill y gallech fod eisiau gwahodd rhywun iddynt, ac am fwy o weithgareddau neu chwaraeon, gweler tudalen 36.

Gehen wir aus?

Nein, danke. = Na, dim diolch.

Mae'n ddrwg gen i: Tut mir Leid.
Yn anffodus alla i ddim: Ich kann es leider nicht.
Does gen i ddim digon o arian: Ich habe nicht genug Geld.

Ja, gerne. = Ie. Byddwn i wrth fy modd

Syniad da: Gute Idee.
Gwych!: Prima!

Os gallwch chi ddysgu hyn a'i ddefnyddio'n gywir, fe enillwch chi lwyth o farciau ychwanegol — mae'n werth ei wneud, er ei fod yn anodd:

Ich würde lieber **Fußball spielen**. = Byddai'n well gyda fi chwarae pêl-droed.

mynd am dro: spazieren gehen
mynd i seiclo: Rad fahren

Wo treffen wir uns? Ble rydyn ni'n mynd i gyfarfod?

Ewch ati i drafod manylion am ble a phryd i gyfarfod.

Wir treffen uns **vor dem Rathaus**. = Fe wnawn ni gyfarfod o flaen neuadd y dref.

yn dy dŷ: bei dir
wrth yr eglwys: neben der Kirche

Am leoedd eraill, gweler tudalennau 21 a 36.

Am fwy am amserau, gweler tudalennau 2-3.

Um wieviel Uhr treffen wir uns? = Faint o'r gloch ydyn ni'n mynd i gyfarfod?

Wir treffen uns um **10 Uhr**. = Fe wnawn ni gyfarfod am 10.00 o'r gloch.

Mae'r ferf 'sich treffen' yn atblygol. Am fwy am hyn, gweler yr Adran Ramadeg ar dudalen 96.

hanner awr wedi dau: vierzehn Uhr dreißig
hanner awr wedi tri: halb vier

Mae 'Um wieviel Uhr ...' yn golygu 'Faint o'r gloch ...?'

Nawr dylech chi fod yn gwybod sut i ofyn i Boris Becker ddod i'r theatr gyda chi neu drefnu cyfarfod â Claudia Schiffer wrth y parc. Os nad ydych chi, ewch dros bopeth eto nes eich bod yn gallu'i wneud e'n berffaith.

Adran 6 – Amser hamdden a hobïau

Y sinema a chyngherddau

Mae pawb bron yn hoffi'r sinema, a pha fathau bynnag o ffilmiau sydd wrth eich bodd, bydd yn rhaid i chi wybod <u>sut i drefnu mynd i'r sinema</u> gyda rhywun arall. I ffwrdd â chi.

Was läuft im Kino? — Beth sydd ymlaen yn y sinema?

Dysgwch ychydig o <u>eiriau gwahanol</u> y gallech chi eu defnyddio am y ffilm ei hun — <u>i ffwrdd â chi</u>.

Wie viel kostet **eine Eintrittskarte**? = Faint mae un tocyn mynediad yn costio?

Faint mae dau docyn mynediad yn costio?:
Wie viel kosten zwei Eintrittskarten?

Terfyniad y lluosog.

Am fwy am rifau, <u>gweler tudalen 1</u>.

Mae '<u>Eintrittskarte</u>' yn golygu 'tocyn mynediad' ac mae '<u>Karte</u>' yn golygu 'tocyn' felly yn y bôn maen nhw'n golygu'r <u>un peth</u>. Cewch <u>fwy o farciau</u> os gallwch chi ddefnyddio'r gair hirach ac mae'n <u>rhaid</u> eich bod chi yn ei <u>ddeall</u>.

Eine Karte kostet 10 Euro. = Mae un tocyn yn costio 10 ewro.

Ich möchte **zwei Karten**, bitte. = Hoffwn i ddau docyn, os gwelwch yn dda.

un tocyn: eine Karte
tri thocyn: drei Karten

Wann fängt **die Vorstellung** an? Wann endet **die Vorstellung**?

= Pryd mae'r perfformiad yn dechrau? *y ffilm:* der Film = Pryd mae'r perfformiad yn gorffen?

Mae 'fängt ... an' yn dod o '<u>anfangen</u>' sydd yn ferf afreolaidd sy'n rhannu. Gweler yr Adran Ramadeg ar <u>dudalen 97 am fwy o wybodaeth</u>.

Sie fängt um **acht Uhr** an. Sie endet um **halb elf**.

= Mae'n dechrau am 8.00. Mae'n gorffen am hanner awr wedi deg.

War der Film gut? — Oedd y ffilm yn dda?

Mae'n rhaid i chi allu dweud a <u>oeddech chi'n meddwl</u> bod y ffilm yn dda. Peidiwch â phoeni. Mae'n hawdd.

Was hältst du **vom Film**? = Beth wyt ti'n ei feddwl o'r ffilm?

Mae '<u>hältst</u>' yn dod o'r ferf afreolaidd '<u>halten</u>'. Gweler yr Adran Ramadeg ar dudalen 87.

'vom' = 'von dem'

o'r perfformiad: von der Vorstellung
o'r ddrama: vom Theaterstück

Er war **ziemlich gut**. = Roedd e'n eitha da.

da iawn: sehr gut
gwael: schlecht

Am fwy o wybodaeth am fynegi barn, <u>gweler tudalennau 6-7</u>.

Wrth holi am rywbeth <u>benywaidd</u>, byddai'n rhaid dweud '<u>sie</u>' fan hyn. Ond mae '<u>der Film</u>' yn wrywaidd — felly '<u>er</u>' sydd yma.

Nawr dylech chi fod yn gallu gofyn am <u>docynnau</u>, gofyn <u>pryd</u> mae'r ffilm neu'r perfformiad yn <u>dechrau</u>, a <u>deall</u> yr ateb. Ac ar ôl i chi wylio'r ffilm neu'r ddrama mae'n rhaid i chi fynegi eich <u>barn</u> amdani. Os ydych chi'n gallu <u>gwneud</u> hyn i gyd, rydych chi wedi <u>meistroli'r</u> rhan yma.

Adran 6 – Amser hamdden a hobïau

Teledu a radio

Yn yr arholiad bydd yn rhaid i chi wybod sut i ofyn <u>caniatâd</u> i wneud rhywbeth. Bydd yn rhaid i chi hefyd <u>egluro</u> y math o bethau rydych chi wedi eu gwneud yn ddiweddar. Mae hyn yn bwysig iawn. <u>Dysgwch e'n dda</u>.

Darf ich ...? — Ga i ...?

Mae 'Darf ich ...?' yn ymadrodd gwych i'w wybod. Mae'n ymadrodd amlbwrpas i <u>ofyn am ganiatâd</u>. A gallwch ei ddefnyddio mewn llawer o <u>sefyllfaoedd gwahanol</u>. Mewn gair, mae'n mega-ddefnyddiol.

Darf ich bitte fernsehen? = Ga i wylio'r teledu, os gwelwch yn dda?

gwrando ar y radio: Radio hören
defnyddio'r ffôn: das Telefon benutzen

Am fwy am fod yn gwrtais, gweler tudalennau 4 a 62.

Die Sendung fängt um acht Uhr an, und endet um halb zehn. = Mae'r rhaglen yn dechrau am 8.00 ac yn gorffen am hanner awr wedi naw.

Am fwy o wybodaeth am ddweud yr amser, <u>gweler tudalen 2</u>.

Welche Fernsehsendungen siehst du gern? = Pa raglenni teledu wyt ti'n hoffi eu gwylio?

sianeli radio: Radiosender
llyfrau: Bücher
gwrando ar: hörst
darllen: liest

Ich sehe gern Pobl y Dyffryn. = Dw i'n hoffi gwylio Pobl y Dyffryn.

gwrando ar: höre
darllen: lese

Rhowch beth ydych chi'n hoffi ei wylio, gwrando arno neu ei ddarllen fan hyn.

Am fwy o wybodaeth am fynegi barn, gweler <u>tudalennau 6-7</u>.

Was hast du neulich gemacht? — Beth wyt ti wedi ei wneud yn ddiweddar?

Mae hyn yn bwysig <u>iawn</u>. Mae llawer o sgyrsiau yn cynnwys cwestiynau ac atebion fel hyn.

Ich habe neulich Godzilla gesehen. = Rydw i wedi gweld Godzilla yn ddiweddar.

clywed: gehört
darllen: gelesen

y gân newydd: das neue Lied

yr wythnos ddiwethaf: letzte Woche
bythefnos yn ôl: vor zwei Wochen
fis yn ôl: vor einem Monat

Am fwy am amserau a dyddiadau, gweler <u>tudalennau 2-3</u>.

Dw i'n cytuno — dyw siarad am wylio'r teledu yn Almaeneg ddim <u>cymaint</u> o hwyl â'i wneud. Ond (yr un hen stori) rhaid i chi ei ddysgu. Mae dweud beth wnaethoch chi a <u>phryd wnaethoch chi e</u> yn beth <u>defnyddiol</u> arall fydd yn ennill llwythi o <u>farciau</u> gogoneddus i chi.

Adran 6 – Amser hamdden a hobïau

Beth ydych chi'n ei feddwl o ...?

Mae hyn yn bwysig iawn — felly hoeliwch eich sylw fan hyn. Bydd angen i chi ddarllen pethau fel <u>hysbysebion</u> ar gyfer eich arholiad. A <u>siarad</u> amdanyn nhw hefyd. A dyma'r lle i ddysgu ...

Ich finde es ... — Dw i'n meddwl ei fod e'n ...

Os bydd rhywbeth am gerddoriaeth neu ffilm yn codi yn yr <u>arholiad</u>, bydd yn rhaid i chi ddweud a ydych chi'n ei <u>hoffi</u> neu beidio.

Ich finde diese Band gut. = Dw i'n meddwl bod y band yma yn dda.

y tîm yma: diese Mannschaft
y cylchgrawn yna: das Magazin
y gerddoriaeth yma: diese Musik

gwael: schlecht
gwych: ausgezeichnet
ofnadwy: schrecklich
diflas: langweilig
eitha da: ziemlich gut

Am fwy am fynegi <u>barn, ewch i dudalennau 6-7</u>.

Geiriau mynegi barn

Magst du ...? — Wyt ti'n hoffi ...?

Rydych chi wedi rhoi <u>eich</u> barn <u>chi</u>. Mae'n rhaid i chi hefyd <u>holi barn rhywun arall</u>.

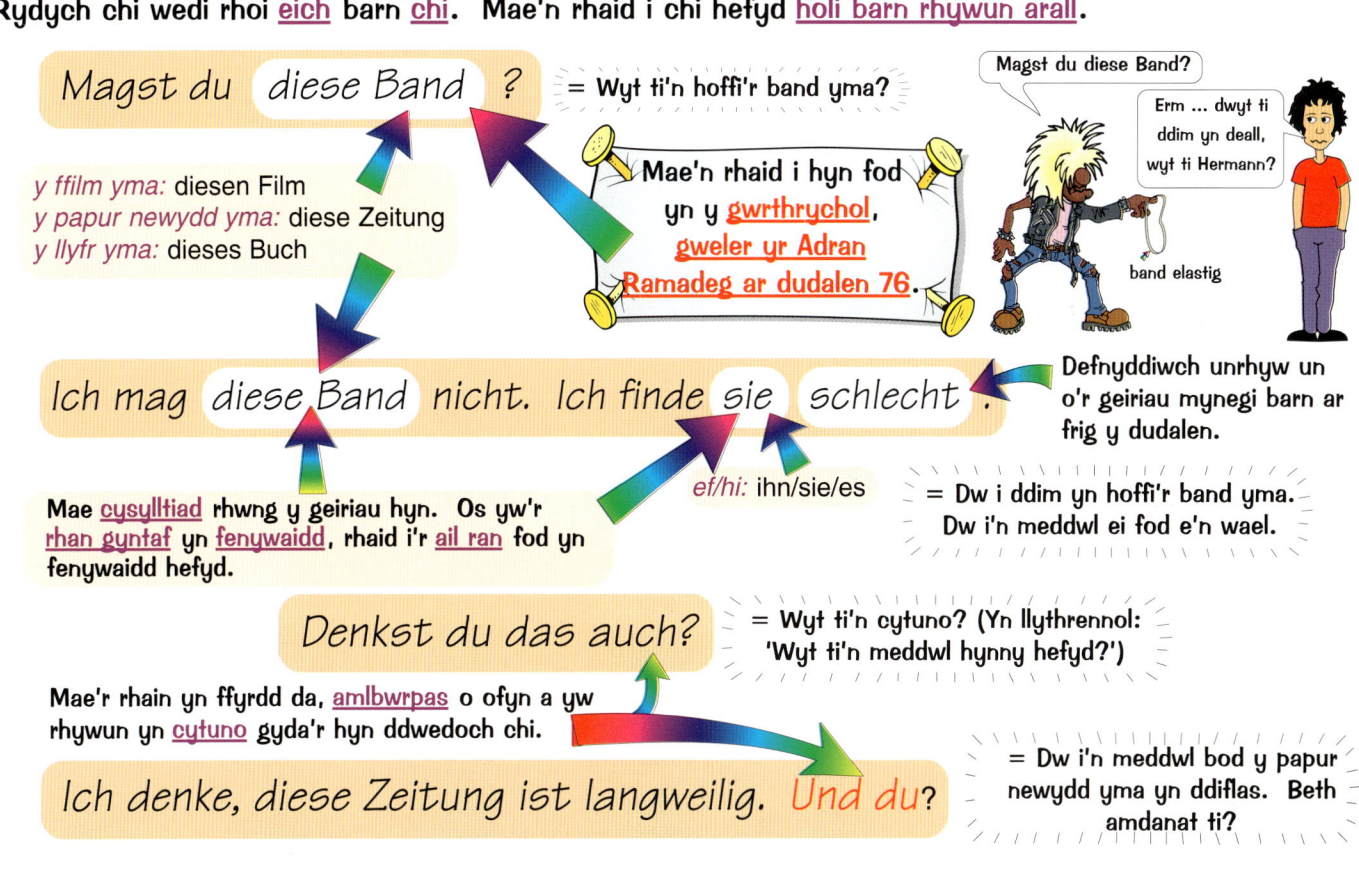

Magst du diese Band? = Wyt ti'n hoffi'r band yma?

y ffilm yma: diesen Film
y papur newydd yma: diese Zeitung
y llyfr yma: dieses Buch

Mae'n rhaid i hyn fod yn y <u>gwrthrychol</u>, <u>gweler yr Adran Ramadeg ar dudalen 76</u>.

Magst du diese Band?
Erm ... dwyt ti ddim yn deall, wyt ti Hermann?
band elastig

Ich mag diese Band nicht. Ich finde sie schlecht.

Defnyddiwch unrhyw un o'r geiriau mynegi barn ar frig y dudalen.

Mae <u>cysylltiad</u> rhwng y geiriau hyn. Os yw'r <u>rhan gyntaf</u> yn <u>fenywaidd</u>, rhaid i'r <u>ail ran</u> fod yn fenywaidd hefyd.

ef/hi: ihn/sie/es

= Dw i ddim yn hoffi'r band yma. Dw i'n meddwl ei fod e'n wael.

Denkst du das auch? = Wyt ti'n cytuno? (Yn llythrennol: 'Wyt ti'n meddwl hynny hefyd?')

Mae'r rhain yn ffyrdd da, <u>amlbwrpas</u> o ofyn a yw rhywun yn <u>cytuno</u> gyda'r hyn ddwedoch chi.

Ich denke, diese Zeitung ist langweilig. Und du? = Dw i'n meddwl bod y papur newydd yma yn ddiflas. Beth amdanat ti?

Mae mynegi <u>barn</u> am bethau yn ennill <u>tomen o farciau</u> i chi yn yr arholiad. Mae'n ddigon <u>hawdd</u> dweud a ydych chi'n hoffi rhywbeth neu beidio, felly does <u>dim esgus</u> — rhaid i chi <u>ddysgu</u>'r ymadroddion yma.

Adran 6 – Amser hamdden a hobïau

Crynodeb adolygu

Mae'r cwestiynau hyn yn profi beth ydych chi'n ei <u>wybod</u> a ddim yn ei wybod — sy'n golygu y gallwch chi dreulio'ch amser yn dysgu'r rhannau rydych chi'n ansicr ohonyn nhw. Ond dyw e ddim yn syniad da gwneud hyn un diwrnod ac wedyn anghofio amdano. <u>Dewch yn ôl</u> y diwrnod wedyn a rhowch dro arnyn nhw eto. Ac yna'r wythnos wedyn …

1) Mae Franz yn gofyn i Christine os oes ganddi hobi. Mae hi'n dweud ei bod hi'n chwarae'r gitâr, yn chwarae tennis ac yn darllen llyfrau. Ysgrifennwch eu sgwrs yn Almaeneg.

2) Schreibe fünf Hobbys auf, die dich interessieren, und fünf, die dich nicht interessieren.

3) Mae Hermann a Ceridwen yn dadlau. Mae Hermann yn dweud ei fod yn hoffi tennis achos ei fod yn gyffrous. Mae Ceridwen yn meddwl bod tennis yn ddiflas a blinedig. Ysgrifennwch eu sgwrs yn Almaeneg.

4) Rydych chi eisiau chwarae sboncen. Gofynnwch pryd mae'r ganolfan chwaraeon yn agor a faint mae'n costio i chwarae sboncen. Gofynnwch am ddau docyn.

5) Mae Dafydd eisiau gweld 'Romeo und Julia' yn y sinema ond mae Gabriela'n dweud y dylen nhw fynd i weld 'Otto — der Katastrophenfilm'. Maen nhw'n trefnu cyfarfod o flaen y sinema am 8.00 yr hwyr. Ysgrifennwch eu sgwrs yn Almaeneg. (*Cymerwch ofal gyda threfn y geiriau fan hyn.*)

6) Dywedwch yr hoffech chi fynd i'r sinema ond yn anffodus nad oes digon o arian gyda chi. Awgrymwch fynd am dro yn lle.

7) Du willst ins Konzert gehen. Du bekommst diese Information: 'Das Konzert fängt um einundzwanzig Uhr an und endet um halb elf. Eine Eintrittskarte kostet acht Euro.' Wie schreibt man das auf Walisisch?

8) Rydych chi yn nhŷ eich ffrind llythyru. Gofynnwch a gewch chi wrando ar y radio. Dywedwch eich bod chi'n hoffi gwylio'r teledu hefyd.

9) Du hast ein gutes und ein schlechtes Lied gehört. Was kannst du über diese zwei Lieder auf Deutsch sagen?

10) Sut byddech chi'n gofyn barn eich ffrind am ganeuon? (*Mae mwy nag un ffordd o wneud hyn.*)

Roedd Dyfan yn rhy brysur yn canolbwyntio ar ei Almaeneg i sylwi â phwy roedd e'n siarad.

Adran 6 – Amser hamdden a hobïau

Adran 7 – Siopa, Bwyd a Diod

Ble a phryd

Mae hwn yn stwff 'bara menyn' a rhaid i chi ei wybod achos fe fydd yn yr arholiad. Yn y bôn, os dysgwch chi'r adran yma, byddwch chi'n gallu ei defnyddio pan fydd cwestiwn yn codi yn yr arholiad. Byddech chi'n wallgof i beidio â'i dysgu.

Wo ist ...? — Ble mae ...?

Cwestiwn defnyddiol iawn — ac yn ffodus mae'r un drefn eiriau yn Almaeneg ac yn Gymraeg.

Wo ist **der Supermarkt**, bitte?
= Ble mae'r archfarchnad, os gwelwch yn dda?

siop gig: die Metzgerei
siop fara: die Bäckerei
siop groser: der Lebensmittelladen
siop lysiau: der Gemüsehändler

Wann ...? — Pryd ...?

Bydd angen yr ymadroddion bach defnyddiol hyn arnoch chi er mwyn dweud pryd mae siop ar agor neu ar gau. Maen nhw'n debygol o godi yn yr arholiad — felly gwnewch yn siŵr eich bod yn eu gwybod nhw ar eich cof.

Wann **hat** der Supermarkt **auf**?

Neu unrhyw siop arall.

ar gau: zu

= Pryd mae'r archfarchnad ar agor?

Mae'r berfau hyn yn rhannu — gweler tudalen 97 am fwy o wybodaeth.

Wann **macht** der Supermarkt **zu**?

= Pryd mae'r archfarchnad yn cau?

Am amserau, gweler tudalen 2 yn yr Adran Gyffredinol.

agor: auf

Der Supermarkt macht um neunzehn Uhr zu.

= Mae'r archfarchnad yn cau am 7.00 yr hwyr.

Andere Läden — Siopau eraill

fferyllfa: die Apotheke (-n), die Drogerie (-n)
siop lyfrau: die Buchhandlung (-en)
siop bapur: die Schreibwarenhandlung (-en)
siop adrannol: das Kaufhaus (¨-er)
                das Warenhaus (¨-er)
canolfan siopa: das Einkaufszentrum (-zentren)
siop gacennau: die Konditorei (-en)

siop bysgod: der Fischladen (¨-)
marchnad: der Markt (¨-e)
siop nwyddau trydanol: das Elektrogeschäft (-e)

Noder: Rydych chi'n cael moddion o'r Apotheke ond yn prynu past dannedd o'r Drogerie.

Mae gofyn ble mae pethau a phryd maen nhw'n agor yn hanfodol. Os na fydd y stwff yma yn yr arholiad, dw i'n armadilo. Wel, eich dewis chi yw e. Ond os na ddysgwch chi hyn, efallai y byddwch chi'n edifarhau. Hefyd, ceisiwch ddysgu enwau cynifer o siopau â phosibl.

Adran 7 – Siopa, Bwyd a Diod

Dweud beth hoffech chi

Fyddwch chi <u>byth</u> yn mynd trwy'r arholiad <u>heb</u> ofyn neu ateb cwestiynau fel y rhain. Felly mae'n <u>rhaid</u> ei bod hi'n <u>werth eu dysgu</u> nhw. Felly, ewch ati — a mwynhewch.

Deutsches Geld — Arian yr Almaen

Mae arian yr Almaen yn hawdd. Mae <u>100 cent</u> mewn <u>ewro</u>, yn yr un modd ag y mae 100 ceiniog mewn punt.

Dyma beth <u>welwch</u> chi ar <u>label pris</u> Almaenig: €5,50

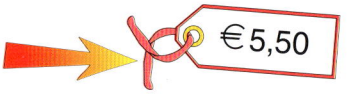

Dyma sut mae <u>dweud</u> y pris: 'Fünf Euro fünfzig Cent' = 5 ewro 50 cent

Am <u>rifau</u>, gweler <u>tudalen 1</u>.

Ich möchte ... Hoffwn i ...

Byddwch chi'n defnyddio hyn <u>trwy'r amser</u>. Dylech chi fod yn eitha cyfarwydd ag '<u>ich möchte</u>' erbyn hyn.

Ich möchte ein großes Stück Brot, bitte. = Hoffwn i ddarn mawr o fara, os gwelwch yn dda.

Ich möchte eine Hose ; meine Größe ist sechsundvierzig. = Hoffwn i bâr o drowsus. Fy maint i yw 46.

Am <u>ddillad</u>, gweler tudalen 47.

Pwynt pwysig: Ffordd arall dda o ddweud 'hoffwn i' yw 'ich hätte gern ...'

Meintiau Ewropeaidd:
maint: die Größe/die Nummer
maint dillad: 10/12/14/16: 38/40/42/44
maint esgidiau: 5/6/7/8/9/10: 38/39/41/42/43/44

Ydy fy mhen ôl i'n edrych yn fawr yn hwn?

Welche Farbe ...? Pa liw ...?

Pwnc <u>pwysig</u> arall. Allwch chi ddim osgoi dysgu hyn — felly <u>ewch ati</u>.

Ich möchte eine blaue Jacke. = Hoffwn i siaced las.

Weithiau mae pobl yn ychwanegu '-farbig' at ddiwedd y lliwiau 'rosa', 'lila' ac 'orange(n)' pan eu bod nhw'n dod o flaen enw.

Am <u>derfyniadau ansoddeiriau</u>, gweler tudalen **82**.

Ich möchte einen rosafarbigen Rock. = Hoffwn i sgert binc.

Lliwiau: Die Farben
du: schwarz
gwyn: weiß
coch: rot
melyn: gelb
gwyrdd: grün
glas: blau
brown: braun
oren: orange
pinc: rosa
piws/porffor: lila
glas golau: hellblau
brown tywyll: dunkelbraun

Eine Hose — trowsus neu hosan?

Mae arholiadau yn <u>boen</u> — ond os ydych chi'n <u>paratoi</u> trwy ddysgu'r stwff yma yn <u>drylwyr</u>, fydd dim angen i chi boeni. Mae'r rhain yn bendant yn destunau mae'n <u>rhaid eu dysgu</u>. <u>Gwnewch yn siŵr</u> eich bod yn gwybod eich <u>lliwiau</u>. Dysgwch a gwenwch.

Adran 7 – Siopa, Bwyd a Diod

Siopa — Y pethau sylfaenol

Pwnc arall pwysig iawn y bydd yn bendant yn rhaid i chi ei wybod ar gyfer yr arholiad. Dyw e ddim yn un anodd — ac mae rhai cwestiynau ac atebion safonol fydd yn arbed llawer o waith meddwl i chi.

Kann ich Ihnen helfen? — Ga i'ch helpu chi?

Defnyddiwch 'ich möchte ...' neu 'ich hätte gern ...' i ddweud beth hoffech chi:

Ich hätte gern fünfhundert Gramm Zucker, bitte. = Hoffwn i 500 gram o siwgr, os gwelwch yn dda.

1 cilo: ein Kilo
2 gilo: zwei Kilo

Does dim rhaid i chi roi geiriau fel 'Gramm' a 'Kilo' yn y lluosog, dim ond dweud 'ein Kilo ...', 'zwei Kilo ...' ac yn y blaen.

Yn Almaeneg rydych chi'n dweud '500 gram siwgr' — does dim eisiau dweud 'o'.

Efallai y bydd y cynorthwy-ydd siop yn dweud:

Sonst noch etwas? ... neu ... Sonst noch einen Wunsch? = Unrhyw beth arall?

Gallech chi ateb:

Nein, danke. = Dim diolch.

dau afal: zwei Äpfel
tair gellygen: drei Birnen

Gweler tudalen 1 am rifau.

... neu ...

Ja, ich möchte auch eine Kartoffel, bitte. = Ie, hoffwn i daten hefyd, os gwelwch yn dda.

Haben Sie ...? — Oes gyda chi ...?

Efallai nad ydych yn siŵr os yw'r nwyddau rydych chi eisiau yn y siop. Rhaid i chi allu gofyn.

Entschuldigung, haben Sie Brot, bitte? = Esgusodwch fi, oes bara gyda chi?

Ja, hier ist es. = Oes, dyma fe.

llaeth/llefrith: Milch
caws: Käse

er / sie / es

Nein, haben wir nicht. = Nac oes, does gyda ni ddim.

Nehmen Sie das? — Ydych chi'n mynd i gymryd hwnna?

Pethau anodd

Mae'n bryd penderfynu. Mae hyn yn digwydd bob tro rydych chi'n mynd i mewn i siop. Gwnewch yn siŵr eich bod yn gwybod y rhain.

Ich nehme es. = Cymera i e.

er / sie / es

Ich lasse es. Die Farbe gefällt mir nicht. = Gadawa i e. Dw i ddim yn hoffi'r lliw.

Gadawa I e. Dw I ddim yn meddwl bod y glas yma'n gweddu i fi.

Mae e'r maint anghywir: Es ist die falsche Größe.
Mae e'n rhy ddrud: Es ist zu teuer.

Pethau anodd

Wie bitte? — Fi plîs?...

Mae llawer o stwff pwysig yma. Does dim rhaid i chi roi geiriau pwysau ac ati fel 'Gramm' a 'Kilo' yn y lluosog — defnyddiwch nhw fel maen nhw. Hefyd, does dim rhaid i chi ddefnyddio 'o' fel yn Gymraeg. Cofiwch — nid eich baglu â thriciau yw pwrpas yr arholiad — os ydych chi'n gwybod eich stwff byddwch chi'n iawn.

Adran 7 – Siopa, Bwyd a Diod

Dillad ac arian poced

Dyma'r math o eirfa fydd ei hangen arnoch chi os bydd yn rhaid i chi ddisgrifio rhywun. Rhaid i chi ddysgu hyn — yna byddwch yn ei wybod pan yw'n ymddangos yn yr arholiad.

Die Kleidung — Dillad

Mae'r mwyafrif o'r stwff yma yn gyffredin iawn — felly mae'n rhaid i chi ei ddysgu.

Dieser Mantel gefällt mir. = Dw i'n hoffi'r gôt yma.

Dieser Mantel gefällt mir nicht. = Dw i ddim yn hoffi'r gôt yma.

crys: das Hemd (-e)
blows: die Bluse (-n)
trowsus: die Hose (-n)
sgert: der Rock (¨-e)
hosan: die Socke (-n)
esgid: der Schuh (-e)
ffrog: das Kleid (-er)

côt: der Mantel (¨-)
het: der Hut (¨-e)
cap: die Mütze (-n)
crys-T: das T-Shirt (-s)
siwt: der Anzug (¨-e)
siaced: die Jacke (-n)
siwmper: der Pullover (–)

sgarff: der Schal (-e)
maneg: der Handschuh (-e)
sgert fini: der Minirock (¨-e)
tei: die Krawatte (-n), der Schlips (-e)
teits: die Strumpfhose (-n)
siorts: Shorts (lluosog), kurze Hose
pâr o sanau: ein Paar Socken

Roedd Brünnhilde yn hoff o'i gwisg rhyfelwraig Llychlynnaidd.

Taschengeld — Arian poced

Gwnewch yn siŵr eich bod yn gallu dweud wrth yr arholwr <u>faint</u> rydych yn ei gael, <u>pa mor aml</u> ac <u>ar beth</u> rydych yn ei wario.

Ich bekomme zehn Pfund *Taschengeld pro* Woche. = Dw i'n cael £10 o arian poced yr wythnos.

£5: fünf Pfund
£20: zwanzig Pfund
mis: Monat

Ich gebe mein Taschengeld für CDs *aus.* = Dw i'n gwario fy arian poced ar grynoddisgiau.

dillad: Kleidung
llyfrau: Bücher
gemau cyfrifiadur: Computerspiele
losin: Bonbons

Gweler tudalennau <u>1-3</u> am <u>rifau</u> a <u>fframiau amser</u> eraill.

Ich hätte gern mein Geld zurück — Hoffwn i gael fy arian yn ôl

Os gallwch chi ofyn am eich <u>arian yn ôl</u>, byddwch yn creu mwy o <u>argraff</u> fyth ar yr arholwr.

Ich hätte gern mein Geld für diese Bluse *zurück.* = Hoffwn i gael fy arian yn ôl am y flows yma.

Schlussverkauf 10% Ermäßigung

Ac efallai y bydd angen geirfa'n gysylltiedig â'r <u>sêls</u> ...

sêl diwedd tymor: der Schlussverkauf (¨-e)
cynnig arbennig: das Sonderangebot (-e)
gostyngiad: die Ermäßigung (-en)
sêl: der Ausverkauf (¨-e)

... neu ymadroddion sy'n ymwneud â <u>siopa yn gyffredinol</u>:

Dw i'n hoffi siopa: Ich gehe gern einkaufen
Dw i'n hoffi siopa am lyfrau yn arbennig: Ich kaufe besonders gern Bücher ein
Dw i'n siopa yn aml yn y siop fara: Ich kaufe oft in der Bäckerei ein
Dw i'n mynd i siopa unwaith yr wythnos: Ich gehe einmal pro Woche einkaufen

Pwysig: Yn Almaeneg '<u>y cant</u>' yw '<u>Prozent</u>'. Felly mae gostyngiad o 10% yn '<u>zehn Prozent</u> Ermäßigung'

Mae llawer o'r dillad yma yn hawdd i'w cofio — <u>Schuh</u>, <u>Socke</u>, <u>Hut</u>, <u>Bluse</u> ac yn y blaen. Mae rhai eraill yn gofyn am fwy o ymroddiad. Ond mae'n <u>stwff pwysig</u>, felly mae'n werth yr ymdrech. Wir.

Adran 7 – Siopa, Bwyd a Diod

Bwyd

Byddwch yn sicr o ddefnyddio llawer o'r eirfa yma — ond nid popeth, efallai. Mae'n bendant yn rhaid i chi ddysgu'r stwff sylfaenol, a'r pethau rydych chi'n hoffi eu bwyta ac yn bwyta llawer ohonyn nhw. Yn ffodus, mae llawer o'r rhain yn debyg i'r geiriau Cymraeg neu Saesneg.

Gemüsehändler und Metzger — Groser llysiau a chigydd

Dyma eirfa bwyd bob dydd. Mae'n rhaid i chi ei dysgu.

Llysiau: das Gemüse
taten: die Kartoffel (-n)
moronen: die Möhre (-n), die Karotte (-n)
tomato: die Tomate (-n)
cucumer: die Gurke (-n)
wynwnsyn: die Zwiebel (-n)
blodfresychen: der Blumenkohl (-e)
bresychen: der Kohl
letysen: der Kopfsalat (-e)
pysen: die Erbse (-n)

Ffrwythau: das Obst
afal: der Apfel (¨)
banana: die Banane (-n)
mefusen: die Erdbeere (-n)
lemwn: die Zitrone (-n)
oren: die Orange (-n)
mafonen: die Himbeere (-n)
eirinen wlanog: der Pfirsich (-e)
gellygen: die Birne (-n)

Cig: das Fleisch
cig eidion: das Rindfleisch
cig mochyn: das Schweinefleisch
cyw iâr: das Hähnchen
selsigen: die Wurst (¨e)
cyw iâr wedi ei rostio:
          das Brathähnchen
cig oen: das Lamm(fleisch)
stecen: das Steak (-s)

Getränke und Süßigkeiten — Diodydd a melysion

Bydd yn rhaid i chi ddysgu'r rhain — allwch chi ddim disgrifio pryd o fwyd heb sôn am bwdin a diod.

Pethau melys: die Süßigkeiten
teisen/cacen: der Kuchen (-)
bisgïen: der Keks (-e)
hufen iâ: das Eis
siocled: die Schokolade
siwgr: der Zucker
jam/marmalêd: die Marmelade
hufen: die Sahne
gateau: die Torte (-n)

Diodydd: die Getränken
cwrw: das Bier
gwin coch: der Rotwein
gwin gwyn: der Weißwein
te: der Schwarztee
coffi: der Kaffee
sudd oren: der Orangensaft
         der Apfelsinensaft
sudd afal: der Apfelsaft
dŵr mwynol: das Mineralwasser

Andere Lebensmittel — Bwydydd eraill

Bydd yn rhaid i chi wybod llawer o fwydydd eraill hefyd. Dysgwch gynifer o'r rhain ag y gallwch chi.

Brot, Käse und Milch.

Bwydydd eraill: andere Lebensmittel
bara: das Brot (-e)
rhol fara: das Brötchen (–)
llaeth: die Milch
menyn: die Butter
caws: der Käse
wy: das Ei (-er)
halen: das Salz
pupur: der Pfeffer
reis: der Reis
pasta: die Nudeln
iogwrt: der/das Jog(h)urt (-s)

Bwydydd arbennig o'r Almaen: deutsche Spezialitäten
bresych wedi piclo: das Sauerkraut
selsig wedi berwi: die Bockwurst (¨e)
selsig wedi ffrio: die Bratwurst (¨)
selsigen gyda saws cyrri: die Currywurst (¨)
schnitzel: das Schnitzel (–)
dwmplin: der Knödel (–)
nŵdls Almeinig: das Spätzle (–)
diod sudd ffrwythau felys: der Nektar
teisen Nadolig Almaenig: die Stolle (-n)

Oes Kuchen ar y cwch? ...

Ffiw — mae'ch basged siopa'n orlawn â'r holl fwydydd yma! Ond mae llawer ohonyn nhw'n hawdd i'w dysgu — Bier, Wein, Apfel, Banane, Möhre ac ati. Gwnewch yn siŵr eich bod yn gallu eu sillafu nhw hefyd. Efallai y bydd yn rhaid i chi archebu bwyd neu ddweud beth yw eich hoff fwyd — felly byddwch yn barod.

Adran 7 – Siopa, Bwyd a Diod

Hoff bethau a gofyn am bethau

Mae'r dudalen yma'n llawn o ymadroddion y gallwch eu defnyddio trwy'r amser — nid dim ond wrth y bwrdd cinio. Gallwch eu defnyddio wrth ddweud beth ydych chi'n ei hoffi, ac wrth ofyn am bethau'n gwrtais. Mae'n rhaid i chi ddysgu hyn.

Ich mag ... — Dw i'n hoffi ...

Gallwch ddefnyddio'r ymadroddion hyn ar gyfer mwy na bwyd — defnyddiwch nhw i siarad am unrhyw beth rydych chi'n ei hoffi neu ddim yn ei hoffi.

Ich mag Äpfel. = Dw i'n hoffi afalau.

bananas: Bananen
hufen: Sahne

Ich mag kein Gemüse. = Dw i ddim yn hoffi llysiau.

afalau: keine Äpfel
coffi: keinen Kaffee

Gweler tudalen 48 am enwau bwydydd.

Ich bin Vegetarier(in). = Dw i'n llysieuydd.

fegan: Veganer(in)

Cofiwch: Ychwanegwch '-in' ar ddiwedd 'Vegetarier' am fenywod a merched.

Ja bitte — Ie, os gwelwch yn dda

Allai hyn ddim bod yn haws!

Ja bitte. = Ie, os gwelwch yn dda.

Nein danke. = Dim diolch.

Pwysig: Dywedwch 'Ja bitte', nid 'Ja danke'.

Könnten Sie ...? — Allech chi ...?

Dau ymadrodd hollbwysig mae'n rhaid i chi eu dysgu a gallu eu defnyddio'n iawn.

Könnten Sie mir bitte den Pfeffer reichen?

napcyn: eine Serviette
y siwgr: den Zucker
yr hufen: die Sahne
y llaeth: die Milch

= Allech chi estyn y pupur os gwelwch yn dda?

Darf ich bitte das Salz haben? = Ga i'r halen, os gwelwch yn dda?

Pasiwch y dŵr os gwelwch yn dda.

Cerwch o'ma! Dw i ddim yn mynd i basio dŵr!

Hast du Hunger oder Durst? Oes chwant bwyd neu syched arnat ti?

Cwestiynau digon cyffredin. Gwnewch yn siŵr eich bod yn gallu eu hateb.

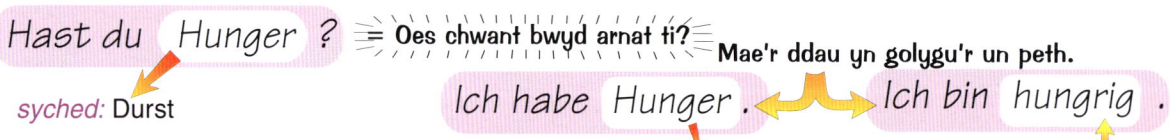

Hast du Hunger? = Oes chwant bwyd arnat ti?

sychedig: Durst

Mae'r ddau yn golygu'r un peth.

Ich habe Hunger. ↔ Ich bin hungrig. = Dw i eisiau bwyd.

syched: Durst
sychedig: durstig

Nein danke, ich habe keinen Hunger. = Dim diolch, dydw i ddim eisiau bwyd.

Dŵr neu Durst — beth sy well gyda chi?

Mae hyn yn eitha hawdd. Maen nhw'n sicr o ofyn i chi beth ydych chi'n ei hoffi a ddim yn ei hoffi — felly rhaid i chi wybod beth i'w ddweud. A gwnewch yn siŵr eich bod yn gallu gofyn cwestiynau yn gwrtais ... rhag bod neb yn digio.

Adran 7 – Siopa, Bwyd a Diod

Cinio

Mae hyn yn stwff y <u>dylech chi ei wybod</u> — yn enwedig os ydych chi eisiau <u>gradd uchel</u>. Unwaith eto, gallech chi ddefnyddio llawer o'r ymadroddion yma mewn <u>gwahanol</u> sefyllfaoedd — <u>nid dim ond</u> mewn sgyrsiau wrth y bwrdd cinio.

Hat das geschmeckt? — Oedd hwnna'n flasus?

Cwestiwn <u>cyffredin</u>. Dysgwch yr atebion hyn a chewch chi ddim <u>trwbl</u>.

Das Essen schmeckte (gut). = Roedd y bwyd yn dda.

yn dda iawn: sehr gut
(Doedd) ... ddim yn arbennig o dda: nicht besonders gut
yn wael: nicht
yn wael iawn: gar nicht

'Mae'r bwyd yma'n wych,' meddai Dyfan, gan geisio peidio â thagu.

Das Frühstück war lecker, danke. = Roedd y brecwast yn flasus, diolch.

Möchten Sie ...? — Hoffech chi ...?

Dyma'r gair 'möchten' eto. Mae'r brawddegau hyn yn <u>hollbwysig</u> — gallwch chi eu defnyddio nhw mewn <u>gwahanol</u> sefyllfaoedd, nid yn unig yng nghyd-destun <u>bwyd</u>.

Gweler tudalen 1 am fwy am feintiau.

Möchten Sie das Salz haben? = Hoffech chi'r halen?

Mae hyn yn <u>debyg</u> i'r hyn sy ar y dudalen flaenorol — felly gweler <u>tudalen 48</u> am fwy o <u>eirfa</u> bosibl.

y pupur: den Pfeffer
y gwin coch: den Rotwein
y menyn: die Butter

Kann ich Ihnen eine Serviette reichen? = Ga i estyn napcyn i chi?

Ein wenig ... — Ychydig ...

Mae'r geiriau hyn yn <u>ddefnyddiol</u> iawn. Byddwch chi'n gallu eu defnyddio nhw nifer o weithiau yn yr arholiad, a thrwy hynny ennill <u>mwy o farciau</u>.

Ich möchte viel Zucker, bitte. = Hoffwn i lawer o siwgr, os gwelwch yn dda.

ychydig: ein bisschen, ein wenig

Ich möchte ein großes Stück Torte. = Hoffwn i ddarn mawr o darten.

Ich habe genug gegessen, danke. = Dw i wedi bwyta digon, diolch.

Ich bin satt. = Dw i'n llawn.

Mae'r geiriau hyn yn <u>wirioneddol ddefnyddiol</u> — dysgwch nhw a bydd popeth yn yr arholiad at eich dant. Hefyd, rhaid i chi ddysgu'r <u>ddwy frawddeg yn y canol</u> — gallwch eu defnyddio nhw mewn <u>pob math</u> o wahanol sefyllfaoedd. Os dysgwch chi'r rhain, byddwch chi'n chwerthin yn yr arholiad. Wel, ddim yn rhy uchel neu cewch eich taflu allan ...

Adran 7 – Siopa, Bwyd a Diod

Cinio

Gallech chi fod wedi gweld rhai o'r brawddegau hyn o'r blaen mewn sefyllfaoedd gwahanol a gyda geirfa wahanol. Mae'n bwysig iawn ar gyfer cwestiynau chwarae rôl wedi eu lleoli mewn tŷ bwyta — rhywbeth sy'n codi yn yr arholiad dro ar ôl tro.

Im Restaurant — Yn y tŷ bwyta

Dysgwch hyn yn drylwyr — gallai fod angen y stwff yma arnoch chi yn eich prawf llafar.

Herr Ober!

Fräulein!

gweinydd: der Kellner (-)
gweinyddes: die Kellnerin (-nen)

Defnyddiwch y rhain wrth alw'r gweinydd neu'r weinyddes ...

a dyma enwau'r swyddi:

Darf ich bitte die Karte haben?

= Ga i'r fwydlen, os gwelwch yn dda?

bwydlen y dydd: die Tageskarte

Wo ist die Toilette, bitte?

= Ble mae're tŷ bach, os gwelwch yn dda?

y ffôn: das Telefon

Gweler tudalen 16 am 'westai' ar gyfer gofyn ble mae pethau.

Ich hätte gern ... Hoffwn i ...

Gallwch chi ddefnyddio'r stwff yma mewn sefyllfaoedd eraill hefyd, er enghraifft wrth siopa — felly dysgwch e'n dda.

Gweler tudalen 48 am eirfa bwyd.

Haben Sie Bockwurst?

= Oes selsig wedi berwi gyda chi?

nŵdls Almaenig: Spätzle
selsig wedi ffrio: Bratwurst
y stecen: das Steak
yr hambyrger: der Hamburger
bresych wedi piclo: Sauerkraut
reis: Reis
sglodion: Pommes (ynganwch 'Pom-ess')

Ich hätte gern das Schnitzel mit Pommes.

= Hoffwn i'r schnitzel a sglodion.

Wie schmeckt es? — Sut flas sydd arno?

Mae cannoedd o wahanol fathau o fwyd. Allwch chi ddim eu dysgu nhw i gyd felly gwnewch yn siŵr eich bod yn dysgu hyn.

Wie schmeckt Sauerkraut?

= Sut flas sydd ar Sauerkraut?

teisen Nadolig Almaenig: Stollen

Sind Sie fertig? — Ydych chi wedi gorffen?

Does dim ffordd o osgoi dysgu hyn. Allwch chi ddim mynd heb dalu!

Die Rechnung, bitte.

= Y bil, os gwelwch yn dda.

Darf ich bitte zahlen?

= Ga i dalu, os gwelwch yn dda?

Dw i eisiau bitte bwyd ...

Mae hyn yn codi yn yr arholiad trwy'r amser — felly cystal i chi ei ddysgu nawr. Rydych chi wedi gweld llawer o'r geiriau o'r blaen, felly ddylai hi ddim bod yn anodd eu rhoi nhw mewn brawddegau. Trowch y llyfr drosodd, ysgrifennwch y brawddegau a chadwch ati nes eich bod yn eu gwybod yn well na'ch enw.

Adran 7 – Siopa, Bwyd a Diod

Yn y tŷ bwyta

Mae'r holl stwff yma am dai bwyta yn debyg o godi yn y prawf llafar. Dyw e ddim yn anodd — ond gallai'r arholiad fod yn anodd os na wnewch chi ymdrech i'w ddysgu.

Haben Sie einen Tisch frei? — Oes bwrdd gyda chi'n rhydd?

Mae'r rhan yma'n hawdd, felly mae'n bendant yn werth ei ddysgu.

Einen Tisch für vier Personen, bitte. = Bwrdd i bedwar, os gwelwch yn dda.

Gweler tudalen 1 am fwy am rifau.

dau: zwei
tri: drei
dau: zu zweit
tri: zu dritt

Wir sind zu viert. = Mae pedwar ohonon ni.

Wir möchten drinnen sitzen. = Hoffen ni eistedd y tu fewn.

y tu allan: draußen
ar y teras: auf der Terrasse

Ich bin nicht zufrieden — Dw i ddim yn hapus

Wedi i chi ddysgu'r ymadrodd hwn, gallwch chi gwyno am unrhyw beth. Defnyddiol.

Ydy popeth yn iawn, syr?

Ich möchte mich beklagen. = Hoffwn i gwyno.

Das Rindfleisch ist nicht gar. = Dyw'r cig eidion ddim wedi ei goginio ddigon.

y stecen: Das Steak
y cig mochyn: Das Schweinefleisch
y cawl: Die Suppe
y selsig: Die Wurst

Gweler tudalen 48 am fwy o eirfa bwyd.

(Mae) ... wedi ei goginio ormod: verbraten
(Mae) ... yn rhy boeth: zu heiß
(Mae) ... yn rhy oer: zu kalt
(Mae) ... yn rhy hallt: zu salzig

Die Bedienung — Tâl am wasanaeth

Os ydych chi'n defnyddio'r stwff yma yn yr arholiad, byddwch chi'n creu argraff dda ar yr arholwr ac fe gewch farciau da iawn.

Ist die Bedienung inbegriffen? = Ydy'r tâl am wasanaeth wedi ei gynnwys?

Os gwelwch chi'r geiriau hyn neu dalfyriadau amdanynt ar fwydlen, mae'n golygu bod y gwasanaeth wedi ei gynnwys:

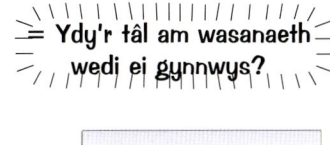

inbegriffen
inklusive (neu inkl.)

Karte — Bedienung inbegriffen

Auf Der Karte — inklusive Bedienung

Dw i eisiau Tisch — ond does dim annwyd arna i ...

Mae'n ddigon posibl y cewch chi gwestiwn am fod mewn tŷ bwyta yn yr arholiad felly bydd yn rhaid i chi wybod popeth amdano. Os ydych chi wedi dysgu popeth ar y dudalen yma, bydd hynny'n hawdd. Ac os ydych chi'n anelu at radd uchel, bydd yn rhaid i chi greu argraff. Felly dysgwch y cyfan.

Adran 7 — Siopa, Bwyd a Diod

Crynodeb adolygu

Mae siopa a phrydau bwyd <u>bob amser</u> yn codi yn yr arholiad, felly gwnewch yn siŵr eich bod chi'n gwybod yr <u>eirfa</u> yn yr adran yma i gyd. Rydych chi'n gyfarwydd â'r drefn erbyn hyn — ewch trwy'r cwestiynau, wedyn ewch yn ôl dros y rhai nad oeddech yn gallu eu gwneud. WEDYN ewch drostyn nhw eto i sicrhau eich bod chi'n gallu eu gwneud nhw'n iawn.

1) Does gyda chi ddim bara. Sut ydych chi'n gofyn ble mae'r siop fara ac a yw hi ar agor?

2) Beth yw'r enwau Almaeneg am y siopau lle byddech chi'n prynu: papur, teisen, selsig, sebon?

3) Rhaid i chi brynu siwmper frown, maint 48, a thri phâr o sanau. Sut ydych chi'n dweud hyn wrth y siopwr?

4) Gofynnwch am 1 cilo o afalau. Mae'r cynorthwy-ydd siop yn dweud: 'Sonst noch einen Wunsch?' Beth mae e/hi'n ei olygu?

5) Rydych chi'n sôn wrth eich ffrind llythyru am eich arferion siopa. Dywedwch eich bod yn cael £15 o arian poced yr wythnos, eich bod yn hoffi prynu siocled ond nad ydych yn hoffi siopa.

6) Rydych chi'n gwneud salad ffrwythau ar gyfer parti. Meddyliwch am gymaint o ffrwythau ag y gallwch i'w rhoi ynddo — o leiaf 5. Gwnewch restr o 5 diod y gallech eu cynnig i'r gwesteion yn y parti.

7) Ysgrifennwch sut byddech chi'n dweud eich bod yn hoffi llysiau ond ddim yn hoffi selsig. Hefyd eich bod yn llwgu am fwyd.

8) Diolchwch i'r sawl a'ch gwahoddodd i'w tŷ am bryd o fwyd, gan ddweud eich bod wedi ei fwynhau a'i fod yn flasus iawn. Cynigiwch estyn y llaeth (*cofiwch ddefnyddio'r gair cywir am 'ti/chi'.*)

9) Rydych chi'n mynd allan am bryd o fwyd. Gofynnwch a allwch gael bwrdd i ddau a gofynnwch ble mae'r tŷ bach.

10) Archebwch sudd oren a stecen a sglodion i chi, a chyw iâr wedi ei rostio gyda thatws a moron i'ch ffrind.

11) Galwch y weinyddes a dywedwch yr hoffech gael y bil. Dywedwch wrthi bod y pryd yn flasus ond bod y tatws yn oer.

Roeddwn i eisiau dweud 'Das ist alles', ond gwylltiais i a dweud 'Alles'.

Prynodd Ceridwen fwy o fara nag oedd eisiau arni.

Adran 7 — Siopa, Bwyd a Diod

Adran 8 – Fi fy hun, y Teulu, Ffrindiau a Bywyd cartref

Chi'ch hun

Bydd yn rhaid i chi roi pob math o <u>fanylion personol</u> amdanoch chi'ch hun yn eich prawf llafar a'ch arholiad ysgrifennu. Dylech fod yn <u>gwybod</u> hyn i gyd yn barod, ond rhaid i chi wneud yn <u>siŵr</u> eich bod chi'n ei wybod e'n <u>drylwyr</u>.

Erzähl mir etwas von dir … — Dywedwch wrthof fi amdanoch eich hun

Bydd yn rhaid i chi ateb y cwestiynau hyn yn eich prawf <u>llafar</u> neu mewn <u>llythyr</u> yn yr <u>arholiad ysgifennu</u>.

Beth yw dy enw?: Wie heißt du?

Ich heiße **Gwilym**. = Fy enw yw Gwilym.

Beth yw dy oed?: Wie alt bist du?

Ich bin **fünfzehn** Jahre alt. = Dw i'n 15 oed.

Pryd mae dy ben-blwydd?: Wann hast du Geburtstag?

Ich habe am **12. Dezember** Geburtstag. = Mae fy mhen-blwydd ar Ragfyr 12ed.

Gweler tudalennau 23 a 56 am ble rydych chi'n byw, tudalen 1 am fwy o rifau a thudalen 2 am fwy o ddyddiadau.

Ble rwyt ti'n byw?: Wo wohnst du?

Ich wohne in **Caersws**. = Dw i'n byw yng Nghaersws.

Beth wyt ti'n ei hoffi?: Was magst du?

Ich mag **Fußball**. = Dw i'n hoffi pêl-droed.

Defnyddiwch hyn i ddweud eich bod yn hoffi neu ddim yn hoffi person neu beth, e.e. *dw i'n dy hoffi di*: ich mag dich.

Wie siehst du aus? — Sut wyt ti'n edrych?

Rhaid i chi <u>ddisgrifio</u> pa mor olygus rydych chi hefyd — gallwch chi ddweud <u>celwydd</u> wrth ysgrifennu ond nid yn y prawf llafar.

Ich bin **groß**. = Dw i'n dal.

- canolig: mittelgroß
- bach: klein
- tew: dick
- tenau: dünn/schlank

Ich habe **braune** Augen. = Mae gen i lygaid brown.

- glas: blaue
- gwyrdd: grüne

Ich habe **lange** Haare. = Mae gen i wallt hir.

- byr: kurze
- hyd at fy ysgwyddau: schulterlange
- eitha hir: relativ lange
- syth: glatte
- tonnog: wellige
- cyrliog: lockige
- tywyll: dunkle
- golau: helle
- melyn: blonde
- coch: rote
- brown: braune
- du: schwarze

Am fwy o liwiau, gweler tudalen 45.

Kannst du das buchstabieren? — Wyt ti'n gallu sillafu hyn?

Efallai y bydd yn rhaid i chi <u>sillafu</u> eich enw a'ch tref lythyren wrth lythyren yn eich prawf <u>llafar</u>.

Wie schreibt man das? = Sut ydych chi'n sillafu hynny?

Dyma sut mae <u>ynganu</u> llythrennau'r <u>wyddor</u> Almaeneg. Ymarferwch ar <u>lafar</u> — byddwch, byddwch chi'n swnio'n wirion, ond ddim hanner mor wirion ag os cewch chi hyn yn anghywir yn yr arholiad.

A — ah (fel yn 'tad')	H — hah	O — oh	T — te
B — be	I — i	P — pe	U — w
C — tse	J — iot	Q — cw	V — ffaw
D — de	K — ca	R — er	W — fe
E — e	L — el	S — es	X — ics
F — eff	M — em	ß — es tset	Y — ipsilon
G — ge	N — en	(neu scharfes es)	Z — tset

Wie schreibt man deinen Namen?

Gyda phen.

Mae'ch ymddangosiad yn bwysig — hyd yn oed yn yr arholiad …

<u>Dysgwch</u> sut i <u>ddisgrifio</u> mor wych rydych chi'n edrych — fel eich bod chi'n gallu ei wneud e heb feddwl. Mae'n rhaid i chi <u>ynganu</u>'r <u>wyddor</u> Almaeneg hefyd. Efallai nad ydych chi'n meddwl ei fod e'n werth y drafferth, ond mae'r arholwyr yn meddwl ei fod e. Mae'n <u>boen</u> fod yr wyddor Almaeneg yn wahanol, ond mae'n rhaid i chi <u>ei dysgu</u>.

Adran 8 – Fi fy hun, y Teulu, Ffrindiau a Bywyd cartref

Y teulu, ffrindiau ac anifeiliaid anwes

Bydd yr arholwyr eisiau gwybod am eich teulu a'ch anifeiliaid anwes — os oes gyda chi rai.

Ich habe eine Schwester — Mae gen i un chwaer

Os ydych chi'n siarad am fwy nag un person, defnyddiwch 'heißen', nid 'heißt'.

Meine Mutter heißt Sioned. = Enw fy mam yw Sioned.

Mae popeth yn berthynol mewn gwirionedd.

tad: mein Vater
brawd: mein Bruder (¨)
chwaer: meine Schwester (-n)
modryb: meine Tante (-n)
ewythr: mein Onkel (–)
cyfnither: mein Cousine (-n)
cefnder: mein Cousin (-s)
mam-gu/nain: meine Großmutter (¨)
tad-cu/taid: mein Großvater (¨)
ffrind gwrywaidd: mein Freund (-e)
ffrind fenywaidd: meine Freundin (-nen)

Ich habe einen Bruder. = Mae gen i un brawd.

I ddisgrifio eich perthnasau, defnyddiwch y brawddegau hyn:

Sie ist groß. = Mae hi'n dal.

Er ist zwölf Jahre alt. = Mae e'n 12 mlwydd oed.

Er hat blaue Augen. = Mae ganddo lygaid glas.

Sie hat glatte Haare. = Mae ganddi wallt syth.

Gallwch roi'r geiriau eraill o dudalen 54 i mewn yn y blychau gwyn.

Hast du Haustiere? — Oes gyda ti anifeiliad anwes?

Ich habe einen Hund. = Mae gen i gi.

ci: einen Hund (¨e)
cath: eine Katze (-n)
bwji: einen Wellensittich (-e)
mochyn cwta: ein Meerschweinchen (–)
cwningen: ein Kanninchen (–)
neidr: eine Schlange (-n)
ceffyl: ein Pferd (-e)
pysgodyn aur: einen Goldfisch (-e)

Mein Hund heißt Rudi. = Enw fy nghi yw Rudi.

Er ist gelb. = Mae'n felyn.

Gweler tudalen 45 am liwiau a meintiau a thudalen 54 am eiriau fel tew a thenau.

Rhowch unrhyw air disgrifio i mewn fan hyn.

Ist er verheiratet? — Ydy e'n briod?

Dyma ragor o bethau ffansi i'w dysgu.

Er ist verheiratet. = Mae e'n briod.

yn ddibriod: ledig *wedi ysgaru:* geschieden *wedi gwahanu:* getrennt

Mae e: er ist
Mae hi: sie ist

Mae e'n caru: er liebt
Mae hi'n caru: sie liebt

gwrywaidd: männlich

Ich bin weiblich. = Dw i'n fenywaidd.

Ich liebe Gerallt. = Dw i'n caru Gerallt.

Pethau anodd

Mae'r dudalen yma yn cynnwys pethau sylfaenol mae'n rhaid i chi eu gwybod — pethau fel dweud pa berthnasau sy gyda chi (neu beidio). Os nad ydych chi'n ei wybod yn well na'ch cyfeiriad eich hunan, ewch ati i'w ddysgu.

Adran 8 – Fi fy hun, y Teulu, Ffrindiau a Bywyd cartref

Ble rydych chi'n byw

Rhagor o bethau pwysig iawn — bydd yn rhaid i chi fod yn gallu siarad am ble rydych chi'n byw, ble mae'ch cartref a sut mae'n edrych.

Wo wohnst du? — Ble rwyt ti'n byw?

Byddwch yn ofalus — mewn cyfeiriadau Almaeneg, mae rhif y tŷ yn dod ar ôl enw'r stryd, ac mae enw'r stryd yn cael ei gysylltu â'r gair 'Straße'.

Ich wohne in der Bontstraße 24 in Abertawe. = Dw i'n byw yn 24 Heol y Bont, yn Abertawe.

Abertawe ist eine Großstadt mit ungefähr 225,000 Einwohnern und viel Industrie. = Mae Abertawe yn ddinas â thua 225,000 o drigolion a llawer o ddiwydiant.

Gweler tudalen 78 am yr 'n' ar ddiwedd 'Einwohner'.

tref: eine Stadt
dinas: eine Großstadt
pentref: ein Dorf
trigolyn: der Einwohner
trigolion: die Einwohner

ardal Abertawe: Die Gegend von Abertawe

Die Landschaft um Abertawe ist sehr schön und grün. = Mae'r dirwedd o gwmpas Abertawe yn hardd a gwyrdd.

Wo bist du zu Hause? — Ble mae dy gartref?

Mae gallu siarad am ble rydych yn byw yn bwysig iawn ar gyfer yr arholiad.

Ich wohne in einem Haus. = Dw i'n byw mewn tŷ.

fflat: einer Wohnung

Ich wohne in einem kleinen alten Haus. = Dw i'n byw mewn hen dŷ bychan.

mawr: großen modern: modernen
newydd: neuen oer: kalten
gwyrdd: grünen

Gweler tudalen 45 am fwy o liwiau.

Meine Wohnung liegt in der Nähe von einem Park. = Mae fy fflat yn agos i barc.

fy nhŷ: Mein Haus

tŷ: das Haus
tai: die Häuser
fflat: die Wohnung
fflatiau: die Wohnungen

canol y dref: der Stadtmitte
y draffordd: der Autobahn
y siopau: den Geschäften
canolfan siopa: einem Einkaufszentrum
arhosfan bysiau: einer Bushaltestelle
gorsaf drenau: einem Bahnhof

Gweler tudalennau 77 ac 86 am 'in' a 'von' a'r derbyniol.

Ich wohne — dw i'n byw yn sir Fôn ...

Maen nhw'n siŵr o ofyn i chi ble rydych chi'n byw. Dim ond chi all benderfynu, ond os ydych chi eisiau gwybod sut i ateb, mae'n rhaid i chi orchuddio'r dudalen, ysgrifennu'r holl ymadroddion i lawr, a gwirio faint rydych chi wedi eu cael yn iawn. A dysgu'r gweddill.

Adran 8 – Fi fy hun, y Teulu, Ffrindiau a Bywyd cartref

Yn eich cartref

Mae'n rhaid i chi fod yn gallu disgrifio beth sydd yn eich cartref. Yn ffodus, does dim rhaid i chi ddisgrifio popeth sydd yno — dim ond rhai pethau. Efallai nad yw hyn yn gyffrous ond allwch chi ddim fforddio peidio â'i wneud.

Wie ist dein Haus? — Sut fath o dŷ yw dy dŷ di?

Efallai nad oes angen i chi ofyn ble mae'r ystafelloedd yn nhŷ eich partner cyfnewid, ond mae'n rhaid i chi wneud hyn ar gyfer eich arholiad. Er mwyn gwneud y cwestiwn cyntaf ychydig yn fwy cwrtais, rhowch 'bitte' ar y diwedd — hawdd.

Wo ist die Küche?
= Ble mae'r gegin?

Wie sieht die Küche aus?
= Sut mae'r gegin yn edrych?

Ist die Küche groß?
= Ydy'r gegin yn fawr?

yr ystafell fyw: das Wohnzimmer
yr ystafell ymolchi: das Badezimmer / das Bad
yr ystafell fwyta: das Esszimmer
yr ystafell wely: das Schlafzimmer (die Schlafzimmer)

bach: klein
anferth: riesig
bach iawn: winzig

Gallwch chi edrych ar dudalen 45 am liwiau.

Ewch ati i ddysgu'r geiriau yma am yr hyn sydd yn eich ystafell — a chofiwch nad oes ots os nad yw'r pethau yno mewn gwirionedd — cyhyd â'ch bod chi'n cael yr eirfa'n iawn.

Was für Möbel gibt es in dem Schlafzimmer?
= Pa fath o ddodrefn sydd yn yr ystafell wely?

Im Schlafzimmer gibt es ein Bett, zwei Stühle, und einen kleinen Tisch.
= Yn yr ystafell wely mae gwely, dwy gadair a bwrdd bach.

Die Wände sind lila.
= Mae'r waliau'n biws.

cadair freichiau: einen Sessel (–)
soffa: ein Sofa (-s)
lamp: eine Lampe (-n)
bwrdd: einen Tisch (-e)

cadair: der Stuhl (⸚ e)
papur wal: die Tapete
gwely: das Bett (-en)
gwely dwbl: das Doppelbett (-en)
wal: die Wand (⸚ e)

cwpwrdd dillad: der Kleiderschrank (⸚ e)
cwpwrdd: der Schrank (⸚ e)
llenni: die Vorhänge (gwrywaidd lluosog)
carped: der Teppich (-e)
nenfwd: die Decke (-n)

Hast du einen Garten? — Oes gardd gyda ti?

Rhagor o bethau fydd yn eich helpu i wneud yn dda iawn yn yr arholiad ...

Mein Haus hat einen Garten.
= Mae gardd wrth fy nhŷ.

fy fflat: Meine Wohnung

Wir haben Blumen in unserem Garten.
= Mae blodau gyda ni yn yr ardd.

coeden: einen Baum (⸚ e)
lawnt: einen Rasen

Ein Bett — betia i bod un o'r rhain gyda chi ...

Mae'r rhain i gyd yn bethau y byddan nhw'n eu holi yn yr arholiad. Os yw'r rhestr o'r pethau yn eich ystafell yn frawychus, dechreuwch gydag un neu ddau yn unig — ond gwnewch yn siŵr eich bod yn deall y geiriau i gyd os ydych chi'n eu darllen neu'n eu clywed.

Adran 8 – Fi fy hun, y Teulu, Ffrindiau a Bywyd cartref

Gwaith tŷ a threfn bob dydd yn eich cartref

Rhagor o bethau defnyddiol os ydych chi'n aros gyda rhywun. Mae arholwyr wrth eu bodd yn eich rhoi chi yn y math yma o sefyllfaoedd bob dydd, felly gwnewch yn siŵr eich bod yn barod a bod gyda chi ddigon o ymadroddion Almaeneg defnyddiol.

Wann isst du ...? — Pryd wyt ti'n bwyta ...?

Mae prydau bwyd yn bwysig — ar gyfer yr arholiadau hefyd. Felly ewch ati i ddysgu'r ymadroddion hyn.

Wann isst du zu Abend? = Pryd wyt ti'n cael swper?

ydych chi'n bwyta (lluosog, anffurfiol): esst ihr
ydych chi'n bwyta (ffurfiol): essen Sie

brecwast: das Frühstück
cinio: zu Mittag
swper: das Abendbrot

Wir essen um neunzehn Uhr zu Abend. = Rydyn ni'n bwyta am saith o'r gloch yr hwyr.

Gweler tudalen 2 am fwy o amserau.

Musst du zu Hause helfen? — Oes rhaid i ti helpu gartref?

Hyd yn oed os nad ydych chi byth yn helpu gartref — dysgwch y geiriau yma.

Ich spüle zu Hause ab. = Dw i'n golchi'r llestri gartref.

Ich muss abspülen. = Dw i'n gorfod golchi'r llestri.

Dw i'n tacluso fy stafell: Ich räume mein Zimmer auf.
Dw i'n gwneud fy ngwely: Ich mache mein Bett.
Dw i'n hwfro: Ich sauge staub.
Dw i'n glanhau: Ich putze.
Dw i'n gorfod tacluso fy stafell: Ich muss mein Zimmer aufräumen.
Dw i'n gorfod tynnu llwch: Ich muss staubwischen.

Mae hon yn ferf sy'n rhannu. Os nad ydych chi'n gwybod llawer am y rhain, edrychwch ar dudalen 97 yn yr Adran Ramadeg.

hwfro: staubsaugen
tacluso: aufräumen

Brauchst du etwas? — Oes angen rhywbeth arnat ti?

Maen nhw'n debyg o ddweud wrthoch chi i ofyn am bethau yn yr arholiad. Mae'r rhain yn ymadroddion hawdd — felly does dim esgus am beidio â'u gwybod nhw. Cofiwch ddefnyddio'r ffurf ffurfiol 'Sie' os ydych chi'n gofyn i rywun hŷn.

Darf ich mich duschen? = Ga i gawod?

bath: baden

Kann ich bitte etwas Zahnpasta haben? = Ga i ychydig o bast dannedd?

Oes gyda ti: Hast du
tywel: ein Handtuch
ychydig o sebon: etwas Seife

Haben Sie Zahnpasta? = Oes gyda chi bast dannedd?

Bwyta, bitte ...

Ddylech chi ddim cael unrhyw drafferth o ran dysgu'r prydau bwyd — ond mae'n cymryd amser i ddod yn gyfarwydd â berfau sy'n rhannu. Dysgwch un ac mae'r lleill i gyd yn dilyn yr un patrwm — bron â bod yr un faint o hwyl â golchi llestri ...

Adran 8 — Fi fy hun, y Teulu, Ffrindiau a Bywyd cartref

Gwaith tŷ a threfn bob dydd yn eich cartref

Mae pobl yn meddwl eich bod yn berson *caredig* iawn os ydych chi'n cynnig golchi'r llestri o bryd i'w gilydd. Fe wnaiff ennill *pwyntiau* i chi yn yr *arholiad* hefyd — gyda'r bonws ychwanegol na fydd yn rhaid i chi ei wneud e'n go iawn.

Kann ich Ihnen dabei helfen? — Alla i eich helpu chi â hwnna?

Dyma sut mae *cynnig helpu* pan eich bod yn aros gyda rhywun.

Mae'r llwchladdwr ar gerdded.

Gweler tudalen 58 am fwy o eirfa.

Sollte ich **abspülen** ?   = Ddylwn i olchi'r llestri?

hwfro: staubsaugen
tacluso: aufräumen

Neu am ragor o farciau: Möchten Sie, dass ich abspüle? (Hoffech chi i fi olchi'r llestri?)

Wer macht was? — Pwy sy'n gwneud beth?

Cymerwch ofal gyda *therfyniadau berfau* a *threfn brawddegau* fan hyn.

Vati **spült ab**   = Mae Dad yn golchi'r llestri.

Meine Schwester Ceri **saugt** **jeden Tag** **staub** .   = Mae fy chwaer Ceri yn hwfro bob dydd.

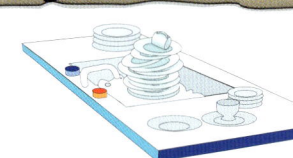

golchi'r llestri: spült ab
tacluso: räumt auf
hwfro: saugt staub

bob wythnos: jede Woche

Keiner spült in unserem Haus ab, denn wir haben eine **Spülmaschine** .   = Does neb yn golchi'r llestri yn ein tŷ ni achos mae peiriant golchi llestri gyda ni.

Gweler tudalennau 2-3 am ragor o stwff am amser.

Hast du dein eigenes Zimmer?
— Oes gyda ti dy stafell dy hun?

Byddwch chi'n ennill mwy o *farciau* bendigedig os gallwch chi ddweud y brawddegau isod.

Fy stafell

Ich habe mein eigenes Zimmer.   = Mae gen i stafell fy hun.

Ich teile ein Zimmer mit **meinem Bruder** .   = Dw i'n rhannu stafell gyda fy mrawd.

Gwaith tŷ — byddai'n dda pe byddai'r tŷ yn gwneud y gwaith ...

Mae'r ymadroddion hyn ychydig yn fwy *anodd* — ond os ydych chi eisiau cael *marciau da iawn*, dyma'r rhai i'w *dysgu*. Fel arfer, *gorchuddiwch* y dudalen a gweld faint o eiriau rydych yn eu *cofio*. Dysgwch a gwenwch.

Adran 8 – Fi fy hun, y Teulu, Ffrindiau a Bywyd cartref

Rhannau'r corff

Mae'n rhaid i chi fod yn gallu <u>dweud</u> wrth y meddyg <u>beth sy'n bod</u> arnoch chi. Er mwyn gwneud hynny, mae'n rhaid i chi ddysgu enwau holl <u>rannau'r corff</u> yn Almaeneg. Dyw hynny ddim yn anodd, felly <u>ewch ati</u>.

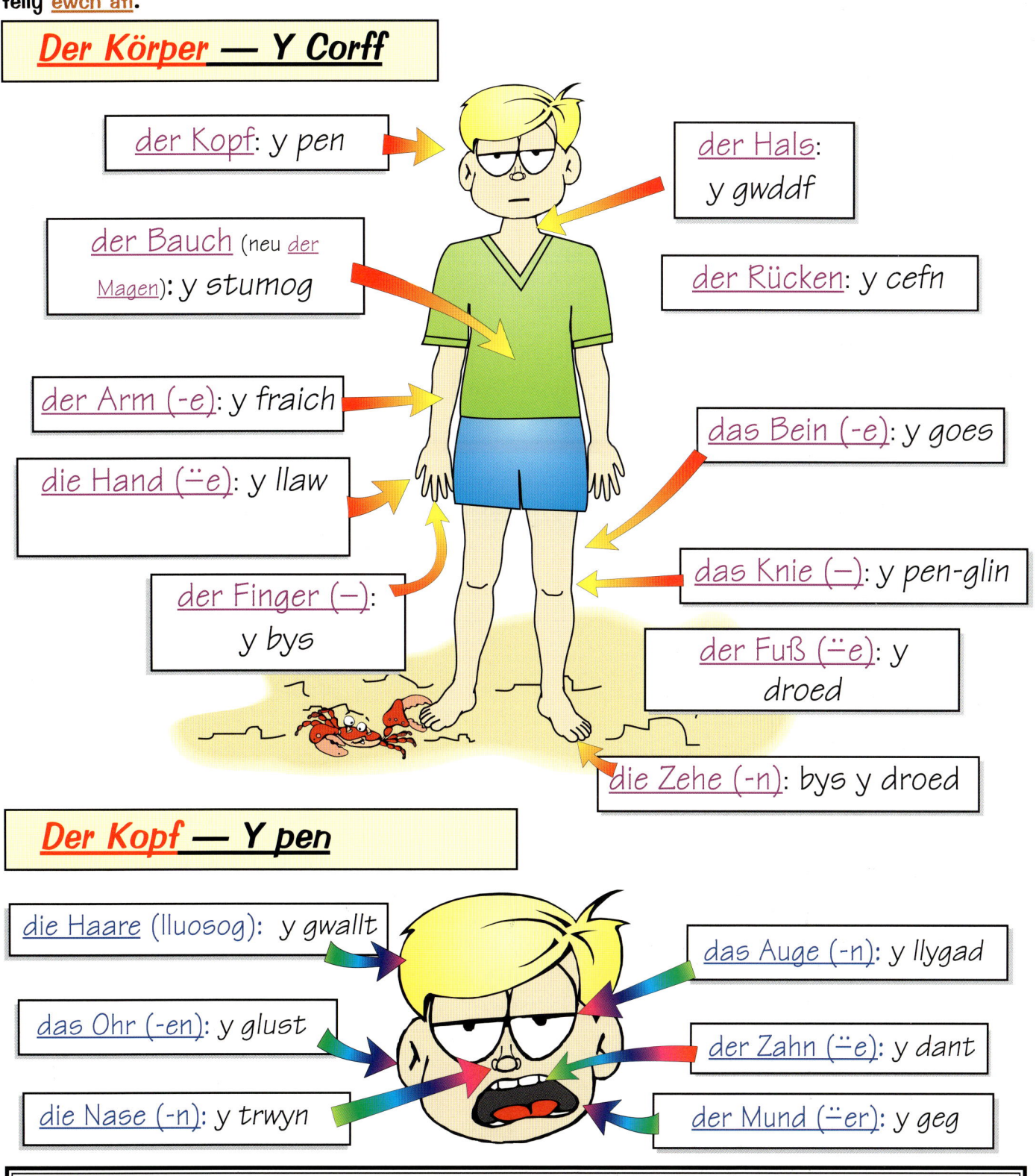

Der Körper — *Y Corff*

- <u>der Kopf</u>: y pen
- <u>der Hals</u>: y gwddf
- <u>der Bauch</u> (neu <u>der Magen</u>): y stumog
- <u>der Rücken</u>: y cefn
- <u>der Arm (-e)</u>: y fraich
- <u>das Bein (-e)</u>: y goes
- <u>die Hand (¨e)</u>: y llaw
- <u>das Knie (–)</u>: y pen-glin
- <u>der Finger (–)</u>: y bys
- <u>der Fuß (¨e)</u>: y droed
- <u>die Zehe (-n)</u>: bys y droed

Der Kopf — *Y pen*

- <u>die Haare</u> (lluosog): y gwallt
- <u>das Auge (-n)</u>: y llygad
- <u>das Ohr (-en)</u>: y glust
- <u>der Zahn (¨e)</u>: y dant
- <u>die Nase (-n)</u>: y trwyn
- <u>der Mund (¨er)</u>: y geg

Kopf ddwedais i — dim byd i wneud â phry cop ...

Pan ydych yn credu eich bod yn gwybod rhannau'r corff <u>i gyd</u>, <u>gorchuddiwch</u> y dudalen a thynnwch lun cyflym yn cynnwys yr <u>holl</u> eiriau Almaeneg — <u>gyda der</u>, <u>die</u> neu <u>das</u>. Ewch drostyn nhw nes eich bod yn eu cael nhw <u>i gyd</u> yn gywir — <u>heb</u> edrych ar y dudalen. Dylai der <u>Arm</u>, die <u>Hand</u> a der <u>Finger</u> fod yn eitha <u>hawdd</u> ...

Adran 8 – Fi fy hun, y Teulu, Ffrindiau a Bywyd cartref

Mynd at y meddyg neu i'r fferyllfa

Dolur, salwch a dioddefaint — am hwyl! Wel, torchwch eich llewys ac ewch ati. Mae hwn yn un arall o'r pynciau yn y categori 'tebygol-o-fod-mewn-o-leiaf-un-papur-yn-yr-arholiad'.

Wie fühlen Sie sich? — Sut ydych chi'n teimlo?

Mae hwn yn gwestiwn pwysig. Peidiwch â mynd i'r prawf llafar heb wybod sut i'w ateb.

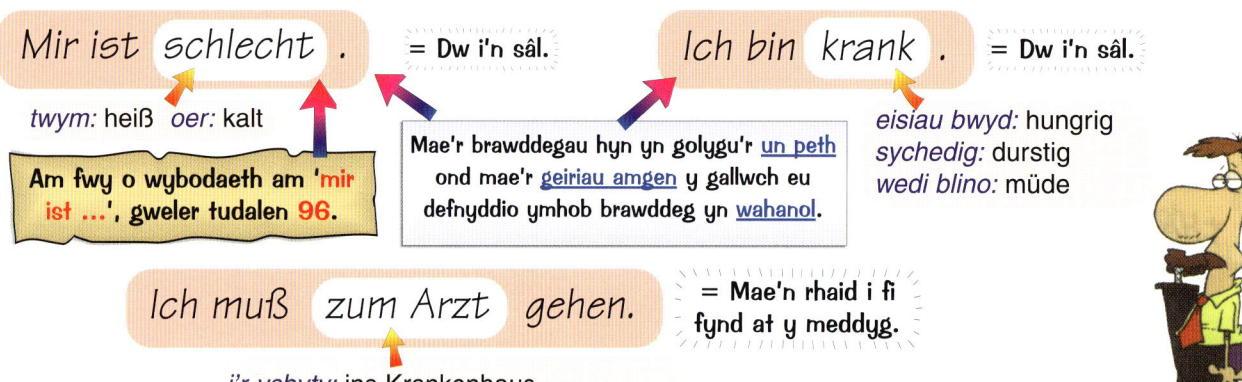

Mir ist schlecht. = Dw i'n sâl.

twym: heiß   oer: kalt

Am fwy o wybodaeth am 'mir ist ...', gweler tudalen 96.

Ich bin krank. = Dw i'n sâl.

eisiau bwyd: hungrig
sychedig: durstig
wedi blino: müde

Mae'r brawddegau hyn yn golygu'r un peth ond mae'r geiriau amgen y gallwch eu defnyddio ymhob brawddeg yn wahanol.

Ich muß zum Arzt gehen. = Mae'n rhaid i fi fynd at y meddyg.

i'r ysbyty: ins Krankenhaus
i'r fferyllfa: zur Apotheke, zur Drogerie

Roedd Dyfan yn meddwl ei fod wedi dal clwy'r traed a'r genau.

Was tut dir weh? — Beth sy'n brifo?

Dyma sut mae dweud pa ran o'r corff sy'n brifo. Mae rhannau'r corff i gyd ar y dudalen flaenorol.

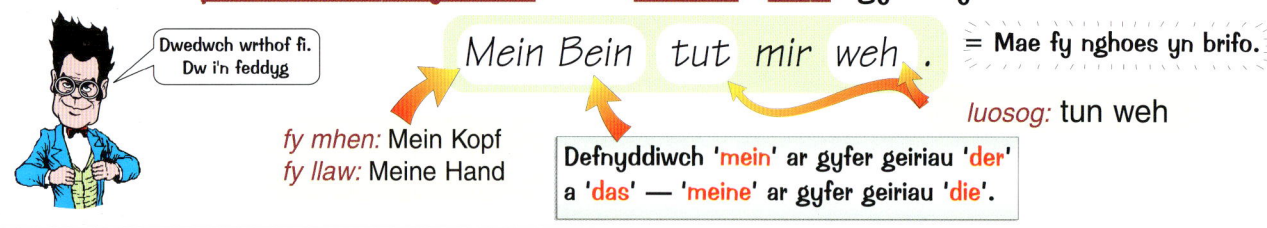

Dwedwch wrthof fi. Dw i'n feddyg

Mein Bein tut mir weh. = Mae fy nghoes yn brifo.

fy mhen: Mein Kopf
fy llaw: Meine Hand

luosog: tun weh

Defnyddiwch 'mein' ar gyfer geiriau 'der' a 'das' — 'meine' ar gyfer geiriau 'die'.

Was ist los? — Beth sy'n bod?

Os ydych chi eisiau dweud bod eich stumog yn brifo, rhowch '-schmerzen' ('poen') ar ddiwedd y gair am stumog a ffurfio un gair hir. Bauch + schmerzen = Bauchschmerzen.

Ich habe Bauchschmerzen. = Mae gen i stumog tost.

pen tost: Kopfschmerzen
clust dost: Ohrenschmerzen
ffliw: die Grippe
annwyd: einen Schnupfen
annwyd: eine Erkältung

gwddf stiff: einen steifen Hals
gwddf/llwnc tost: Halsschmerzen
cefn tost: Rückenschmerzen
tymheredd uchel: Fieber

Ich habe mich am Bein geschnitten. = Mae gen i gwt ar fy nghoes.

bys: am Finger   llaw: an der Hand

Ond mae bod yn boen yn rhywbeth arall eto ...

Mynd at y meddyg — mae'n boen ...

Iawn, efallai nad yw hon yn dudalen ddymunol, ond mae'n rhaid i chi ei dysgu. Os nad ydych yn gwybod sut mae dweud rhyw salwch arbennig yn yr arholiad, gallwch ddefnyddio 'Schmerzen' gyda'r rhan briodol o'r corff. Rydych chi'n gwybod y drefn — gorchuddiwch y dudalen, ysgrifennwch bopeth i lawr a gwiriwch a gawsoch chi e'n gywir.

Adran 8 – Fi fy hun, y Teulu, Ffrindiau a Bywyd cartref

Sgwrsio'n gwrtais

Mae <u>sgwrsio'n gwrtais</u> yn golygu gallu siarad â phobl mewn <u>sefyllfaoedd cymdeithasol</u> bob dydd mewn ffordd briodol a chwrtais — fel byddai'ch mam yn dymuno i chi wneud. Ac mae'n ennill <u>marciau</u> i chi hefyd.

Guten Morgen! Wie geht's? — Bore da! Sut wyt ti?

Dydd da / Helô: Guten Tag
Noswaith dda: Guten Abend
Sut wyt ti?: Wie geht es dir?
Sut ydych chi?: Wie geht es Ihnen?
Helô (anffurfiol): Grüß dich!

Os yw rhywun yn dweud 'Guten Tag' wrthoch chi, dywedwch 'Guten Tag' yn ôl. Gnewch yr un peth gyda 'Guten Abend'.

Wie geht's?

Mir geht's **gut** *, danke.* = Dw i'n iawn, diolch.

ddim yn rhy dda: nicht so gut
yn wael/dw i'n dost: schlecht
gwych: klasse/super
iawn: OK

<u>Gallech</u> chi ddweud 'Gut, danke' (ond cewch fwy o <u>farciau</u> am yr ateb cyflawn).

Darf ich Petra vorstellen? — Ga i gyflwyno Petra?

Mae hyn i gyd yn stwff defnyddiol ar gyfer y prawf llafar.

Dies ist Petra. = Dyma Petra.

Unwaith eto, gallech chi ddweud 'freut mich' a <u>gadael</u> gweddill y frawddeg <u>allan</u>.

Es freut mich, **dich** *kennenzulernen.* = Braf cyfarfod â ti.

Mae '<u>rein</u> yn dalfyriad o <u>herein</u>: i mewn.
chi: Sie

Komm 'rein. Setz **dich** *.*   *Kommen Sie herein. Setzen Sie Sich.*

= Dere/Tyrd i mewn. Eistedd. (Anffurfiol)

chi (lluosog, anffurfiol): Kommt 'rein, setzt euch

= Dewch i mewn. Eisteddwch. (Ffurfiol)

Vielen Dank. Das ist sehr nett von **dir** *.* = Diolch yn fawr. Rwyt ti'n garedig iawn.

(Rydych) chi (ffurfiol, unigol neu luosog): Ihnen
(Rydych) chi (lluosog, anffurfiol): euch

Es tut mir Leid — Mae'n ddrwg gen i.

Darf ich **mich hinsetzen** *?*

= Ga i eistedd?

defnyddio'r tŷ bach: die Toilette benutzen
cael rhywbeth i yfed, os gwelwch yn dda: bitte etwas zu trinken haben

Mae'n <u>hanfodol</u> eich bod yn gwybod sut i <u>ymddiheuro</u> achos mae'n codi yn yr arholiadau.

Es tut mir Leid. = Mae'n ddrwg gen i.

<u>Diflas</u>, dw i'n gwybod. Ond gwenwch a gwnewch eich gorau i'w <u>ddysgu</u> ac fe fyddwch chi'n iawn. Byddwch chi'n falch ac yn gwenu o glust i glust yn yr arholiad pan byddwch chi'n <u>gwybod</u> popeth maen nhw'n ei ofyn i chi.

Adran 8 – Fi fy hun, y Teulu, Ffrindiau a Bywyd cartref

Crynodeb adolygu

Does dim gwerth i chi fynd trwy'r cwestiynau hyn ac yna rhoi'r gorau iddi. Er mwyn gwneud yn hollol siŵr eich bod wedi dysgu'r adran hon i gyd, mae'n rhaid i chi fynd yn ôl ac edrych eto ar y cwestiynau roeddech wedi eu methu. Wedyn rhowch dro arall ar y cwbl. Y nod yw gallu hedfan trwyddyn nhw i gyd yn rhwydd.

1) Un hawdd i ddechrau — dywedwch eich enw, eich oed a dyddiad eich pen-blwydd wrth rywun rydych chi newydd gyfarfod ag e.

2) Disgrifiwch dri/dair o'ch ffrindiau a dywedwch beth yw eu hoed. Sillafwch eu henwau ac enwau'r trefi lle maen nhw'n byw ar lafar.

3) Dywedwch wrth eich ffrind llythyru pa berthnasau sy gyda chi — gan gynnwys faint o fodrybedd, cefndryd ac ati.

4) Mae gyda'ch ffrind sy'n hoffi anifeiliaid chwe chwningen, bwji, mochyn cwta a dwy gath. Sut allai hi ddweud beth ydyn nhw yn ei phrawf llafar Almaeneg?

5) Dywedwch eich cyfeiriad a disgrifiwch lle rydych yn byw — ydych chi'n byw mewn tref neu bentref, ydy'r dirwedd yn hardd a faint o bobl sy'n byw yno?

6) Mae Cerys yn byw mewn tŷ mawr â gardd. Mae yn agos i ganolfan siopa, arosfan bysiau a thraffordd. Sut byddai hi'n dweud hyn yn Almaeneg?

7) Rhowch enwau'r ystafelloedd yn eich cartref a dywedwch faint o ystafelloedd gwely sydd yno.

8) Mae gan Twm bapur wal coch a charped brown yn ei ystafell wely. Mae ganddo wely, dwy lamp, cwpwrdd dillad a chwpwrdd. Does ganddo ddim soffa. Sut byddai e'n dweud hyn yn Almaeneg?

9) Rydych chi'n sôn wrth y teulu rydych yn aros gyda nhw am eich bywyd cartref. Dywedwch eich bod yn gwneud eich gwely ac yn hwfro a glanhau. Rydych chi'n cael brecwast am 8 o'r gloch a chinio am 1 o'r gloch.

10) Mae'r teulu rydych yn aros gyda nhw newydd orffen bwyta. Gofynnwch os hoffen nhw i chi helpu clirio. Dywedwch nad oes peiriant golchi llestri gyda chi.

11) Dywedwch eich bod yn teimlo'n sâl. Mae bol tost gyda chi ac mae eich breichiau, eich cefn a'ch coesau'n brifo.

12) Mae rhywun yn eich cyflwyno i ymwelydd o'r Almaen. Dywedwch 'Bore da, sut wyt ti?' Pan ei fod yn gofyn sut ydych chi, dywedwch 'Dw i'n iawn, diolch. Neis cyfarfod â ti.'

Adran 8 — Fi fy hun, y Teulu, Ffrindiau a Bywyd cartref

Adran 9 – Llythyron a Chyfathrebu

Y ffôn

Mae cwestiynau am alwadau ffôn yn codi dro ar ôl tro yn yr arholiadau. Felly gwnewch yn siŵr eich bod yn dysgu hyn i gyd. Mae'n rhaid i chi wybod beth i'w ddweud pan eich bod chi'n ffonio rhywun, sut i ateb y ffôn, a sut i gymryd neges.

Telefonieren — Ffonio

Mae marciau hawdd i'w hennill fan hyn. Dysgwch e.

Defnyddiwch hwn ar gyfer rhywun rydych yn ei adnabod yn dda. Os ydych am fod yn fwy ffurfiol, defnyddiwch *Ihre*.

Was ist **deine** Telefonnummer? = Beth yw dy rif ffôn?

Meine Telefonnummer ist **achtundzwanzig, neunzehn, sechsundfünfzig**.

Rhowch eich rhif fan hyn. Gweler tudalen 1 am rifau.

= Fy rhif ffôn yw 281956

Cadwladr am Apparat — Cadwaladr yn siarad

Os nad ydych chi'n trafferthu dysgu sut i ateb y ffôn, ewch chi ddim ymhell mewn prawf llafar am sgwrs ffôn. Dysgwch e.

Dywedwch hyn pan eich bod yn ateb y ffôn:

Hallo! **Cadwaladr** am Apparat.   = Helô, Cadwaladr yn siarad.

Rhowch eich enw fan hyn.

Defnyddiwch y rhain pan eich bod chi'n ffonio rhywun:

Hallo! Hier spricht **Andreas**.   = Helô. Andreas yn siarad.

Ist **Lisa** da?   = Ydy Lisa yno?

Kann ich mit, err, ymmm … fy nghyfreithiwr sprechen.

Kann ich mit **Lisa** sprechen?   = Ga i siarad â Lisa?

Darf ich etwas ausrichten? — Ga i gymryd neges?

Mae'n rhaid i chi ddeall negeseuon ffôn, a gallu gadael neges. Dyma neges ffôn hollol sylfaenol:

Helô. Brünnhilde yn siarad.

Rhowch eich rhif ffôn fan hyn.

Rhowch eich enw fan hyn.

Fy rhif ffôn yw 59 19 56.

Hallo, hier spricht **Brünnhilde**. Meine Telefonnummer ist **neunundfünfzig, neunzehn, sechsundfünfzig**. Kann Bob mich um **19 Uhr** zurückrufen? Danke. Auf Wiederhören.

Dyma'r person rydych chi eisiau i'ch ffonio chi'n ôl.

Diolch, hwyl.

All Bob fy ffonio i'n ôl am 7.00 yr hwyr?

Dyma'r amser rydych chi am iddyn nhw ffonio.

Die Telefonzelle — Y blwch ffôn

Haben Sie Kleingeld für das Telefon?   = Oes newid gyda chi i'r ffôn?

Haben Sie Telefonkarten?   = Oes gyda chi gardiau ffôn?

Ist Lisa da? — Ydy, da iawn …

Mae cwestiynau am alwadau ffôn yn cael eu cynnwys yn y prawf llafar yn aml iawn — dysgwch y pethau yma neu fydd gyda chi ddim gobaith caneri. A beth bynnag, byddwch chi'n gallu ateb yn Almaeneg pan fydd cwmnïau yn ffonio i werthu pethau i chi.

Swyddfa'r Post

Mae'n rhaid i chi wybod am swyddfa'r post a stampiau a llythyrau a phethau felly.

Wo ist die Post? — Ble mae swyddfa'r post?

Mae'r arholwyr bob amser yn meddwl y byddech chi'n anfon llythyrau adref pe baech chi yn yr Almaen. Hyd yn oed os na fyddwch chi byth eisiau anfon llythyr o'r Almaen yn eich bywyd, mae'n rhaid i chi DDYSGU'R YMADRODDION HYN.

Wo ist der Briefkasten, bitte? = Ble mae'r blwch llythyrau, os gwelwch yn dda?

Gibt es hier in der Nähe einen Briefkasten? = Oes blwch llythyrau yn agos?

An: Herrn L. v. Beethoven
Das Beethovenhaus
Bonn
Deutschland

Mae 'Brief' yn golygu llythyr.

Haben Sie Briefmarken? = Oes gyda chi stampiau?

Was kosten die Briefmarken? = Faint mae'r stampiau'n costio?

Ich möchte einen Brief schicken — Hoffwn i anfon llythyr.

Mae'r pethau yma ychydig yn fwy cymhleth, ond os dysgwch chi'r ymadroddion a'r geiriau y gallwch eu newid, mae dipyn yn haws. Does dim triciau ffansi, dim ond dysgu'r ymadroddion.

Was kostet es, einen Brief nach Wales zu schicken? = Faint mae'n costio i anfon llythyr i Gymru?

parsel: ein Paket (-e) — *diryw*
cerdyn post: eine Postkarte (-n) — *benywaidd*

Gallwch chi roi unrhyw wlad o'r rhestr ar dudalen 13 fan hyn yn lle Cymru.

Was kostet es, einen Inlandbrief zu schicken? = Faint mae'n costio i anfon llythyr o fewn y wlad?

Ich möchte eine Postkarte nach Wales schicken. = Hoffwn i anfon cerdyn post i Gymru.

parsel: ein Paket (-e) — *diryw*
llythyr: einen Brief (-e) — *gwrywaidd*

Kann ich tausendzweihundertsechsundfünfzig Briefe nach Wales schicken?

Nein.

Os ydych chi eisiau anfon mwy nag un peth, newidiwch y geiriau yn y blwch gwyn. Gallech chi ddweud rhywbeth fel 'zwei Briefe und drei Postkarten'.

Pethau anodd

Does dim cyfrinach fan hyn. Neu os oes un, dyma hi — dysgu ymadroddion a'u rhoi nhw at ei gilydd i greu brawddeg hirach. Wedyn dysgu ymadroddion lle gallwch chi newid rhai geiriau, a dysgu llwyth o eiriau y gallwch chi eu gosod i mewn. Does dim i'w wneud ond mynd ati.

Adran 9 – Llythyron a Chyfathrebu

Llythyrau anffurfiol

Rydych chi'n sicr o orfod ysgrifennu llythyr yn Almaeneg rywbryd. Mae cwestiynau felly'n codi yn yr arholiadau drosodd a throsodd. Felly dysgwch sut i osod llythyr yn Almaeneg a sut i ddweud 'Annwyl Dewi' ac ati.

Lieber Hermann — Annwyl Hermann

Mae'n rhaid i chi fod yn gallu dechrau a gorffen llythyr yn iawn. Mae'n hanfodol. Mae'r llythyr hwn braidd yn fyr, ond mae'n dangos sut mae dechrau a gorffen, a ble i roi'r dyddiad.

Merthyr, den 5. März

Lieber Hermann,

vielen Dank für deinen Brief.
Ich habe mich so gefreut,
mal wieder von dir zu hören.

Viele Grüße,

dein Albert

Rhowch ble rydych chi'n byw a'r dyddiad fan hyn. Adolygwch y dyddiadau ar dudalen 2.

Mae hyn yn golygu 'Diolch yn fawr am eich llythyr'.

Mae'r ddau ymadrodd yma yn rhai gwych i'w defnyddio mewn llythyrau.

Mae hyn yn golygu: Roeddwn i mor falch o glywed oddi wrthot ti eto.

Mae hyn yn golygu 'Annwyl Hermann'. Os ydych chi'n ysgrifennu at fenyw, rhowch Liebe yn lle Lieber.

Does dim eisiau priflythyren fan hyn.

Cofion cynnes.

Os mai merch ydych chi, rhowch Deine yn lle Dein.

Defnyddiwch yr ymadroddion hyn yn eich llythyrau

Un peth y gallwch chi ei wneud ymhob llythyr anffurfiol bron yw gofyn sut mae'r person:

Wie geht's? = Sut wyt ti/Sut ydych chi? Gallwch ddefnyddio hyn i ddechrau llythyr, ar ôl Annwyl ___.

A dyma bethau sy'n dda i'w rhoi ar y diwedd cyn ffarwelio:

Ich hoffe, bald wieder von dir zu hören. = Dw i'n gobeithio clywed oddi wrthot ti eto yn fuan.

Ich freue mich schon darauf, dich wieder zu sehen. = Dw i'n edrych ymlaen yn barod at dy weld ti eto.

Peidiwch â gwylltio os oes yn rhaid i chi ysgrifennu cerdyn post — gnewch yr un modd ag y byddech chi'n ei wneud mewn llythyr byr.

Mae'r stwff yma'n hawdd, ond mae'n rhaid i chi ei ddysgu ar gyfer yr arholiad ysgrifennu. Gwnewch yn siŵr eich bod yn gwybod yr ymadroddion Almaeneg sylfaenol yn drylwyr — mae'n bwysig er mwyn gwneud eich llythyr yn un dilys. Does dim cyfrinachau o ran prif ran y llythyr — ysgrifennwch fel y byddech chi'n ysgrifennu llythyr at ffrind yn Gymraeg.

Adran 9 – Llythyron a Chyfathrebu

Llythyrau ffurfiol

Mae'n annheg, dw i'n gwybod, ond mae disgwyl i chi fod yn gallu ysgrifennu llythyr <u>ffurfiol</u> hefyd. Gan amlaf maen nhw am i chi ysgrifennu i <u>fwcio ystafell mewn gwesty</u>. Am fwy o eirfa gweler tudalen 14.

Rhowch eich <u>enw</u> a'ch <u>cyfeiriad</u> ar frig y llythyr

Rhowch <u>eich</u> enw a'ch cyfeiriad <u>chi</u> fan hyn.

Mae <u>enw a chyfeiriad</u> y sawl rydych chi'n ysgrifennu ato yn mynd fan hyn.

Does <u>dim</u> angen llythyren fawr fan hyn.

Mae hyn yn golygu:
Hoffwn os yw'n bosib fwcio tair ystafell o Fehefin 4ydd i Fehefin 18ed, gan gynnwys y ddau ddyddiad. Bydd angen ystafell ddwbl a dwy ystafell sengl. Rhowch wybod cyn gynted â phosibl, os gwelwch yn dda, os gallwn ni gael yr ystafelloedd, a faint byddan nhw'n costio.

```
Aleesha Thompson
16 Rusland Drive
Manceinion
M14 7QE
Großbritannien

Brandenburger Hotel              Manceinion, den 23.6.2000
Unter den Linden 115
10159 Berlin

Sehr geehrte Damen und Herren,

wenn möglich möchte ich drei Zimmer für
den 4. - 18. Juni inklusive bei Ihnen reservieren. Wir
brauchen ein Doppelzimmer und zwei Einzelzimmer.
Ich wäre sehr dankbar, wenn Sie mich bitte so bald wie
möglich informieren könnten, ob wir die Zimmer haben
können und auch wie viel sie kosten werden.

Mit freundlichen Grüßen

A.Thompson

Aleesha Thompson
```

Rhowch y dyddiad fan hyn.

Rhowch hyn os <u>nad ydych chi'n gwybod</u> enw'r sawl rydych chi'n ysgrifennu ato.

Os ydych chi yn gwybod, rhowch '<u>Sehr geehrte</u>' i fenyw, neu '<u>Sehr geehrter</u>' i ddyn, ac wedyn enw'r person.

Yr eiddoch yn gywir

Cofiwch bod 'Sie' ac 'Ihnen' <u>bob amser</u> yn dechrau â <u>llythyren fawr</u>.

Mae mynachod yn hoffi ysgrifennu'n ffurfiol.

<u>Dysgwch</u> y ffyrdd yma o <u>orffen</u> llythyr

Fydd yr arholwr <u>ddim</u> yn cael argraff dda os nad allwch chi <u>orffen</u> llythyr yn iawn. Felly <u>dysgwch</u> y rhain.

Hochachtungsvoll. = Yr eiddoch yn gywir.

Gallwch chi ddefnyddio terfyniad y llythyr uchod hefyd.

Vielen Dank im Voraus für alle Ihre Bemühungen. = Diolch yn fawr o flaen llaw am eich holl ymdrechion.

Defnyddiwch '<u>entschuldigen</u>' i ymddiheuro

Efallai y bydd yn rhaid i chi <u>ymddiheuro</u> am adael bagiau neu ddillad ar ôl yn y gwesty. <u>Dysgwch</u> yr ymadrodd yma, a rhowch beth bynnag rydych chi ei eisiau yn y rhan wen.

Mae anghofio dillad yn gallu bod yn embaras.

Ich möchte mich bei Ihnen entschuldigen, = Hoffwn i ymddiheuro.
leider habe ich eine Tasche in Ihrem Hotel zurückgelassen. = Dw i wedi gadael bag yn eich gwesty.

Amlenni mewn siaced a thei — llythyrau ffurfiol ...

Mae llawer i'w <u>ddysgu</u> fan hyn ac mae'n <u>bwysig</u> hefyd. Mae ymadroddion <u>cwrtais confensiynol</u> ar gyfer llythyrau yn Almaeneg fel yn Gymraeg — mae'n rhaid i chi wybod <u>digon</u> ohonyn nhw i ddechrau a gorffen llythyr. Ar ôl i chi <u>eu dysgu</u>, mae'n hawdd. Felly ewch ati i <u>ymarfer</u>.

Adran 9 – Llythyron a Chyfathrebu

Crynodeb adolygu

Adran fer oedd hon, ond un <u>bwysig</u> — bydd yn rhaid i chi droi ati a <u>mynd trwy</u>'r cwestiynau i wneud yn siŵr eich bod wedi <u>dysgu</u>'r holl rannau y bydd eu hangen arnoch ar gyfer eich arholiadau. Bydd yn rhaid i chi ysgrifennu <u>llythyr</u> neu <u>gerdyn post</u> yn eich arholiad felly bydd angen yr ymadroddion ysgrifennu llythyrau confensiynol arnoch.

1) Wie ist deine Telefonnummer? *(Peidiwch â thwyllo a'i ysgrifennu mewn rhifau — gwnewch e yn Almaeneg.)*

2) Beth ydych chi'n dweud wrth ateb y ffôn?

3) Mae ffrind eich brawd yn ffonio. Ysgrifennwch neges yn Almaeneg i'ch brawd, gan ddweud nad yw ei ffrind yn gallu mynd allan heno.

4) Mae Dyfan yn ffonio ei ffrind Aled ac yn siarad â'i fam. Dyw Aled ddim gartref, ond mae ei fam yn dweud y bydd hi'n dweud wrtho bod Dyfan wedi ffonio. Ysgrifennwch y sgwrs yn Almaeneg.

5) Mae gyda chi bedwar cerdyn post ac rydych chi eisiau eu hanfon i Gymru. Beth ydych chi'n dweud wrth staff swyddfa'r post?

6) Rydych chi ar stryd yn yr Almaen ac rydych chi eisiau postio llythyr. Sut ydych chi'n gofyn i rywun ble mae blwch llythyrau?

7) Ysgrifennwch lythyr at eich ffrind Eva. Ysgrifennwch eich cyfeiriad, dywedwch helô a dywedwch wrthi am rywbeth rydych chi wedi ei wneud yn ystod yr wythnos ddiwethaf.

8) Hoffech chi dderbyn llythyr oddi wrthi — sut byddech chi'n dweud hynny yn eich llythyr?

9) Hoffech chi fwcio tair ystafell sengl mewn gwesty yn Bremen. Ysgrifennwch lythyr yn Almaeneg at: das Hotel Ritter, Römerstraße 7, 69117 Bremen.

10) Rhowch ddau ymadrodd y gallech chi eu defnyddio i orffen llythyr.

11) Rydych chi wedi gadael eich cês mewn ystafell mewn gwesty. Sut byddech chi'n ysgrifennu llythyr atyn nhw i ymddiheuro?

Sut mae dweud: 'ac efallai bod y caws a'r selsig wedi mynd yn hen erbyn hyn?'

Gadewch i fi weld — gadawsoch chi eich brechdanau dan eich gwely yn yr ystafell yn y gwesty fis yn ôl ...

Adran 9 – Llythyron a Chyfathrebu

Adran 10 – Y Byd y Tu Allan i'r Ysgol

Profiad gwaith a chyfweliadau

Mae'r ddwy dudalen yma yn eich _annog_ i feddwl am eich _dyfodol_ yn fwy _manwl_ — mae bron â bod yn wasanaeth cyhoeddus. Ond os oes angen pêl risial arnoch chi i weld eich dyfodol, gwell i chi ddechrau defnyddio'ch _dychymyg_.

Wo hast du das Berufspraktikum gemacht?

= Ble gwnest ti dy brofiad gwaith?

Mae profiad gwaith mor _gyffrous_ — dw i'n cofio'r wythnos ddiflas dreuliais i mewn banc. O leiaf fe helpodd fi i _benderfynu_ nad bancio oedd yr yrfa i fi!

Ich habe **das Berufspraktikum** bei **Siemens** gemacht.

= Gwnes i fy mhrofiad gwaith gyda Siemens.

profiad gwaith: das Arbeitspraktikum

enw cwmni neu ddisgrifiad ohono

Ich habe **anderthalb Wochen** dort gearbeitet.

= Gweithiais i yno am wythnos a hanner.

Hat dir die Arbeit gefallen? Erzähl mir davon.

Angen _barn_ — dywedwch y gwir, oeddech chi'n ei hoffi neu beidio?

= Oeddet ti'n hoffi'r gwaith? Dwed rywbeth amdano.

Die Arbeit **hat Spaß gemacht**.

= Roedd y gwaith yn hwyl.

cyfforddus: wohl
cartrefol: zuhause

Roedd yn llawn straen: war stressig
Roedd yn ddiddorol: war interessant

Ich fühlte mich **einsam**.

= Roeddwn i'n teimlo'n unig.

Meine Mitarbeiter waren **ganz unfreundlich**.

cyfeillgar iawn: sehr freundlich
diddorol: interessant

= Roedd fy nghydweithwyr yn eitha anghyfeillgar.

Was hast du vor, in der Zukunft zu machen?

= Beth wyt ti eisiau'i wneud yn y dyfodol?

Efallai nad ydych chi erioed wedi _ceisio_ am swydd, ond mae'n bur _debyg_ y bydd yn rhaid i chi ryw ddydd. Ac efallai y bydd _chwarae rôl_ cyfweliad am swydd yn eich prawf llafar.

Ich möchte einen Beruf haben, wo ich **Probleme löse**.

= Dw i eisiau swydd lle dw i'n datrys problemau.

cyfarfod â phobl newydd: neue Leute treffe
gweithio gyda rhifau: mit Nummern arbeite
helpu pobl: Leuten helfen

Gweler _tudalen 32_ am fathau eraill o swyddi, neu edrychwch mewn _geiriadur_.

Ich hoffe in der Zukunft **Reisebürokauffrau** zu werden.

= Dw i'n gobeithio bod yn asiant teithio (benywaidd).

asiant teithio (gwrywaidd): Reisebürokaufmann

Oes gyda chi brofiad?

Os _nad ydych_ chi wedi gwneud profiad gwaith, gwell i chi _ddysgu_ sut i ddweud hynny yn _Almaeneg_ rhag ofn i'r arholwr ofyn i chi. A dw i'n siŵr y byddai'ch _rhieni_ am i chi feddwl am eich _gyrfa_ yn y _dyfodol_ fodd bynnag ...

'Gwerthu'ch hun' mewn cyfweliadau

Bydd llawer o'r cwestiynau yn eich arholiadau TGAU yn cael eu cyfeirio atoch yn anffurfiol, hynny yw, bydd arholwyr y mwyafrif o'r byrddau arholi yn eich galw chi'n 'du' nid 'Sie'. Mewn cyfweliad fe gyfeirir atoch chi bob amser fel 'Sie'. Gwell i chi ddod i arfer â hynny.

Vorstellungsgesprächs fragen — Cwestiynau cyfweliad

Dyma enghreifftiau o atebion i'r cwestiynau sylfaenol y gallech eu disgwyl mewn cyfweliad am swydd. Does dim rhaid i chi ddysgu'r brawddegau yma — byddai'n wirion petai'r dosbarth i gyd yn dweud yr un peth fel parotiaid. Meddyliwch am atebion eich hunan.

Wie heissen Sie? = Beth yw eich enw?

Wie alt sind Sie? = Beth yw eich oed?

Sie interessieren sich für welche Stelle?

= Ym mha swydd mae gennych chi ddiddordeb?

Ich möchte gern als Helfer bei der Touristeninformation in Münster arbeiten.

= Hoffwn i weithio fel cynorthwy-ydd yn y swyddfa dwristiaeth yn Münster.

Seren Fusnes Seren glasurol Seren symbol Seren yr adeiladwraig

Warum möchten Sie diese Stelle?

Pam ydych chi eisiau'r swydd hon?

Pam ydych chi eisiau'r Seren yma?

Ich interessiere mich für Tourismus. = Mae gen i ddiddordeb mewn twristiaeth.

Ich möchte gern meine Deutsch verbessern. = Hoffwn i wella fy Almaeneg.

cymwysterau: Qualifikationen   *cyfrifol*: verantwortlich

Ich habe die nötige Erfahrung *, bin* flexibel *und* vernünftig *.*

= Mae gen i'r profiad angenrheidiol a dw i'n hyblyg ac yn gall.

Was haben Sie in der Schule gemacht?

= Beth wnaethoch chi yn yr ysgol?

Ich habe eine Gesamtschule in Penybont besucht. = Es i i ysgol gyfun ym Mhenybont.

In der Schule waren Deutsch und Französisch meine Lieblingsfächer. = Almaeneg a Ffrangeg oedd fy hoff bynciau yn yr ysgol.

Was sind Ihre Interessen?

= Beth yw eich diddordebau?

Ich halte die Architektur für faszinierend. = Dw i'n meddwl bod pensaernïaeth yn ddiddorol iawn.

Ich reise gern ins Ausland. = Dw i'n hoffi teithio dramor.

'Gwerthu'ch hun' ...? Am faint?

Dyw'r rhan fwya o'r stwff yma ddim yn newydd, ond mae'n rhaid i chi ddod yn gyfarwydd ag ef yn y cyd-destun hwn. Felly, pan ofynnan nhw yn y prawf siarad i chi esgus eich bod yn ceisio am swydd fel cigydd yn Bonn, byddwch chi'n gallu ymdopi.

Adran 10 – Y Byd y Tu Allan i'r Ysgol

Yr amgylchedd

Mae'r amgylchedd yn bwnc difrifol, a bydd disgwyl i chi fod â barn. Mae'n gyfle i chi i ysgrifennu neu ddweud eich barn am rywbeth real a phwysig — nid dim ond pa liw crys-T yr hoffech chi ei brynu yn y sêl.

Ist die Umwelt wichtig für dich? — Ydy'r amgylchedd yn bwysig i ti?

Mae'n rhaid ateb cwestiwn fel hwn ag ydy neu nac ydy

NEIN! ... felly cofiwch wrando bob amser am hynny yn gyntaf yn yr arholiad gwrando ... **JA!** ... ac wedyn ceisiwch feddwl pam.

Nein, ich interessiere mich ganz und gar nicht dafür. = Nac ydy, does gen i ddim diddordeb ynddo o gwbl.

Ja, ich halte die Umwelt für total wichtig. = Ydy, dw i'n meddwl bod yr amgylchedd yn bwysig iawn.

Os bydd cwestiwn yn codi am eich safbwynt ar fater fel hyn, dechreuwch gydag 'ydy' neu 'nac ydy' ac wedyn eglurwch pam. Wrth gwrs bydd yn help os ydych wedi paratoi rhywbeth o flaen llaw (cofiwch Blue Peter ...).

Mynegi barn a dadlau

Os ydych chi'n gwybod tipyn am bethau gwyrdd gallech chi ddweud llawer am y pwnc ond os nad ydych, dywedwch hynny. Fe gewch chi'r un nifer o farciau am ddweud pam nad oes diddordeb gyda chi ag y cewch chi am draethu'n huawdl ac yn frwd am Greenpeace.

NEIN!

Es geht mich nichts an. Ich möchte nicht auf dem Land wohnen sondern in einer Großstadt.
= Dyw e ddim o bwys i fi. Dw i eisiau byw yn y ddinas nid yn y wlad.

Blumen und die Natur sind totlangweilig, ich mag lieber Computerspielen und meinen Tretroller.
= Mae blodau a byd natur yn hollol ddiflas. Mae'n well gen i chwarae gemau cyfrifiadur a fy sgŵter.

JA!

Ich habe große Angst um die Umwelt wegen dem Treibhauseffekt.
= Dw i'n poeni'n ddifrifol am yr amgylchedd oherwydd yr effaith tŷ gwydr.

Luftverschmutzung durch Abgase gefährdet die Umwelt.
= Mae llygredd yn yr awyr o fwg ceir yn peryglu'r amgylchedd.

GEIRFA AMGYLCHEDDOL HANFODOL —
ERFORDERLICHE UMWELTVOKABELN

mwg allbwff:	die Abgase (ll)
llygredd:	die (Umwelt)verschmutzung
newid hinsawdd:	der Treibhauseffekt
effaith tŷ gwydr:	die Pollution
niweidio:	schaden
peryglu:	gefährden
llygredd yr awyr:	die Luftverschmutzung
glaw asid:	saurer Regen
carbon deuocsid:	das Kohlendioxid
natur:	die Natur

Wrth gwrs, efallai na fyddan nhw'n holi eich barn am yr amgylchedd, a gallwch chi felly chi roi ochenaid o ryddhad — aaaaaaa ...

Ond, ar waetha hynny, byddai'n syniad da ymgyfarwyddo â'r eirfa amgylcheddol hanfodol. Gallai lithro i mewn i gwestiwn darllen a deall neu sgwrs wrando.

Blumen — maen nhw'n blwmin ddiflas ...

Mae cymaint o agweddau gwahanol ar yr amgylchedd y gallech chi ddewis siarad amdanyn nhw — neu beidio siarad amdanyn nhw os nad ydych chi'n poeni dim am y pwnc. Unwaith eto, byddwch yn gall a dysgwch y pethau sylfaenol ...

Adran 10 — Y Byd y Tu Allan i'r Ysgol

Iechyd a chyffuriau ac alcohol

Fantastisch — ABCh yn Almaeneg, hei lwc!
O leiaf dylech fod â *barn* am hyn heb orfod meddwl yn rhy ddwys.

Diät — Deiet

Na, dw i ddim yn siarad am ryw ddeiet *bwyd cwningen* i golli pwysau.
Mae'r adran yma am eich deiet bob dydd a pha mor *iachus* yw e, neu beidio.

Isst du gesund?
= Wyt ti'n bwyta'n iach?

afiach: ungesund
rheolaidd: regelmäßig

Ja, ich esse viel Salat und frisches Obst.
= Ydw, dw i'n bwyta llawer o salad a ffrwythau ffres.

Nein, ich esse pommes fast jeden Tag und ich trinke nur Cola.
= Nac ydw, dw i'n bwyta sglodion bob dydd ac yn yfed dim ond cola.

Am fwy o fwydydd gweler tudalen 48.

Bewegung — Ymarfer corff

Does dim ots os nad ydych chi'n gwneud dim, dim ond i chi fod yn gallu dweud hynny.

Was machst du, um fit zu bleiben?
= Beth wyt ti'n ei wneud i gadw'n heini?

Ich treibe viel Sport.
= Dw i'n gwneud llawer o chwaraeon.

Ich esse sehr gesund, bleibe schlank, und habe viel Energie.
= Dw i'n bwyta'n iachus iawn, dw i'n cadw'n denau ac mae gen i lawer o egni.

Ich spiele regelmäßig Fußball und Tennis.
= Dw i'n chwarae pêl-droed a thennis yn rheolaidd.

Smygu, cyffuriau a roc a rôl

Roc a rôl? Wel, na, ddim mewn gwirionedd …

Was ist deine Meinung über Rauchen?
= Beth wyt ti'n ei feddwl am smygu?

alcohol: Alkohol
cyffuriau: Drogen

ICH RAUCHE NICHT.
= Dw i ddim yn smygu.

ICH RAUCHE GERN.
= Dw i'n hoffi smygu.

Rauchen ist widerlich. Ich hasse es wenn anderen rauchen, es stinkt so. Ich werde nie mit einem Raucher zusammen sein.
= Mae smygu yn ofnadwy. Dw i'n casáu pan fod pobl eraill yn smygu – mae'n drewi. Fyddwn i byth yn mynd allan gyda rhywun sy'n smygu.

Rauchen ist cool. Mir ist es egal ob es ungesund ist, Image ist alles.
= Mae smygu'n cŵl. Does dim ots gyda fi os yw e'n afiach. Delwedd sy'n bwysig.

Ust! — isst du'n iach? …

Mae llawer mwy i'w ddweud am y pynciau *cyffrous* yma, ond mae dysgu'r pethau ar y dudalen hon yn ddechrau *da*. *Meddyliwch* beth arall y gallech chi fod eisiau'i ddweud, ac ewch ati i'w ysgrifennu a'i *ymarfer*.

Adran 10 – Y Byd y Tu Allan i'r Ysgol

Pobl enwog

Mae cynnwys y pwnc yma'n rhyfedd yn fy marn i, ond y syniad yw bod <u>diddordeb</u> mawr gyda chi mewn pobl enwog. Cymaint o ddiddordeb fel eich bod chi eisiau <u>siarad</u> amdanyn nhw yn Almaeneg gyda'ch ffrindiau llythyru a'ch <u>partneriaid cyfnewid</u> — neu rywbeth.

Welche berühmte Persönlichkeiten findest du gut?

Pa bobl enwog wyt ti'n hoffi?

Mae siarad am bobl enwog rydych chi'n eu hedmygu yn golygu yn bennaf yr un stwff syml sydd ei angen arnoch chi i siarad amdanoch chi eich hun a'ch teulu, sef dweud eu henw, beth maen nhw'n gwneud, a pham rydych chi'n eu hoffi.

PWY — *Ich finde Britney Spears fantastisch.* = Dw i'n meddwl bod Britney Spears yn ffantastig.

BETH — *Sie ist eine berühmte amerikanische Popsängerin.* = Mae hi'n gantores bop Americanaidd enwog.

PAM — *Britney sieht so hübsch aus und trägt immer schicke modische Klamotten.* = Mae Britney yn edrych mor bert ac mae hi bob amser yn gwisgo dillad smart ffasiynol.

Noch dazu singt sie wie ein Engel. = Ac mae hi'n canu fel angel hefyd.

Sie ist meine absolute Heldin. = Hi yw fy arwres.

Der Einfluss berühmter Persönlichkeiten

Dylanwad pobl enwog

Mae pobl enwog yn aml yn fodelau rôl i bobl ifanc. Efallai y bydd disgwyl i chi fynegi barn am hyn ac am y rhan mae'r cyfryngau yn chwarae yn yr obsesiwn gydag enwogrwydd.

Sollten berühmte Persönlichkeiten als positive Beispiele für junge Leute dienen? = Ddylai pobl enwog gael eu hystyried yn esiamplau positif i bobl ifanc eu dilyn?

JA!

Sicher. Sie sind erfolgreiche Menschen. = Wrth gwrs. Maen nhw'n bobl lwyddiannus.

Sie sind Rollenbilder für viele Jugendliche. = Maen nhw'n fodelau rôl i lawer o bobl ifanc.

Mann kann sie bewundern. = Gallwch chi eu hedmygu nhw.

NEIN!

Keineswegs. Sie sind gar keine normale Menschen. = Ddim o gwbl. Dydyn nhw ddim yn bobl normal.

Manche Mädchen glauben sie müssen so dünn sein wie die 'Supermodels'. Dann kommen oft Probleme mit Magersucht oder Bulimie vor. = Mae rhai merched yn meddwl bod rhaid iddyn nhw fod mor denau â'r siwpyrmodels. Mae hyn yn gallu arwain at broblemau fel anorecsia neu bwlimia.

GEIRFA DDEFNYDDIOL : RELATIV NÜTZLICHE VOKABELN

enwog: bekannt / berühmt	*edmygu:* bewundern
canwr pop/cantores bop: Popsänger/Popsängerin	*person enwog:* die berühmte Persönlichkeit
ar y llwyfan: auf der Bühne	*arwr/arwres:* Held/Heldin
anorecsia: die Magersucht	*y cyfryngau:* die Medien
bwlimia: die Bulimie	*dylanwad:* der Einfluss
model rôl: das Rollenbild	*cyfrifoldeb:* die Verantwortung
esiampl: das Beispiel	*cyfrifol:* verantwortlich
actor/actores: Schauspieler/Schauspielerin	*achosi/digwydd:* vorkommen

Adran 10 – Y Byd y Tu Allan i'r Ysgol

Cwestiynau cymdeithasol

Ych, cwestiynau cymdeithasol — mae'r geiriau yn unig yn <u>siŵr</u> o wneud i chi gofio bod yn rhaid i chi dacluso'ch ystafell neu fynd at y meddyg neu rywbeth ... Gall siarad amdanyn nhw fod yn ddigon <u>brawychus</u> yn eich mamiaith, heb sôn am mewn iaith arall, ond <u>pwyllwch</u> a pheidiwch â dechrau unrhyw beth na allwch chi ei <u>orffen</u>.

Die Arbeitslosigkeit — Diweithdra

Does dim llawer i'w ddweud fan hyn. Mae diweithdra yn ofnadwy pa ffordd bynnag rydych chi'n edrych arno. A dyna fe.

Es gibt *viele* Arbeitslosen in meiner *Stadt*. = Mae llawer o bobl heb waith yn fy nhref.

(Does) dim llawer: wenig(e)
rhai: einige

ardal: die Gegend
dinas: die Großstadt

Die Arbeitslosigkeit in Großbritannien ist *kein* Problem heutzutage. = Dyw diweithdra ddim yn broblem ym Mhrydain y dyddiau yma.

pawb: jeder
(Mae ... yn broblem) fawr: ein großes

Keiner hat ein Problem Arbeit zu finden. = Does neb yn cael anhawster dod o hyd i waith.

Die Gleichberechtigung — Cyfleoedd cyfartal

Dyma'ch cyfle chi i <u>fwrw'ch bol</u>, yn Almaeneg wrth gwrs.

Ich halte Gleichberechtigung für *sehr wichtig*. = Dw i'n credu bod cyfleoedd cyfartal yn bwysig iawn.

dibwys: unwichtig

Manche Leute sind *gemein* zu mir, weil ich *aus Indien komme*. = Mae rhai pobl yn gas i fi achos fy mod i'n dod o India.

milain: böse
anghyfeillgar: unfreundlich

merch: ein Mädchen bin

Am fwy o <u>wledydd</u> gweler <u>tudalen 13</u>.

Das ist *rassistisch*. = Mae hynny'n hiliol.

rhywiaethol: sexistisch
annheg: unfair

Es geht mir auf die Nerven. = Mae'n mynd ar fy nerfau.

Der Gruppendruck — Pwysau cyfoedion

Does dim ots ym mha wlad rydych chi'n byw, rydych chi'n siŵr o ddioddef pwysau cyfoedion rywbryd.

Es ist sehr schwierig richtig individuell zu sein. = Mae'n anodd iawn bod yn wirioneddol wahanol.

Mann muss immer die Markenklamotten tragen, und die sind wirklich teuer. = Rhaid i chi bob amser wisgo dillad gan gwmnïau ffasiwn enwog ac maen nhw'n ddrud iawn.

Byddwch yn ofalus fan hyn. Mae'n syniad <u>hurt</u> dweud bod <u>llawer</u> o ddiweithdra yn <u>eich ardal</u> os nad yw hynny'n wir. <u>Chwiliwch</u> am wybodaeth <u>gywir</u> i sicrhau nad ydych chi'n gwneud <u>ffŵl</u> o'ch hunan.

Adran 10 – Y Byd y Tu Allan i'r Ysgol

Crynodeb adolygu

Mae'n rhaid eich bod chi'n gwybod erbyn hyn bod <u>popeth</u> yn y llyfr yma wedi cael ei gynnwys achos ei fod e'n <u>megabwysig</u>. Mae'r adran hon am y byd y tu allan i'r ysgol yn gofyn i chi ddefnyddio eich sgiliau Almaeneg mewn sefyllfaoedd gwahanol. Bydd angen i chi fod ychydig yn fwy <u>dyfeisgar</u> a <u>mentrus</u> a bod yn barod i ddefnyddio'r hyn rydych chi'n ei wybod i ateb cwestiynau <u>annisgwyl</u>.

1) Ysgrifennwch frawddeg gyflawn yn Almaeneg yn egluro ble gwnaethoch chi eich profiad gwaith. Os nad ydych wedi gwneud profiad gwaith, ysgrifennwch hynny.

2) Ysgrifennwch yn Almaeneg a wnaethoch chi fwynhau eich profiad gwaith a pham, neu dywedwch a fyddech chi wedi hoffi gwneud profiad gwaith a ble.

3) Mae gyda chi ddau ffrind llythyru o'r Almaen, Nadja a Kalle (bachgen). Mae Nadja eisiau cael swydd yn gweithio gydag anifeiliaid ac mae Kalle eisiau teithio. Sut bydden nhw'n dweud hynny?

4) Ysgrifennwch sut byddech chi'n ateb y cwestiwn, 'Was haben Sie in der Schule gemacht?'

5) Sut byddech chi'n ysgrifennu ateb yn Almaeneg i hysbyseb am swydd cynorthwy-ydd mewn siop lyfrau? Eglurwch pam rydych chi eisiau'r swydd a pham rydych chi'n credu eich bod yn addas.

6) Ysgrifennwch yr Almaeneg am: a) cyfeillgar b) cyfrifol c) hyblyg.

7) Mae Nadja eisiau gwybod beth yw eich diddordebau. Dywedwch o leiaf ddau wrthi.

8) Mae Kalle yn poeni am yr effaith tŷ gwydr. Dywedwch wrtho beth yw eich barn chi am y broblem.

9) Mae Kalle wrthi eto — newydd ddweud yr hoffai fyw mewn caban pren ymhell o bobman ac ym mynwes byd natur. Dywedwch wrtho a ydych chi'n ffansïo'r syniad yma a rhowch eich rhesymau.

10) Beth yw'r geiriau Almaeneg am   a) llygredd aer   b) newid hinsawdd   c) glaw asid   ch) carbon deuocsid?

11) Ysgrifennwch restr o bopeth rydych chi'n arfer ei fwyta mewn diwrnod — yn Almaeneg wrth gwrs.

12) Isst du gesund?

13) Warum? Warum nicht?

14) Ydych chi'n gwneud llawer o chwaraeon? Pam? Pam ddim? Ysgrifennwch sut y byddech chi'n esbonio hyn i Boris Becker yn ei famiaith.

15) Pa mor bwysig yw eich delwedd i chi? Ysgrifennwch hyn, auf Deutsch.

16) Mae Nadja yn meddwl ei bod wedi syrthio mewn cariad â Robbie Williams. Ysgrifennwch baragraff yn dweud wrthi beth ydych chi'n ei feddwl ohono ac yn dweud wrthi pa bobl enwog rydych chi'n eu hedmygu. Peidiwch ag anghofio rhoi rhesymau.

17) Mae chwaer Sioned yn dioddef o fwlimia ac roedd hi'n arfer bod yn anorecsig. Sut all hi ddweud hyn yn Almaeneg?

Adran 10 — Y Byd y Tu Allan i'r Ysgol

Adran 11 - Gramadeg

76

Y gwir ofnadwy am gyflyrau

CYFLYRAU: GODDRYCHOL A GWRTHRYCHOL

Mae cyflyrau yn boen. Maen nhw'n gallu ymddangos yn anodd ond os cewch chi syniad clir o'r pedwar cyflwr yn eich pen, bydd gweddill y stwff gramadeg lawer yn haws. A gallai wneud gwahaniaeth mawr i'ch marciau.

Mae 'cyflwr' gair yn golygu bod yn rhaid i chi ei newid yn ôl ei le yn y frawddeg

Yr unig reswm mae'n rhaid i chi wybod am gyflyrau yw achos bod rhai geiriau yn cael eu sillafu yn wahanol yn ôl eu cyflwr yn y frawddeg.

ENGHRAIFFT: *Der rote Hund folgt dem roten Hund.* = Mae'r ci coch yn dilyn y ci coch.

Dw i mewn gwell cyflwr na ti!
Paid â bod yn wirion.

Mae'r ddwy ran yma yn golygu yr un peth (y ci coch) ond mae rhai o'r llythrennau yn y geiriau wedi newid, achos mae'r ail ran mewn cyflwr gwahanol.

Mae'r dudalen hon a'r un nesaf yn egluro pryd i ddefnyddio'r gwahanol gyflyrau. Mae sut i newid y geiriau yn ôl eu cyflwr ar dudalennau 76-77, 81-83 ac 86-89.

Y cyflyrau sy'n cael eu defnyddio amlaf yw'r goddrychol a'r gwrthrychol

Mae'r cyflwr mae rhan o frawddeg ynddo yn dibynnu ar beth mae'r geiriau yn ei wneud yn y frawddeg:

Mae Hermann yn bwyta hufen iâ.

Hermann isst Eis.

Hei! Fi sy pia hwnna!
Hermann isst kein Eis.

... mae'r rhan yma o'r frawddeg yn dweud **pwy sy'n ei wneud e** ... (Hermann sy'n bwyta'r hufen iâ, nid Harold na Harri nac Owain Glyndŵr na neb arall)

= **GODDRYCHOL**

Mae'r rhan yma o'r frawddeg yn dweud **beth sy'n digwydd ... y ferf**. (Mae Hermann yn bwyta'r hufen iâ, nid ei brynu na'i yfed nac unrhyw beth arall.)

Dyma'r cyflwr normal, cyffredin, fel petai. Os chwiliwch am air yn y geiriadur, bydd yn rhoi'r gair i chi yn y cyflwr goddrychol.

... ac mae rhan yma'r frawddeg yn dweud **i bwy neu i beth mae e'n cael ei wneud**. (Mae Hermann yn bwyta hufen iâ, nid bisgedi, tost na dim byd arall.)

= **GWRTHRYCHOL**

Dyna gyfrinach y busnes cyflyrau 'goddrychol' a 'gwrthrychol' ... neu mewn dwy linell:

Y Rheolau Aur:
GODDRYCHOL: pwy (neu beth) sy'n EI WNEUD
GWRTHRYCHOL: i bwy (neu beth) mae'n CAEL EI WNEUD

CHI GYTHREULIAID GRAMADEG. Mae goddrych y ferf yn y goddrychol. Mae gwrthrych y ferf yn y gwrthrychol.

Dysgais i Almaeneg – mewn cyflwr ofnadwy ...

Y cyflyrau yw un o'r agweddau mwyaf anodd o astudio TGAU Almaeneg, ond dysgwch y stwff yma a byddwch chi ar eich ffordd. Mae'n rhaid dysgu'r goddrychol a'r gwrthrychol – ewch dros y dudalen yma nes eich bod chi'n gallu ysgrifennu'r rheolau aur ar eich cof. Er mwyn ennill mwy o farciau fyth, trowch drosodd ...

Adran 11 - Gramadeg

Cyflyrau anodd a therfyniadau enwau

GENIDOL, DERBYNIOL A THERFYNIADAU ENWAU

Tip Pwysig 1 mewn Cyfres o 1 – darllenwch dudalen 69 cyn edrych ar y dudalen hon.
Mae cyflyrau'r genidol a'r derbyniol yn swnio'n anodd ond maen nhw'r un mor hawdd â'r gwrthrychol.

Y cyflwr genidol – pethau fel 'car Dafydd', 'mam Lowri' ...

Pan eich bod eisiau dweud pethau fel 'car Dafydd', 'côt y dyn llaeth', 'het fy mam' ... rydych yn defnyddio'r genidol.

Der Wagen meines Vaters.
= Car fy nhad = **Genidol**

Hermann isst das Eis des Mädchens.
= Mae Hermann yn bwyta hufen iâ'r ferch. = **Genidol.**

Sylwer Dyw pethau fel 'Mae fy nhad yn feddyg' ddim yn y genidol achos dydych chi ddim yn sôn am rywbeth sy'n perthyn i'ch tad neu'n eiddo i'ch tad. Mae'r Almaeneg yn debyg i'r Gymraeg: car fy nhad – OND: 'y car fy nhad' - der Wagen meines Vaters.

Mae rhai eithriadau sydd yn y genidol er na ddylen nhw fod – gweler tudalen 73.

Y cyflwr derbyniol – i Dafydd, at Dafydd, oddi wrth Dafydd ...

Gwnewch yn siŵr eich bod yn deall y gwrthrychol yn drylwyr (gweler tudalen 76), wedyn edrychwch ar y brawddegau hyn:

Hermann schreibt einen Brief.
= Mae Hermann yn ysgrifennu llythyr. = CYFLWR **GWRTHRYCHOL**

Hermann schreibt einem Freund.
= Mae Hermann yn ysgrifennu at ffrind. = CYFLWR **DERBYNIOL**.

Mae'r brawddegau yma'n wahanol. Dyw'r ffrind ddim yn cael ei ysgrifennu – mae rhywun yn ysgrifennu ato, nid yn ei ysgrifennu. Felly mae'r llythyr ynghlwm wrth y weithred yn fwy uniongyrchol na'r ffrind. Dyna pam maen nhw mewn cyflyrau gwahanol.

Pan fo gair fel 'ar', 'wrth', 'oddi wrth', 'o', 'i', 'at', 'yn', 'gyda(g)', 'â' ('ag') ... yn y cyfieithiad Cymraeg, dyna pryd mae'n rhaid i chi ddefnyddio'r derbyniol yn Almaeneg.

CHI GYTHREULIAID GRAMADEG: Mae gwrthrych anuniongyrchol y ferf yn y cyflwr derbyniol

Mae ychydig o eithriadau slei sydd yn y derbyniol heb ddim un o'r geiriau yna – gweler tudalen 87.

Rhowch y terfyniadau yma ar enwau yn ôl eu cyflwr.

Mae geiriau am bobl a phethau (enwau – gweler tudalen 78) yn newid weithiau, yn ddibynnol ar ba gyflwr maen nhw ynddo yn y frawddeg. Gallwch chi eu newid trwy ychwanegu'r terfyniad cywir o'r tabl yma.

ENGHRAIFFT:
Fel arfer, 'afalau' = 'Äpfel' ond yn y derbyniol lluosog mae'n 'Äpfeln'

Ich singe den Äpfeln.
= Dw i'n canu i'r afalau.

Does dim rhaid i chi eu newid nhw yn aml. Dyna pam mae'r rhan fwyaf o'r tabl yn wag.

Terfyniadau enwau mewn gwahanol gyflyrau

	Gwrywaidd	Benywaidd	Diryw	Lluosog
Goddrychol	–	–	–	–
Gwrthrychol	–	–	–	–
Genidol	-s	–	-s	–
Derbyniol	–	–	–	-n

SYLWER: Os yw eisoes yn gorffen ag 'n', peidiwch ag ychwanegu 'n' arall. Er enghraifft, strydoedd = Straßen, ac mae'r derbyniol lluosog yn dal yn Straßen.

Ond byddwch yn ofalus. Mae rhai geiriau nad ydynt yn dilyn y patrwm yma – os ydych chi wedi dysgu terfyniadau gwahanol ar gyfer gair, defnyddiwch y rheini yn lle.

Beth yw cyflwr y claf? – Mae'n dderbyniol

Dyw hyn ddim yn llawer o hwyl ond mae'n rhaid i chi ddysgu cyflyrau'r genidol a'r derbyniol a gwybod pryd i newid terfyniadau ar bethau fel enwau a geiriau disgrifio. Gwnewch yn siŵr eich bod yn gwybod pryd i ddefnyddio'r genidol a'r derbyniol ac ewch dros y tabl terfyniadau nes eich bod yn gallu eu hysgrifennu nhw i gyd heb edrych ar y dudalen.

Adran 11 - Gramadeg

Geiriau am bobl a gwrthrychau — ENWAU

Mae'r dudalen yma'n edrych yn frawychus o lawn ond mae hyn i gyd yn stwff eitha syml am eiriau am bobl a gwrthrychau – enwau. Mae bron pob brawddeg yn cynnwys enw, felly mae hyn yn hollbwysig.

Mae pob enw yn Almaeneg yn dechrau â llythyren fawr.

Yn Gymraeg mae enwau pobl, lleoedd a misoedd fel Rhian, Caerdydd ac Ionawr bob amser yn dechrau â llythyren fawr. Yn Almaeneg mae pob enw o bob math (gwrthrychau, pobl a lleoedd) yn dechrau â llythyren fawr.

ENGHREIFFTIAU: *afal:* der Apfel   *eliffant:* der Elefant   *buwch:* die Kuh   *babi:* das Baby

Mae pob enw yn Almaeneg yn wrywaidd, benywaidd neu ddiryw

Mae'n bwysig gwybod a yw enw yn wrywaidd, benywaidd neu ddiryw – mae'n effeithio ar bethau eraill. Mae'n rhaid i chi ddefnyddio gwahanol eiriau am 'y' ac 'un' ac mae'n rhaid i chi newid ansoddeiriau (fel 'mawr', 'coch', 'sgleiniog') i ffitio'r gair.

ENGHREIFFTIAU: *afal mawr:* ein großer Apfel (gwrywaidd)
buwch fawr: eine große Kuh

Am fanylion am newid pethau fel hyn, gweler tudalennau 82 ac 83.

Dyw hi ddim yn ddigon gwybod y geiriau Almaeneg am bethau, rhaid i chi wybod hefyd a ydyn nhw'n wrywaidd, yn fenywaidd neu'n ddiryw.

Y Rheol Aur
Bob amser rydych yn dysgu gair, dysgwch ai 'der', 'die' neu 'das' sy'n mynd gydag e – peidiwch â meddwl 'buwch = Kuh', meddyliwch 'buwch = die Kuh'.

DER, DIE A DAS
Mae DER o flaen enw yn golygu ei fod yn wrywaidd.
DIE o'i flaen = benywaidd.
DAS o'i flaen = diryw.

Mae'r rheolau hyn yn gymorth i ddyfalu a yw gair yn wrywaidd, benywaidd neu ddiryw

Os oes rhaid i chi ddyfalu a yw gair yn wrywaidd, benywaidd neu ddiryw, gall y rheolau hyn roi syniad i chi.

Rheolau cyffredinol am enwau gwrywaidd, benywaidd a diryw

ENWAU GWRYWAIDD	ENWAU BENYWAIDD	ENWAU DIRYW
Enwau yn gorffen yn:	Enwau yn gorffen yn:	Enwau yn gorffen yn:
-el -us -ling	-ie -heit -ion	-chen -um -lein -ment
-ismus -er	-ei -keit -sion	hefyd berfenwau sy'n cael
hefyd: bechgyn, dynion,	-ung -schaft -tät	eu defnyddio fel enwau
dyddiau, misoedd, tymhorau	hefyd: merched, menywod	e.e. das Turnen (gymnasteg)

Pethau anodd

Wrth ddysgu gair Almaeneg, dysgwch y lluosog hefyd

Fel yn Gymraeg, mae mwy nag un ffordd o wneud pethau'n lluosog yn Almaeneg – mae wyth ffordd wahanol o wneud hynny. Ych.

RHEOL AUR Y LLUOSOG
Bob tro rydych chi'n dysgu gair, dysgwch y lluosog hefyd.

Yr wyth ffordd o wneud rhywbeth yn lluosog
Dim newid, der Metzger → die Metzger (cigyddion)
Ychwanegu Umlaut at y sill sy'n cael ei bwysleisio: der Apfel → die Äpfel (afalau)
Ychwanegu 'e' ar y diwedd: der Tag → die Tage (dyddiau)
Ychwanegu Umlaut ac 'e' ar y diwedd: die Hand → die Hände (dwylo)
Ychwanegu 'er' ar y diwedd: das Lied → die Lieder (caneuon)
Ychwanegu 's' ar y diwedd: das Sofa → die Sofas (soffas)
Ychwanegu 'n' ar y diwedd: die Straße → die Straßen (strydoedd)
Ychwanegu 'en' ar y diwedd: das Bett → die Betten (gwelyau)

Mae'r mwyafrif o enwau benywaidd yn gwneud un o'r ddau beth diwethaf.

Wrth edrych yn y geiriadur, fe welwch y lluosog mewn cromfachau fel hyn:
Bett (-en) sy'n golygu Betten; neu Hand (¨ e) sy'n golygu Hände.

Mae hon yn dudalen lawn ond mae'r cyfan yn berwi lawr i hyn – bob tro rydych chi'n dysgu gair yn Almaeneg, mae'n rhaid i chi ddysgu a yw e'n der, die neu das, ac mae'n rhaid i chi ddysgu beth yw'r lluosog.

Adran 11 - Gramadeg

Trefn brawddegau

TREFN BRAWDDEGAU

Mae'n rhaid i chi ysgrifennu brawddegau iawn – felly dyma sut mae eu trefnu ...

Y pum gorchymyn ar gyfer trefn brawddegau yn Almaeneg

① Mae brawddegau syml fel yn Gymraeg

Mae'r prif berson neu beth (sy'n gwneud y weithred) yn mynd gyntaf, a'r ferf (y weithred) yn mynd yn ail.

Ich spiele Fußball. = Dw i'n chwarae pêl-droed (yr un drefn â'r Gymraeg)

Dyro dy eiriau yn y drefn iawn.

② Os oes amser, mae'n mynd gyntaf

Os ydych chi'n dweud pryd mae rhywbeth yn digwydd, rhowch yr amser gyntaf a throwch y ferf a'r prif berson o gwmpas.

Heute spiele ich Fußball. = Heddiw chwarae fi pêl-droed. (Heddiw dw i'n chwarae pêl-droed.)

③ Mae'r ail ferf yn mynd i'r diwedd

Os oes dwy ferf gyda chi, mae'r un gyntaf yn yr un lle ag arfer ac mae'r llall yn mynd i ddiwedd y frawddeg.

Ich will Fußball spielen. = Dw i eisiau pêl-droed chwarae (Dw i eisiau chwarae pêl-droed)

④ Mae cwestiynau a chyfarwyddiadau yn wahanol.

Dyw cwestiynau a chyfarwyddiadau ddim fel brawddegau arferol – gweler tudalennau 5 a 99.

⑤ Mae brawddegau hir yn gymhleth

Os ydych chi'n teimlo'n ddewr, edrychwch ar y blwch pethau anodd.

Mae brawddegau hir yn gymhleth

Nawr am hwyl. Os oes mwy nag un 'rhan' mewn brawddeg, rydych chi'n cael pethau fel hyn:

Gweler tudalennau 7 ac 80 am fwy am gysyllteiriau.

Ich spiele Fußball, weil ich sportlich bin.
= Dw i'n chwarae pêl-droed achos fi chwaraeon yn hoffi.
(Dw i'n chwarae pêl-droed achos dw i'n hoffi chwaraeon.)

Weil ich sportlich bin, spiele ich Fußball.
= Achos dw i chwaraeon yn hoffi, chwarae dw i bêl-droed.
(Achos dw i'n hoffi chwaraeon, dw i'n chwarae pêl-droed.)

Rhyfedd, on'd yw e? Does dim rhaid i chi fod yn gallu gwneud hyn eich hunan, ond mae'n rhaid i chi ei ddeall.

B ac R ac A ac W ac ati – dyna drefn Brawddegau ...

Ffordd dda i ddod i ddeall trefn brawddeg yn Almaeneg yw meddwl amdani yn Gymraeg neu Saesneg ... 1) cyfieithwch y frawddeg Almaeneg i Gymraeg 2) rhyfeddwch at y drefn anhygoel, 3) dysgwch hi yn Gymraeg 4) cyfieithwch hi'n ôl i Almaeneg air am air 5) ysgrifennwch eich brawddeg Almaeneg hardd. Mae'n gweithio – rhowch dro arni.

Adran 11 – Gramadeg

Geiriau i gysylltu cymalau neu frawddegau — CYSYLLTEIRIAU

Mae'r geiriau hyn yn eich cynorthwyo i gysylltu ymadroddion a ffurfio brawddegau newydd sy'n fwy diddorol. Bydd yr arholwyr yn chwilio am bethau fel hyn – dangoswch iddyn nhw pa mor glyfar ydych chi.

Und = A

Ich spiele gern Fußball. **A** Ich spiele gern Rugby. **=** Ich spiele gern Fußball **und** Rugby.

= Dw i'n hoffi chwarae pêl-droed.   = Dw i'n hoffi chwarae rygbi.   = Dw i'n hoffi chwarae pêl-droed a rygbi.

ENGHRAIFFT ARALL:
Ich habe einen Bruder **und** eine Schwester.   = Mae gen i frawd a chwaer.

Oder = Neu

Er spielt jeden Tag Fußball. **NEU** Er spielt jeden Tag Rugby. **=** Er spielt jeden Tag Fußball **oder** Rugby.

= Mae e'n chwarae pêl-droed bob dydd.   = Mae e'n chwarae rygbi bob dydd.   = Mae e'n chwarae pêl-droed neu rygbi bob dydd.

ENGHRAIFFT ARALL: Ich möchte Ärztin **oder** Polizistin werden.   = Hoffwn fod yn feddyg neu'n blismon.

Aber = Ond

Ich spiele gern Fußball. **OND** Ich spiele nicht gern Rugby. **=** Ich spiele gern Fußball **aber** ich spiele nicht gern Rugby.

= Dw i'n hoffi chwarae pêl-droed.   = Dw i ddim yn hoffi chwarae rygbi.   = Dw i'n hoffi chwarae pêl-droed ond dw i ddim yn hoffi chwarae rygbi.

ENGHRAIFFT ARALL:
Ich will Tennis spielen, **aber** es regnet.   = Dw i eisiau chwarae tennis ond mae hi'n bwrw glaw.

Mae'r geiriau cysylltiol yma yn effeithio ar drefn brawddegau

Mae'r geiriau isod yn gweithio yn yr un ffordd â'r stwff uchod gydag un gwahaniaeth – os oes berf (gweler tudalen 90) ar eu hôl nhw, mae'r ferf yn mynd i ddiwedd y frawddeg.

ENGHREIFFTIAU: weil = achos, oherwydd

Ceridwen geht ins Kino, **weil** Hermann ~~geht~~ ins Kino geht.

(Fel arfer ...) = Mae Ceridwen yn mynd i'r sinema, achos mae Hermann yn mynd i'r sinema.

während = tra

Es regnet, **während** ich ~~spiele~~ Hockey spiele.

Dyw hwn ddim yn anfon y ferf i ddiwedd y frawddeg.

= Mae'n bwrw glaw tra mod i'n chwarae hoci.

GEIRIAU ERAILL:
os: wenn
ar ôl, wedi: nachdem
er mwyn, fel bod: damit
cyn: bevor
nes bod: bis
pan: als
a/os: ob (gyda'r un ystyr â'r Saesneg 'whether').
er: obwohl
bod: dass
denn: achos

Aber? – grŵp o Sweden ...

O'r diwedd, tudalen weddol hawdd. Rydych chi'n defnyddio 'a', 'neu' ac 'ond' trwy'r amser wrth siarad Cymraeg – os nad ydych yn eu defnyddio nhw o gwbl yn Almaeneg byddwch chi'n swnio ychydig bach yn od. Byddai'n dda pe gallech chi adnabod y geiriau ychwanegol yn y rhan ddiwethaf hefyd ac yn well fyth eu defnyddio nhw'n iawn.

Adran 11 - Gramadeg

Y FANNOD — 'Y' ac 'Un'/'Rhyw'

Mae '<u>y</u>' ('der' ac ati) ac '<u>un</u>'/'<u>rhyw</u>' ('ein' ac ati) yn eiriau pwysig iawn. Maen nhw'n anodd yn Almaeneg achos mae yna rai gwahanol ar gyfer geiriau <u>gwrywaidd</u>, <u>benywaidd</u> neu <u>ddiryw</u> (gweler tudalen 78) ac ar gyfer gwahanol <u>gyflyrau</u> (goddrychol, gwrthrychol ac ati – gweler tudalennau 76-77).

'Y' – dechreuwch trwy ddysgu 'der', 'die', 'das', 'die'

1) Yn Gymraeg does dim ond <u>dau</u> air, 'y' ac 'yr' – hawdd.
2) Yn Almaeneg mae'n rhaid i chi benderfynu ai defnyddio'r <u>gwrywaidd</u>, y <u>benywaidd</u> neu'r <u>diryw</u>, a pha <u>gyflwr</u> sy'n gywir (<u>goddrychol</u>, <u>gwrthrychol</u>, <u>genidol</u> neu <u>dderbyniol</u>).
3) Dechreuwch trwy ddysgu'r <u>llinell gyntaf</u> – '<u>der</u>', '<u>die</u>', '<u>das</u>', '<u>die</u>'. Mae'n rhaid i chi wybod y rheini.

Tabl o'r geiriau Almaeneg am 'y'

	Gwrywaidd	Benywaidd	Diryw	Lluosog
Goddrychol	der	die	das	die
Gwrthrychol	den	die	das	die
Genidol	des	der	des	der
Derbyniol	dem	der	dem	den

(Anodd / Anodd)

Ydy'r tabl yma'n codi ofn arnoch chi? Yn anffodus <u>rhaid</u> i chi wybod hyn <u>i gyd</u> er mwyn cael popeth yn gywir yn yr <u>arholiad</u>. Gorchuddiwch y dudalen ac <u>ysgrifennwch</u> y tabl. Pan fyddwch chi'n gallu ei wneud e'n <u>gywir</u> bob tro, byddwch yn <u>cofio</u> pa air i'w ddefnyddio wrth <u>siarad</u> neu <u>ysgrifennu</u> Almaeneg.

ENGHREIFFTIAU:

gwrywaidd, goddrychol:
<u>Der</u> Apfel ist rot.
= Mae <u>yr</u> afal yn goch.

lluosog, goddrychol:
<u>Die</u> Äpfel sind rot.
= Mae <u>yr</u> afalau yn goch.

gwrywaidd, derbyniol:
Ich singe <u>dem</u> Apfel ein Lied.
= Dw i'n canu cân i'<u>r</u> afal.

lluosog, derbyniol:
Ich singe <u>den</u> Äpfeln ein Lied.
= Dw i'n canu cân i'<u>r</u> afalau.

I ddeall pam mae'r olaf yn <u>Äpfeln</u> yn lle <u>Äpfel</u>, gweler tudalen 77.

'Un'/'Rhyw' – dechreuwch trwy ddysgu ein, eine, ein

1) Fel yr Almaeneg am 'y', mae'r gair am 'un'/'rhyw' yn wahanol ar gyfer geiriau <u>gwrywaidd</u>, <u>benywaidd</u> a <u>diryw</u> ac ar gyfer y gwahanol <u>gyflyrau</u> (<u>goddrychol</u>, <u>gwrthrychol</u>, <u>genidol</u> neu <u>dderbyniol</u>).
2) Dechreuwch trwy ddysgu'r <u>llinell gyntaf</u> – ein, eine, ein. Ar ôl i chi ddeall hyn yn iawn, ewch ymlaen at y lleill.

Tabl o'r geiriau Almaeneg am 'un'/'rhyw'

	Gwrywaidd	Benywaidd	Diryw
Goddrychol	ein	eine	ein
Gwrthrychol	einen	eine	ein
Genidol	eines	einer	eines
Derbyniol	einem	einer	einem

(Anodd / Anodd)

ENGHREIFFTIAU:

gwrywaidd, goddrychol:
<u>Ein</u> Hund. = ci

benywaidd, goddrychol:
<u>Eine</u> Katze. = cath

gwrywaidd, goddrychol:
Ich habe <u>einen</u> Hund.
= Mae gen i gi.

benywaidd, gwrthrychol:
Ich habe <u>eine</u> Katze.
= Mae gen i gath.

Fel arfer dyw'r Gymraeg ddim yn cynnwys 'un/rhyw' yn y frawddeg

---

Mae pethau fel hyn yn gwneud i fi deimlo'n falch mai Cymraeg yw fy iaith – dim ond dau air am 'y' ac 'yr' ... Ond does gyda chi ddim dewis, <u>rhaid</u> i chi ddysgu'r holl stwff yma i gael eich <u>Almaeneg</u> <u>yn iawn</u> yn yr <u>arholiad</u>. Rhaid i chi fod yn gallu <u>gorchuddio</u>'r dudalen ac ysgrifennu'r <u>ddau dabl</u> – ymarferwch nes eich bod chi'n gallu ei wneud.

Adran 11 – Gramadeg

Geiriau i ddisgrifio pethau — ANSODDEIRIAU

Gwnewch eich brawddegau lawer mwy diddorol (sy'n golygu mwy o farciau) trwy ddefnyddio geiriau disgrifio (ansoddeiriau). Mae angen i chi eu deall nhw hefyd.

Dyw ansoddeiriau sy'n dod ar ôl yr enw DDIM yn newid.

Pan fod y gair disgrifio (yr ansoddair – e.e. 'coch') rywle ar ôl y gair mae'n ei ddisgrifio (e.e. afal), dyw e ddim yn newid o gwbl.

Am sut i ychwanegu '... iawn' a 'bron' ac ati, gweler tudalen 84.

- Der Apfel ist rot. = Mae'r afal yn goch.
- Das Haus ist rot. = Mae'r tŷ'n goch.
- Die Lampe ist rot. = Mae'r lamp yn goch.

Defnyddiwch y gair disgrifio sylfaenol, heb unrhyw derfyniadau.

Terfyniadau pan fod ansoddair yn dod o flaen enw.

Yn y brawddegau hyn, mae 'coch' yn dod o flaen 'afalau', fel yn Saesneg, felly mae'n rhaid i chi ychwanegu'r terfyniad cywir o'r tabl yma.

Terfyniadau ansoddeiriau o flaen enw

	Gwrywaidd	Benywaidd	Diryw	Lluosog
Goddrychol	roter	rote	rotes	rote
Gwrthrychol	roten	rote	rotes	rote
Genidol	roten	roter	roten	roter
Derbyniol	rotem	roter	rotem	roten

lluosog, gwrthrychol:
- Ich habe rote Äpfel. = Mae gen i afalau coch(ion).

Mae'n rhaid i chi ddefnyddio'r diweddebau hyn hefyd os yw'r gair disgrifio yn dod ar ôl rhif sy'n fwy nag un, neu ar ôl viele (llawer o), wenige (ychydig o) neu einige (rhai).

Ond pur anaml y bydd yn rhaid i chi ddefnyddio'r rhai sydd mewn llwyd.

lluosog, goddrychol:
- Zwei rote Äpfel. = Dau afal coch.
- Ich habe viele große Äpfel. = Mae gen i lawer o afalau mawr.

Mae terfyniadau arbennig ar ôl der ...

Rhaid i chi ychwanegu'r terfyniadau hyn os yw'r gair disgrifio yn dod ar ôl 'y' (der, die neu das), neu ar ôl dieser (hwn, ac ati), jeder (pob), welcher (pa).

Terfyniadau ansoddeiriau ar ôl y fannod bendant

	Gwrywaidd	Benywaidd	Diryw	Lluosog
Goddrychol	rote	rote	rote	roten
Gwrthrychol	roten	rote	rote	roten
Genidol	roten	roten	roten	roten
Derbyniol	roten	roten	roten	roten

gwrywaidd, goddrychol:
- Der rote Apfel. = Yr afal coch.
- Dieser kleine Apfel ist gut. = Mae'r afal bach hwn yn dda.

Chi gythreuliaid gramadeg: mae'r terfyniadau hyn yn cael eu defnyddio ar ôl y fannod bendant neu ansoddair dangosol.

Mae terfyniadau arbennig ar ôl ein a geiriau perthyn

Mae angen y terfyniadau hyn pan fod y gair disgrifio yn dod ar ôl 'ein' (un/rhyw) neu 'kein' (dim, dim un), neu ar ôl geiriau meddiannol fel mein, dein, sein, ihr ...

Terfyniadau ansoddeiriau ar ôl y fannod amhendant

	Gwrywaidd	Benywaidd	Diryw	Lluosog
Goddrychol	roter	rote	rotes	roten
Gwrthrychol	roten	rote	rotes	roten
Genidol	roten	roten	roten	roten
Derbyniol	roten	roten	roten	roten

gwrywaidd, goddrychol:
- Ein roter Apfel. = Afal coch.
- Mein schöner Apfel ist gut. = Mae fy afal prydferth yn dda.

Chi gythreuliaid gramadeg: mae'r terfyniadau hyn yn cael eu defnyddio ar ôl bannod amhendant neu ragenw meddiannol.

I gael y marciau uchaf bydd yn rhaid i chi gael hyn yn gywir. Mae llawer o'r terfyniadau yn y tablau yn gorffen ag '-en', sy'n gwneud pethau'n haws. Dysgwch y goddrychol a'r gwrthrychol ym mhob tabl gyntaf – dyna'r rhai y byddwch chi'n eu defnyddio fwyaf.

Adran 11 - Gramadeg

ANSODDEIRIAU A RHAGENWAU
Geiriau i ddisgrifio pethau

Dyma 21 gair disgrifio i roi blas i chi. Mae angen i chi wybod sut i ddweud fy, ei, eich ... hefyd.

Y 21 gair disgrifio pwysicaf

mawr/tal: groß	salw/hyll: hässlich	da: gut	hen: alt	anodd: schwierig
bach/byr: klein	hapus: glücklich	drwg/gwael: schlecht (neu schlimm)	ifanc: jung	diddorol: interessant
hir: lang	trist: traurig		newydd: neu	diflas: langweilig
llydan: breit	hawdd: einfach	prydferth: schön	cyflym: schnell	rhyfedd: seltsam
			araf: langsam	normal: normal

GWELER TUDALEN 46 AM LIWIAU

Fy, dy, ein – geiriau i ddweud pwy sy piau rhywbeth.

Mae'n rhaid i chi fod yn gallu defnyddio a deall y geiriau hyn i ddweud bod rhywbeth yn eiddo neu'n perthyn i rywun:

Ond byddwch yn ofalus – mae'n rhaid i chi roi'r terfyniad cywir arnyn nhw i gyd-fynd â'r gwrthrych rydych yn siarad amdano (yr un terfyniadau â'r tabl 'ein'/'eine' – gweler tudalen 74 – heblaw bod colofn ychwanegol o derfyniadau lluosog):

Rhagenwau meddiannol:

mein: fy	unser: ein
dein: dy	euer: eich (anffurfiol lluosog)
sein: ei ... ef	Ihr: eich (ffurfiol unigol neu luosog)
ihr: ei ... hi	ihr: eu
sein: ei ... ef/hi	

Tabl Terfyniadau 'mein'

Cyflwr → / Cyflwr ↓	Gwrywaidd	Benywaidd	Diryw	Lluosog
Goddrychol	mein	(meine)	mein	meine
Gwrthrychol	meinen	meine	(mein)	meine
Genidol	(meines)	meiner	meines	meiner
Derbyniol	meinem	meiner	meinem	(meinen)

Dyma frawddegau enghreifftiol o bob cyflwr gyda'r terfyniad cywir ar gyfer 'mein'. Gweler tudalen 70 am fwy o wybodaeth am yr 's' ar 'Vaters'.

Meine Tasche ist blau. = Mae fy mag yn las.

Ich mag mein Fahrrad. = Dw i'n hoffi fy meic.

Das Auto meines Vaters ist rot. = Mae car fy nhad yn goch.

Ich schreibe meinen Eltern. = Dw i'n ysgrifennu at fy rhieni.

Dyma'r rhan dda – maen nhw i gyd yn defnyddio'r un terfyniadau â 'mein'.

E.E: Deine Tasche ist blau. Seine Tasche ist blau. Unsere Tasche ist blau.

= Mae dy fag yn las. = Mae ei fag yn las. = Mae ein bag yn las.

Meine Tasche ist blau! Felly nid fy mag i yw hwnna, cariad.

Welcher, dieser a jeder – Pa, hwn a phob

Mae angen i chi ddeall y tri gair yma os byddan nhw'n codi yn yr arholiadau darllen neu wrando.

Welche Schokolade schmeckt besser?

Pa afal: Welcher Apfel
Pa fara: Welches Brot

= PA siocled sy'n blasu orau?

Diese Katze gehört Camilla.

= Camilla sy piau'r gath HON.

Jeder Arzt ist groß. = Mae POB meddyg yn dal.

Ich bin groß. Nac wyt!

Dw i ddim yn siŵr. Bydd yn rhaid i fi fwyta mwy ...

Chi gythreuliaid gramadeg: Mae welcher yn rhagenw gofynnol, ac mae dieser a jeder yn rhagenwau dangosol. Mae'r terfyniadau yn dilyn yr un patrwm â der – edrychwch ar lythyren olaf pob gair yn y tabl ar dudalen 82, e.e. y llinell olaf fyddai diesem, dieser, diesem, diesen.

Mae 'mein' yn golygu 'fy', nid 'maen' ...

Mae angen geiriau fel 'fy' arnoch chi trwy'r amser – wrth siarad am eich teulu a'ch ffrindiau ac wrth ddisgrifio'ch hunan ... Mae'r 21 gair disgrifio yn ddechrau da ond bydd angen i chi wybod llawer mwy – dysgwch bob un rydych chi'n dod ar ei draws. A chofiwch, welche = pa, dieser = hwn ac ati a jeder = pob.

Adran 11 – Gramadeg

Gwneud brawddegau yn fwy diddorol — ADFERFAU

Mae'r ddwy dudalen ddiwethaf wedi sôn am ddisgrifio gwrthrychau, e.e. mae'r bws yn goch. Mae'r dudalen hon yn sôn am ddisgrifio'r pethau rydych chi'n eu gwneud, e.e. dw i'n siarad Almaeneg yn berffaith, ac am ychwanegu rhagor o fanylion, e.e. mae'r bws yn goch iawn neu dw i'n siarad Almaeneg bron yn berffaith.

Gwnewch eich brawddegau yn fwy diddorol trwy ddweud sut ydych chi'n gwneud pethau

ENGRAIFFT O YCHWANEGU AT FRAWDDEG:

Yn Gymraeg dydych chi ddim yn dweud 'Rydyn ni'n siarad od' – mae'n rhaid i chi ychwanegu 'yn' a dweud 'Rydyn ni'n siarad yn od'. Yn Almaeneg does dim rhaid i chi wneud hyn. Rhowch y gair disgrifio i mewn fel y mae.

Ich singe. = Dw i'n canu.

Ich singe laut. = Dw i'n canu'n uchel.
Ich singe schlecht. = Dw i'n canu'n wael.

ENGHRAIFFT: Ich fahre langsam. = Dw i'n gyrru'n araf.

yn wael (gwael): *schlecht*
yn gyflym (cyflym): *schnell*

'Langsam' yw'r gair Almaeneg am 'araf' – gallwch chi ddefnyddio unrhyw air disgrifio addas yma.

Defnyddiwch un o'r pum gair yma i roi mwy o fanylion eto

Rhowch un o'r pum gair yma o flaen y gair disgrifio mewn brawddeg i ychwanegu mwy o fanylion a chreu argraff ar yr arholwyr.

Gallwch eu defnyddio ar gyfer brawddegau sy'n dweud sut mae rhywbeth yn cael ei wneud ...

Ich fahre sehr langsam. = Dw i'n gyrru'n araf iawn.

iawn: *sehr*
eitha: *ganz*, neu *ziemlich*
ychydig bach: *etwas*
bron: *fast*

... ac ar gyfer brawddegau am sut mae rhywbeth.

Ceridwen ist sehr glücklich. = Mae Ceridwen yn hapus iawn.

Her a hin – dau air bach y gallwch eu hanwybyddu

Dau ddarn o newydd da:

1) Does dim rhaid i chi fod yn gallu defnyddio 'her' a 'hin', dim ond deall brawddegau sy'n eu cynnwys nhw.

2) Y ffordd orau o ddeall brawddeg sy'n eu cynnwys nhw yw anwybyddu'r 'her' neu'r 'hin'.

ENGHRAIFFT:
Gallwch chi ddeall y frawddeg hon trwy anwybyddu'r darn 'her'.

Dafydd kommt hierher. = Mae Dafydd yn dod yma.
= Dafydd   = dod   = yma   = ?

Ewch dros y rhestr yma ac ymarferwch anwybyddu'r geiriau 'her' a 'hin' i weld beth mae gair yn ei olygu. Mae'r 'her' neu 'hin' weithiau'n mynd ar y dechrau ac weithiau ar y diwedd.

Chi gythreuliaid gramadeg: Rydych yn ychwanegu 'her' at arddodiad pan fo symudiad tuag at y siaradwr. Defnyddiwch 'hin' pan fo symudiad i ffwrdd oddi wrth y siaradwr.

Am fwy o eiriau fel 'aus' ac 'auf' gweler tudalen 86.

herein: *i mewn*, hinein: *i mewn*, herum: *o gwmpas, o amgylch*, heraus: *allan*, hinaus: *allan*, herauf: *i fyny*,
hinauf: *i fyny*, herunter: *i lawr*, hinunter: *i lawr*, woher: *o ble*, wohin: *i ble*, dahin: *yno*, dorthin: *yno*

Her a hin – dyw e ddim yn her i fi ...

Am unwaith mae dweud rhywbeth yr un mor hawdd yn Almaeneg ag yn Gymraeg. I ddweud sut rydych yn gwneud rhywbeth, rhowch air disgrifio i mewn – dim terfyniadau, dim ffwdan, gwych. Ymarferwch gymryd brawddeg Almaeneg ac ychwanegu manylion – wedyn rhowch rai yn eich arholiadau llafar ac ysgrifennu.

Adran 11 – Gramadeg

84

Cymhariaeth — Cymharu pethau

Yn aml iawn dyw hi ddim yn ddigon dweud bod rhywbeth yn <u>fawr</u>, yn <u>goch</u> neu beth bynnag. Rydych chi eisiau dweud ei fod yr un <u>mwyaf</u>, neu'n <u>fwy nag</u> unrhyw un arall …

Sut mae dweud bod rhywun yn well, neu'r gorau

Yn <u>Gymraeg</u> rydych chi'n dweud 'cyflym', 'cyflymach', 'cyflymaf'. Yn Saesneg 'fast', 'faster', 'fastest'. Mae'r Almaeneg yn debyg iawn i'r Saesneg.

Felly fan hyn mae'r ansoddair yn gweithredu fel <u>enw</u> – ac wrth gwrs mae pob enw yn Almaeneg yn dechrau â <u>llythyren fawr</u>.

Mae'r Almaeneg bron fel y Saesneg ('proud', 'prouder', 'proudest') ond gydag 'e' ychwanegol (Stolzeste).

Ar gyfer y rhan fwyaf o eiriau ychwanegir '-ste', ond ychwanegir '-este' os yn gwneud y gair yn haws i'w ddweud.

- Dr Arzt ist **stolz**. = Mae Dr Arzt yn falch.
- Ethel ist **stolzer**. = Mae Ethel yn falchach.
- Hermann ist **der Stolzeste**. = Hermann yw'r balchaf.

hen: alt ➡ *hŷn*: **äl**t**er** ➡ *hynaf*: der/die/das **Ält**e**ste**

diddorol: interessant ➡ *mwy diddorol*: interessant**er** ➡ *mwyaf diddorol*: der/die/das Interessant**este**

Ychwanegwch '**er**'. Ychwanegwch '**der**', '**die**' neu '**das**', ac '**-(e)ste**'.

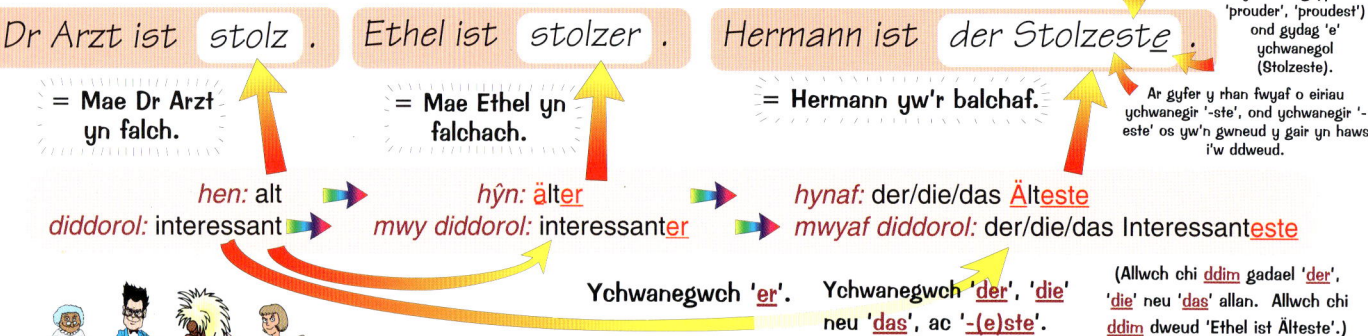

(Allwch chi <u>ddim</u> gadael '<u>der</u>', '<u>die</u>' neu '<u>das</u>' allan. Allwch chi <u>ddim</u> dweud 'Ethel ist Älteste'.)

Gallwch wneud hyn gyda bron unrhyw <u>air disgrifio</u>. Mae <u>Umlaut</u> yn cael ei ychwanegu hefyd at lawer o eiriau byr, er enghraifft 'alt'. Edrychwch ar frig tudalen 83 am fwy o eiriau disgrifio.

Fel yn Gymraeg mae rhai <u>eithriadau</u> – er enghraifft, dydych chi <u>ddim</u> yn dweud drwg, drwgach, drwgaf …

- *da*: gut ➡ *gwell*: **besser** ➡ *gorau*: der/die/das **Beste**
- *mawr (neu tal)*: groß ➡ *mwy*: **größer** ➡ *mwyaf*: der/die/das **Größte**
- *uchel*: hoch ➡ *uwch*: **höher** ➡ *uchaf*: der/die/das **Höchste**
- *llawer*: viel ➡ *mwy*: **mehr** ➡ *mwyaf*: das **Meiste**

ENGHRAIFFT: Siân ist **die Größte**. = Siân yw'r talaf.

Dysgwch y pedair ffordd wych yma o gymharu pethau

Rhowch y geiriau mewn porffor <u>o flaen</u> y gair disgrifio, fel hyn:

- Gwyn ist <u>älter</u> **als** Iolo. = Mae Gwyn yn hŷn <u>na</u> Iolo.
- Gwyn ist <u>weniger</u> alt <u>als</u> Iolo. = Mae Gwyn yn <u>llai</u> hen <u>na</u> Iolo.
- Gwyn ist <u>so</u> alt <u>wie</u> Iolo. = Mae Gwyn <u>mor</u> hen <u>â</u> Iolo.
- Gwyn ist <u>ebenso</u> alt <u>wie</u> Iolo. = Mae Gwyn <u>yr un mor</u> hen <u>â</u> Iolo.

Chi gythreuliaid gramadeg: Mae'r geiriau disgrifio sy'n gorffen gydag '<u>er</u>' (fel '<u>älter</u>') yn <u>ansoddeiriau cymharol</u>. Weithiau mae'n rhaid ychwanegu <u>terfyniadau</u>, fel ar dudalen 82.

Er mwyn dweud 'gwneud rhywbeth orau' defnyddiwch 'am besten'

Os ydych chi'n siarad am sut mae rhywun <u>yn gwneud</u> rhywbeth, mae (bron) yr <u>un peth</u> â'r uchod:

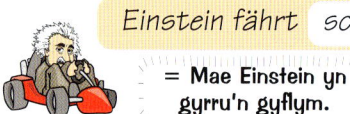

- Einstein fährt **schnell**. = Mae Einstein yn gyrru'n gyflym.
- Bob fährt **schnell**er. = Mae Bob yn gyrru'n gyflymach.
- Ethel fährt **am schnellsten**. = Ethel sy'n gyrru gyflymaf.

Mae 'orau' yn wahanol. I ddweud bod rhywun yn gwneud rhywbeth '<u>orau</u>', dywedwch '<u>am besten</u>'.

Y rhan sy'n wahanol yw'r <u>rhan olaf</u>. Ychwanegwch '<u>am</u>' ac '<u>-(e)sten</u>'. (Yn lle ychwanegu 'der', 'die' neu 'das' ac '-(e)ste').

Gramadeg – mae rhyw deimlad ym Mehr fy esgyrn …

Gwnewch yn siŵr eich bod yn gwybod sut i ddweud '<u>mwy</u>' a '<u>mwyaf</u>', a sut i ddweud 'mwy <u>na</u>', 'mor fawr <u>â</u> (ag)' ac yn y blaen. Mae hyn yn eitha syml – y peth pwysicaf yw cofio ychwanegu '<u>-(e)ste</u>' yn lle dim ond '<u>-(e)st</u>', ac ychwanegu '<u>am</u>' ac '<u>-(e)sten</u>' os ydych chi'n sôn am <u>wneud</u> rhywbeth.

Adran 11 – Gramadeg

Geiriau Bach Slei — ARDDODIAID

Mae'r stwff yma yn edrych yn anodd ond mae'n rhaid i chi ei ddysgu os ydych chi eisiau marciau da.

'i'/'at' – 'zu' neu 'nach'

Lle rydyn ni'n dweud 'i' neu 'at', mae Almaenwyr gan amlaf yn dweud 'zu'.

- Komm zu mir. = Dere/Tyrd ata i.
- Zu Bett gehen. = Mynd i'r gwely.

Ond mae 'zu Hause' yn golygu 'gartref'.

Ar gyfer 'y trên i Gaerdydd', defnyddiwch 'nach':

- Der Zug nach Caerdydd. = Y trên i Gaerdydd.

Ond mae 'nach Hause' yn golygu 'adref'.

'ar' – 'an', 'auf'

Lle rydyn ni'n dweud 'ar', maen nhw fel arfer yn defnyddio 'an':

- An der Wand. = Ar y wal.
- Hefyd Am Montag. = Ddydd Llun. Am = an dem – gweler isod.

Er mwyn dweud 'ar ben', defnyddiwch 'auf':

- Das Buch ist auf dem Tisch. = Mae'r llyfr ar (ben) y bwrdd.

Ar gyfer 'ar droed' (cerdded), dywedwch 'zu':

- Zu Fuß. (ar droed = yn cerdded).

'wrth' – 'an'

Yn aml maen nhw'n defnyddio 'an' lle bydden ni'n dweud 'wrth', 'wrth ymyl' neu 'ar bwys':

- An der Ecke. = Wrth y cornel

'ers' – 'seit'

Lle rydyn ni'n dweud 'ers', maen nhw'n dweud 'seit':

- Ich habe sie seit zwei Jahren nicht gesehen. = Dw i ddim wedi ei gweld hi ers dwy flynedd.

'yn'/'mewn' – 'in' neu 'an' neu 'bei'

Lle rydyn ni'n dweud 'yn' neu 'mewn' maen nhw fel arfer yn dweud 'in':

- In Deutschland. = Yn yr Almaen.
- Im Bett. = Yn y gwely. ('Im' = 'in dem' – gweler fan hyn)

Ar gyfer 'yn y bore/prynhawn' ac ati, defnyddiwch 'an':

- Am Morgen. = Yn y bore ('am' = 'an dem' – gweler fan hyn)
- Hefyd An der Universität. = Yn y brifysgol.

Weithiau maen nhw'n defnyddio 'bei' – dylech chi ei ddeall:

- Bei einer Party. = Mewn parti.

'o'/'oddi wrth' – 'von' neu 'aus'

Lle rydyn ni'n defnyddio 'o' neu 'oddi wrth', maen nhw fel arfer yn dweud 'von', gan gynnwys wrth sôn am y lle mae rhywun/rhywbeth wedi dod ohono yn ddiweddar:

- Der Zug ist von Machynlleth gekommen. = Mae'r trên wedi dod o Fachynlleth.
- Dieser Brief ist von Dagmar. = Mae'r llythyr yma oddi wrth Dagmar.

Er mwyn dweud o ble mae rhywun/rhywbeth yn dod yn wreiddiol, defnyddiwch 'aus':

- Ich komme aus Wales = Dw i'n dod o Gymru

Mewn dyddiadau, gadewch yr 'o' allan:

- Der erste März. = Y cyntaf o Fawrth.

Gweler tudalen 3 am fwy am ddyddiadau.

Ar gyfer 'wedi ei wneud o ...' defnyddiwch 'aus':

- Aus Wolle.

Gadewch yr 'o' allan hefyd mewn brawddegau â'r genidol:

- Einer der Besten. = Un o'r goreuon.

'An dem' ➡ 'am' – talfyriadau

Mae rhai o'r geiriau ar y dudalen hon yn cael eu newid o flaen 'dem', 'das', 'der' ...

an dem = am	bei dem = beim
an das = ans	von dem = vom
in dem = im	zu der = zur
in das = ins	zu dem = zum

I fod yn hollol gywir, mae'n rhaid i chi ddefnyddio'r cyflwr cywir

Mewn brawddeg, mae'r geiriau hyn yn newid cyflwr y geiriau sy'n dod ar eu hôl nhw (gweler tudalennau 76-77).

Er mwyn gwybod pa gyflwr i'w ddefnyddio, mae'n rhaid i chi ddysgu'r rhestri hyn.

Derbyniol: aus = o, allan o, wedi ei wneud o   bei = wrth, wrth ymyl   gegenüber = gyferbyn â, yn wynebu   mit = gyda, â   nach = i, ar ôl   seit = ers   von = o, oddi wrth   zu = i, at

Gwrthrychol: bis = tan, nes   durch = trwy   entlang = ar hyd   für = i, am   gegen = yn erbyn, tua   ohne = heb   um = o gwmpas, o amgylch, am

Genidol: trotz = er, er gwaethaf   während = yn ystod   wegen = oherwydd, achos

Derbyniol neu'r Gwrthrychol: an = i, ar, yn, mewn   auf = ar, ar ben, i, yn, mewn   in = yn, mewn, i   neben = wrth ochr, wrth ymyl, drws nesaf i   über = ar draws, dros, trwy, uwchben, uwchlaw   unter = dan, ymhlith   vor = cyn, o flaen   hinter = y tu ôl i

Adran 11 – Gramadeg

RHAGENWAU

Fi, ti, chi, ef, hi, nhw ...

Mae <u>rhagenwau</u> yn eiriau sy'n cymryd <u>lle enwau</u> — pethau fel '**chi**', '**hi**' neu '**nhw**'.

Mae Dafydd wedi cael swydd newydd yn y parlwr pŵdls. Mae e'n hoffi eillio pŵdls.

Rydych chi'n defnyddio gwahanol setiau o ragenwau mewn gwahanol gyflyrau. Am y cyflyrau, gweler tudalennau 76-77.

<u>Rhagenw</u> yw '<u>e</u>'. Mae'n golygu nad oes yn rhaid i chi ddweud '<u>Dafydd</u>' eto.

grrr grrr

Mae'n wych eillio cŵn gwallgof — maen nhw'n gwneud eu hewyn eillio eu hunain ...

Defnyddiwch ich (fi) yn y goddrychol

'Fi', 'ti', 'chi', 'ef', 'hi' ac ati sy'n cael eu defnyddio amlaf — ar gyfer y <u>prif berson/beth</u> yn y frawddeg (y goddrych). Dysgwch nhw i gyd, rhag i chi fynd i <u>drafferth</u> yn yr arholiad. (Hwn yw'r cyflwr <u>goddrychol</u>, gyda llaw.)

Mae'r cyflwr <u>goddrychol</u> ar dudalen 76.

Y cyflwr goddrychol

fi: ich	*ni:* wir
ti: du	*chi (anffurfiol lluosog):* ihr
ef: er, es	*chi (ffurfiol, unigol a lluosog):* Sie
hi: sie, es	*nhw:* sie

Der Hund beißt den Kamm. = Mae'r ci'n cnoi'r grib.

(Er) beißt den Kamm. Mae e'n cnoi'r grib.

Y TRI GAIR AM 'TI' A 'CHI'

<u>Cofiwch</u> — mae '<u>du</u>' ac '<u>ihr</u>' ar gyfer ffrindiau, y teulu a phobl ifanc eraill a '<u>Sie</u>' ar gyfer pobl hŷn sy ddim yn rhan o'ch teulu nac yn ffrindiau.

Defnyddiwch mich (fi) yn y gwrthrychol

Mae'r rhain ar gyfer y person/peth yn y frawddeg mae'r weithred yn <u>cael ei gwneud iddo</u> (y gwrthrych uniongyrchol). Dyma'r cyflwr <u>gwrthrychol</u>.

Cyflwr <u>gwrthrychol</u> — gweler tudalen 76

Dafydd kitzelt den Hund. = Mae Dafydd yn goglais y ci.

Dafydd kitzelt ihn. = Mae Dafydd yn ei oglais e.

Y cyflwr gwrthrychol

fi: mich	*ni:* uns
ti: dich	*chi (anffurfiol lluosog):* euch
ef: ihn, es	*chi (ffurfiol, unigol a lluosog):* Sie
hi: sie, es	*nhw:* sie

Mae geiriau arbennig ar gyfer i fi, iddi hi, iddyn nhw

Pan fod angen dweud 'i', 'at', 'gan', 'gyda', 'o' neu 'oddi wrth' — er enghraifft ysgrifennu <u>at rywun</u> — defnyddiwch y cyflwr <u>derbyniol</u>.

Der Hund gibt Dafydd den Kamm. = Mae'r ci yn rhoi'r grib i Dafydd.

Der Hund gibt ihm den Kamm. = Mae'r ci yn rhoi'r grib <u>iddo ef</u>.

Gweler tudalen 77 am fwy am y cyflwr <u>derbyniol</u>.

Y cyflwr derbyniol

i fi: mir	*i ni:* uns
i ti: dir	*i chi (anffurfiol lluosog):* euch
iddo ef: ihm	*i chi (ffurfiol unigol a lluosog):* Ihnen
iddi hi: ihr	*iddyn nhw:* ihnen

Mae cythreuliaid gramadeg yn galw'r rhain yn rhagenwau <u>gwrthrychol anuniongyrchol</u>.

Dyw gramadeg <u>ddim yn llawer o hwyl</u>, meddech chi. Ydych chi'n meddwl bod ots gyda'r arholwyr? <u>Chi</u> yw'r un sy eisiau pasio'ch TGAU, felly <u>chi</u> sy'n gorfod dysgu'r stwff yma — <u>does dim i'w wneud ond ei ddysgu</u>. Caewch y llyfr, ysgrifennwch bob set o ragenwau, wedyn ysgrifennwch frawddeg Almaeneg gan ddefnyddio pob un.

Adran 11 – Gramadeg a Phethau Cyffredinol

Rhywun, Neb, Pwy? a Beth?

RHAGENWAU

Mae angen i chi wybod pethau fel 'rhywun' a gofyn cwestiynau fel 'pwy?' neu 'beth?'. Felly ewch ati ar unwaith. Mae'r rhan yma'n hawdd, felly peidiwch â chwyno — gwnewch e.

Dyw'r gair Almaeneg *man* ddim yr un peth â'r gair Almaeneg *Mann*.

Dysgwch hyn nawr — mae 'der Mann' yn golygu 'y dyn' neu 'y gŵr' ond mae Almaenwyr yn defnyddio'r gair 'man' yn aml iawn i ddweud pethau fel hyn:

In Deutschland spricht **man** *Deutsch.*

= Yn yr Almaen maen nhw'n siarad Almaeneg. Neu Yn yr Almaen mae pobl yn siarad Almaeneg.

Rhywun, unrhyw un — *jemand*

Mae'r un gair yn cael ei ddefnyddio am 'rywun' ac 'unrhyw un' — 'jemand'.

Kann **jemand** *helfen?*
= All rhywun helpu?

... wenn **jemand** *mitmachen will...*
= os yw unrhyw un eisiau ymuno ...

Neb — *niemand*

Mae 'niemand' yn golygu 'neb'. Mae'n debyg i 'jemand', felly peidiwch â'u cymysgu nhw. Cofiwch — mae 'niemand' yn dechrau gydag 'n' am 'neb'.

Warum ist **niemand** *gekommen?*
= Pam nad oes neb wedi dod?

Y FFILM HENO: Fy nghwyliau yn gwylio trenau

Cefnder Almaenig Dyfan

Wer? — Pwy? / *Was*? — Beth?

Byddan nhw'n gofyn rhai o'r cwestiynau yn yr arholiad yn Almaeneg, felly dysgwch y ddau air cwestiwn yma.

Edrychwch ar dudalen 5 am fwy am gwestiynau.

Wer *sitzt auf der Katze?*
= Pwy sy'n eistedd ar ben y gath?

Was *kratzt dich, Albert?*
= Beth sy'n dy grafu di, Albert?

Os ydych chi'n gwneud gwaith uwch, dyma damaid ychwanegol i chi. Mae 'Pwy' yn newid yn y gwahanol gyflyrau — ond 'wer' yw'r un fyddwch chi'n ei weld amlaf.

Rhaid i chi allu adnabod y rhain i gyd, felly dysgwch y tabl.

'Pwy' yn y gwahanol gyflyrau	
Goddrychol	wer
Gwrthrychol	wen
Genidol	wessen
Derbyniol	wem

e.e. Pwy yw hwnna?
e.e. Pwy wyt ti'n ei garu?
e.e. Sgidiau pwy yw'r rhain?
e.e. Â phwy ydw i'n siarad?

Pethau anodd

Pwy sy'n dwad dros y bryn yn ddistaw, ddistaw bach? — niemand ...

Caewch y llyfr ac ysgrifennwch y geiriau am 'rhywun'/'pobl'/'nhw', (mewn brawddegau fel 'mae pobl/maen nhw yn bwyta Sauerkraut yn yr Almaen.'), 'rhywun'/'unrhyw un', 'neb', 'pwy' a 'beth'. Os ydych chi'n gwneud y papurau uwch, gwnewch yn siŵr eich bod yn dysgu'r pethau yn y blwch anodd hefyd. Trowch y llyfr drosodd, ysgrifennwch, rhowch dro arall, ac un arall, ac un arall, nes eich bod chi'n cael popeth yn gywir.

Adran 11 – Gramadeg a Phethau Cyffredinol

RHAGENWAU

A, y, na

Os ydych chi eisiau llwyth o farciau bendigedig, bydd yn rhaid in chi wneud eich Almaeneg yn slic. Dysgwch yr holl stwff ar y dudalen yma ac fe fyddwch ar eich ffordd i lwyddo. Ond dyw e ddim yn hawdd, felly rhowch eich ymennydd mewn gêr.

Rhagenwau perthynol a, y, na

Bydd angen i chi ddeall y geiriau yma i gyd — ac os ydych chi eisiau cael marciau uchel, mae'n rhaid i chi fod yn gallu eu defnyddio nhw eich hun. Mae geiriau fel 'a', 'y', 'na' yn rhagenwau perthynol — maen nhw'n cyfeirio yn ôl at yr hyn rydych yn siarad amdano, er enghraifft:

Roedd y ci a oedd wedi bwyta fy nhatws yn edrych yn euog.

Mae'r 'a' yn cyfeirio yn ôl at y ci.

Enw'r bachgen a welais i yn y dref oedd Rhun.

Prynodd hi'r car a welodd yn y dref.

Dyma'r geiriau yn Almaeneg — ych! Gall fod yn anodd penderfynu pa un i'w ddefnyddio ond fel y byddech chi'n disgwyl, mae'n dibynnu ar yr enw (tudalen 78) a'i gyflwr (tudalennau 76-77).

TABL RHAGENWAU PERTHYNOL

math o enw → cyflwr ↓	Gwrywaldd	Benywaidd	Diryw	Lluosog
Goddrychol	der	*die*	das	die
Gwrthychol	*den*	die	das	die
Genidol	dessen	deren	*dessen*	deren
Derbyniol	dem	der	dem	*denen*

Dw i wedi egluro sut mae defnyddio'r tabl yn y blwch isod, ond dyma rai enghreifftiau i ddechrau:

Die Katze, die mich gebissen hat, war schwarz.
= Roedd y gath a'm cnodd i yn ddu.

Der Mann, den ich gesehen habe, war witzig.
= Roedd y dyn a welais i yn ddoniol.

Das Pferd, dessen Bein gebrochen ist, ist traurig.
= Mae'r ceffyl y mae ei goes wedi torri yn drist.

Die Jungen, denen er eine Frage stellt, verstehen nicht.
= Dyw'r bechgyn y mae'n gofyn cwestiwn iddyn nhw ddim yn deall.

SUT I DDEFNYDDIO'R TABL

Mae penderfynu pa ran i'w defnyddio yn dipyn o dasg — mor anodd â chodi mamoth?

Cyflyrau tudalen 76-77

1) Cyfieithwch y frawddeg gan adael y rhagenw allan.
2) Ydy'r enw mae'n cyfeirio ato yn wrywaidd, benywaidd neu ddiryw, neu'n lluosog? Edrychwch i lawr y golofn berthnasol.
3) Pa gyflwr sydd ei angen? (Defnyddiwch yr enghreifftiau wrth ochr y tabl i'ch helpu.) Edrychwch ar draws y rhes briodol.

Mae'r gadair a dorrodd yn anghyffordus.

1) Der Stuhl, ... gebrochen ist, ist unbequem.
2) Mae 'y gadair' ('Der Stuhl') yn wrywaidd.
3) Mae 'a' yn cyfeirio'n ôl at 'y gadair' sef y goddrych, felly rydych chi'n defnyddio'r goddrychol (tudalen 76).

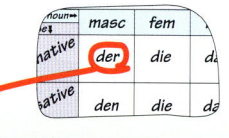

Der Stuhl, der gebrochen ist, ist unbequem.

Gadael y dudalen yma allan? — peidiwch â meiddio ...

Mae hwn yn stwff erchyll — ond os ydych chi eisiau llwyddo ar lefel uwch, mae'n rhaid i chi ei feistroli. Edrychwch ar bob brawddeg enghreifftiol yn ei thro, newidiwch y prif air i rywbeth arall, wedyn gwnewch y tri cham er mwyn dyfalu pa ragenw i'w ddefnyddio. Wedyn dysgwch y tabl — gorchuddiwch, ysgrifennwch, gwiriwch ...

Adran 11 – Gramadeg a Phethau Cyffredinol

Y ffeithiau am ferfau

BERFAU, AMSERAU A'R BERFENW

Mae berfau'n bwysig. Gwnewch yn siŵr eich bod yn gwybod y dudalen hon — fe wnaiff y tudalennau nesaf dipyn yn haws i chi.

Mae <u>berfau</u> yn eiriau am <u>weithredoedd</u> — maen nhw'n dweud wrthoch chi <u>beth sy'n digwydd</u>

Mae Ethel yn *chwarae* pêl-droed bob dydd Sadwrn.

Berfau yw'r rhain

Gofynnodd Aled iddi *aros* gartref. *A hon hefyd*

Mae llawer i'w ddysgu am ferfau, ond mae'n berwi lawr i ddau beth ...

1) Mae gwahanol eiriau am <u>wahanol amserau</u>.

Rydych chi'n dweud pethau yn wahanol yn ôl pryd mae pethau'n digwydd — ydyn nhw wedi digwydd neu ydyn nhw'n mynd i ddigwydd?

WEDI DIGWYDD
Es i Tibet llynedd.
Dw i wedi bod i Tibet.
Dw i wedi mynd i Tibet.

GORFFENNOL

YN DIGWYDD NAWR
Dw i'n mynd i Tibet.
Af i Tibet

PRESENNOL

DDIM WEDI DIGWYDD ETO
Dw i'n mynd i Tibet ddydd Llun.
Bydda i'n mynd i Tibet.

DYFODOL

Dyma wahanol <u>amserau'r ferf</u>, rhag ofn eich bod chi eisiau gwybod.

2) Mae gwahanol eiriau ar gyfer <u>gwahanol bobl</u>

Dydych chi <u>ddim</u> yn dweud <u>chwaraeodd fi</u> bêl-droed' — byddai'n hurt. Rydych chi'n newid y ferf yn ôl y person.

YN DIGWYDD I FI
Dw i'n ddiflas.

YN DIGWYDD I TI
Rwyt ti'n ddiflas.

YN DIGWYDD IDDI HI
Mae hi'n ddiflas.

Am enghreifftiau hwyliog!

Iawn, dyna chi wedi deall — mae berfau'n bwysig iawn. Rydych chi'n eu defnyddio nhw trwy'r amser, felly mae'n rhaid i chi ddysgu'r stwff yma. Dyna pam mae cymaint o bwyslais arnyn nhw fan hyn.

Y gair yn <u>y geiriadur</u>

Pan eich bod chi eisiau dweud 'dw i'n dawnsio' yn Almaeneg, rhaid i chi yn gyntaf chwilio am 'dawnsio' yn y geiriadur. Ond allwch chi ddim defnyddio'r gair fel y gwelwch chi e — mae mwy i'w wneud na hynny ...

Pan eich bod yn chwilio am ferf <u>yn y geiriadur</u> dyma beth gewch chi:

Chi gythreuliaid gramadeg: dyma'r <u>berfenw</u>.

mynd: gehen
dawnsio: tanzen

Dydych chi <u>ddim i fod</u> i ddefnyddio'r ferf <u>fel y mae</u> — mae'n rhaid i chi ei <u>newid</u> fel ei bod yn gywir am y <u>person</u> a'r <u>amser</u> rydych chi'n sôn amdanyn nhw.

Dysgwch yr holl stwff yma am ferfau nawr er mwyn ei gael yn gywir yn yr arholiad.

Berfau — geiriau gweithredol

Dw i o ddifri — mae hyn yn stwff <u>megabwysig</u>. Yn y tudalennau nesaf mae <u>llawer o wybodaeth</u> am ferfau oherwydd mae llawer y mae <u>angen ei wybod</u>. Mae rhai pethau yn hawdd, rhai yn anodd — ond os <u>nad ydych chi'n deall</u> y <u>dudalen hon</u> cyn dechrau, fydd <u>dim gobaith</u> gyda chi.

Adran 11 – Gramadeg a Phethau Cyffredinol

Berfau yn yr amser presennol

AMSER PRESENNOL

Os ydych chi eisiau llwyth o farciau, mae'n rhaid i'ch Almaeneg swnio'n naturiol. Un ffordd sicr o golli marciau yw dweud rhywbeth gwirion fel 'Mae fi'n hoffi wedi mynd nofio'. Dyma sut mae osgoi hynny ...

Yr amser presennol yw'r hyn sy'n digwydd nawr

Yr amser presennol yw'r un hawdd — ac rydych yn ei ddefnyddio'n amlach nag unrhyw amser arall, felly mae'n hollbwysig. Mae'r terfyniadau yr un fath ar gyfer y berfau rheolaidd i gyd. Mae 'machen' yn rheolaidd, felly dyma fe gyda'i derfyniadau ...

Dyw'r rhan gyntaf ('mach') ddim yn newid.

machen = gwneud

dw i'n gwneud =	ich mach**e**	wir mach**en**	= rydyn ni'n gwneud
rwyt ti'n gwneud =	du mach**st**	ihr mach**t**	= rydych chi (anffurfiol, lluosog) yn gwneud
mae e'n gwneud =	er mach**t**		
mae hi'n gwneud =	sie mach**t**	Sie mach**en**	= rydych chi (ffurfiol, unigol neu luosog) yn gwneud
mae e/hi'n gwneud =	es mach**t**	sie mach**en**	= maen nhw'n gwneud

Dyma rai berfau rheolaidd eraill — hynny yw, berfau sy'n dilyn yr un patrwm â 'machen'. Dysgwch hyn a byddwch chi wedi eu dysgu nhw i gyd.

gofyn:	fragen	*bwcio:*	buchen	*egluro/esbonio:* erklären
credu:	glauben	*prynu:*	kaufen	*dawnsio:* tanzen

Felly, os ydych chi eisiau dweud rhywbeth fel 'Mae e'n gwneud Dagmar yn hapus', mae'n hawdd:

Tynnwch yr 'en' oddi ar y diwedd

mach~~en~~

Ychwanegwch y terfyniad newydd

mach **t**

A dyna chi!

er macht Dagmar glücklich

= Mae e'n gwneud Dagmar yn hapus.

Ond wrth gwrs dyw pethau ddim mor hawdd â hynny: dyw pob berf reolaidd ddim yn gorffen gydag '-en' — mae rhai yn gorffen gydag '-rn' neu '-ln'. Ond dyw hynny ddim yn broblem — maen nhw'n dilyn yr un rheolau fwy neu lai. Ond gofalwch adael yr 'e' allan gyda berfau '-ln'.

Berfau 'rn':

feiern = dathlu.

Gadewch yr 'e' allan cyn yr 'r' gydag 'ich'.

ich feir**e**	wir feier**n**
du feier**st**	ihr feier**t**
er feier**t**	Sie feier**n**
sie feier**t**	sie feier**n**
es feier**t**	

Ychwanegwch 'n' nid 'en' gyda 'wir', 'Sie' a 'sie'.

Berfau 'ln':

segeln = hwylio

Gadewch yr 'e' allan cyn yr 'l' gydag 'ich'.

ich segl**e**	wir segel**n**
du segel**st**	ihr segel**t**
er segel**t**	Sie segel**n**
sie segel**t**	sie segel**n**
es segel**t**	

'n' nid 'en' ar gyfer 'wir', 'Sie' a 'sie'

Dysgwch y rhain a gallwch chi ddefnyddio'r un rheolau gyda berfau tebyg eraill. Hawdd.

Pethau anodd — *Pethau anodd*

Sut mae dweud 'dw i'n mynd i nofio'

Weithiau rydych chi eisiau dweud 'dw i'n mynd i nofio' yn hytrach na 'dw i'n nofio' e.e 'dw i bob amser yn mynd i nofio ar ôl ysgol'. Felly mae angen dwy ferf. Rhowch y ferf gyntaf yn y person cywir, ond ar gyfer yr ail ferf defnyddiwch y berfenw:

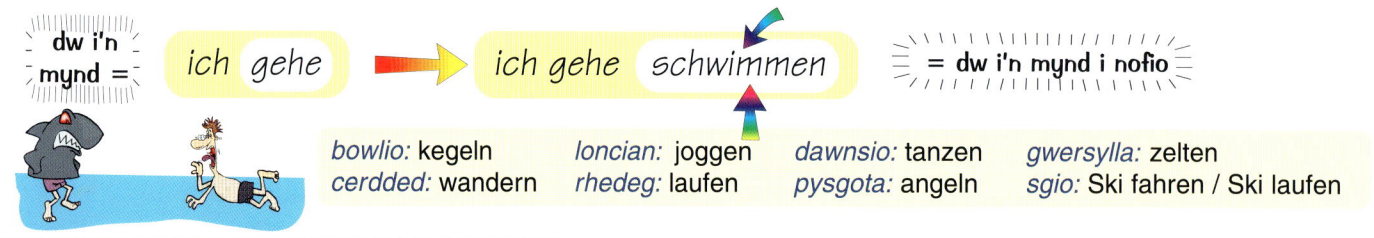

dw i'n mynd = **ich gehe** → **ich gehe schwimmen** = dw i'n mynd i nofio

bowlio: kegeln	*loncian:* joggen	*dawnsio:* tanzen	*gwersylla:* zelten
cerdded: wandern	*rhedeg:* laufen	*pysgota:* angeln	*sgio:* Ski fahren / Ski laufen

Y berfenw — enw'r ferf?

Mae hyn yn hawdd, wrth gwrs. Dysgwch derfyniadau berfau normal, rheolaidd 'en' a chofiwch fod rhai 'rn' ac 'ln' ychydig yn wahanol. A phan fyddwch chi'n dweud 'dw i'n mynd i nofio' mae 'mynd' yn dilyn y drefn arferol ac mae 'nofio' yn y berfenw (y rhan rydych chi'n ei gweld yn y geiriadur).

Adran 11 – Gramadeg a Phethau Cyffredinol

Berfau yn yr amser presennol

AMSER PRESENNOL

Os ydych chi'n meddwl bod bron pob berf yn rheolaidd (gweler tudalen 91) — meddyliwch eto! Mae llawer yn afreolaidd.

Mae sein, haben, fahren ac essen yn afreolaidd

Mae berfau nad ydynt yn dilyn yr un patrwm â berfau rheolaidd yn cael eu galw'n ferfau afreolaidd (am wreiddiol!). Mae'r mwyafrif o'r berfau defnyddiol iawn yn afreolaidd — drato. Dyma bedair fyddwch chi'n eu defnyddio'n aml ...

Mae 'sein' yn golygu 'bod' — efallai y ferf bwysicaf yn y byd ... erioed. Felly dysgwch hi.

① sein = bod

dw i =	ich bin	wir sind	= rydyn ni
rwyt ti =	du bist	ihr seid	= rydych chi (anffurfiol lluosog)
mae e =	er ist	Sie sind	= rydych chi (ffurfiol unigol a lluosog)
mae hi =	sie ist		
mae e/hi = (diryw)	es ist	sie sind	= maen nhw

Bydd angen y ferf hon arnoch chi'n aml — 'haben' ('bod â'). Mae'n hawdd ei dysgu felly does dim esgus am beidio â'i gwybod.

② haben = bod â

mae gen i =	ich habe	wir haben	= mae gennym ni
mae gennyt ti =	du hast	ihr habt	= mae gennych chi (anffurfiol lluosog)
mae ganddo ef =	er hat		
mae ganddi hi =	sie hat	Sie haben	= mae gennych chi (ffurfiol unigol a lluosog)
mae ganddo ef/ganddi hi = (diryw)	es hat	sie haben	= mae gennynt hwy

Mae 'fahren' yn golygu 'mynd' neu 'gyrru'. Bydd angen hon arnoch chi'n aml ar gyfer teithio a gwyliau (tudalennau 17, 19, 25 a 29).

③ fahren = mynd, gyrru

dw i'n mynd =	ich fahre	wir fahren	= rydyn ni'n mynd
rwyt ti'n mynd =	du fährst	ihr fahrt	= rydych chi'n mynd (anffurfiol lluosog)
mae e'n mynd =	er fährt		
mae hi'n mynd =	sie fährt	Sie fahren	= rydych chi'n mynd (ffurfiol unigol a lluosog)
mae e/hi'n mynd = (diryw)	es fährt	sie fahren	= maen nhw'n mynd

Gweler yr Umlaut

Mae 'essen' ('bwyta') yn dilyn bron yr un rheolau. Ond ddim yn hollol ...

④ essen = bwyta

dw i'n bwyta =	ich esse	wir essen	= rydyn ni'n bwyta
rwyt ti'n bwyta =	du isst	ihr esst	= rydych chi'n bwyta (anffurfiol lluosog)
mae e'n bwyta =	er isst		
mae hi'n bwyta =	sie isst	Sie essen	= rydych chi'n bwyta (ffurfiol, unigol a lluosog)
mae e/hi'n bwyta = (diryw)	es isst	sie essen	= maen nhw'n bwyta

Dyma'r rhannau od.

Mae'r berfau isod i gyd yn afreolaidd hefyd, felly **byddwch yn ofalus** gyda nhw:

cael eich galw (maen nhw'n fy ngalw i): heißen (ich heiße)
gwybod (dw i'n gwybod): wissen (ich weiß)
adnabod (dw i'n adnabod): kennen (ich kenne)

rhoi (dw i'n rhoi): geben (ich gebe)
gwisgo, cario (dw i'n gwisgo, dw i'n cario): tragen (ich trage)
dod (dw i'n dod): kommen (ich komme)
bod i fod (i wneud rhywbeth) (dylwn i): sollen (ich soll)

Gyda rhai berfau mae gofyn i chi ddefnyddio'r derbyniol

Mwy am y derbyniol ar dudalen 77.

Fel arfer byddwch chi'n defnyddio'r derbyniol pan eich bod chi'n dweud 'i' neu 'at' rywun neu rywbeth.

Diese Zähne gehören **mir**, nicht **dir**. — Mae'r dannedd yna yn eiddo i fi, nid i ti.

Ond mae'n rhaid defnyddio'r derbyniol bob amser ar ôl rhai berfau Almaeneg. Gallech chi feddwl mai cyfieithiad 'dw i'n helpu'r eliffantod' fyddai 'ich helfe die Elefanten' — ond nid felly mae hi. Mae 'helfen' ('helpu') yn un o'r berfau lletchwith lle mae angen y derbyniol, felly rydych chi'n dweud:

Ich helfe **den** Elefanten. = Dw i'n helpu'r eliffantod.

Rydych chi'n defnyddio 'den' achos mae 'Elefanten' yn lluosog ac mae gofyn i chi ddefnyddio'r derbyniol ar ôl 'helfen'.

Mae angen y derbyniol ar ôl yr holl ferfau hyn — gnewch yn siŵr eich bod yn gwybod pa rai ydyn nhw rhag i chi wneud camgymeriad yn yr arholiad.

diolch i: danken
dilyn: folgen
ateb: antworten

gwneud dolur i, brifo: wehtun
ysgrifennu at: schreiben
cyfarch: grüßen

perthyn i: gehören
credu: glauben
llongyfarch: gratulieren

Pethau anodd   Pethau anodd

Er isst — mae e'n bwyta'n dawel ...

Mae pobl yn dweud bod Almaeneg yn hawdd achos bod llawer o reolau i'w dilyn. Ond mae'n boen bod cymaint o eiriau nad ydynt yn dilyn y rheolau. Ac wrth gwrs mae llawer o'r stwff pwysicaf yn afreolaidd. (Felly'r unig ffordd ymlaen yw dysgu'r stwff yma i gyd.)

Adran 11 — Gramadeg a Phethau Cyffredinol

AMSER DYFODOL — *Siarad am y dyfodol*

Bydd yn rhaid i chi siarad am bethau sy'n mynd i ddigwydd rywbryd yn y dyfodol. Mae dwy ffordd y gallwch chi wneud hyn — ac mae un yn hawdd, felly beth am ddysgu honno'n gyntaf?

1) Gallwch chi ddefnyddio'r amser presennol i siarad am y dyfodol

Hwrê — rhywbeth hawdd o'r diwedd. Y cwbl y mae'n rhaid i chi ei wneud er mwyn dweud bod rhywbeth yn mynd i ddigwydd yn y dyfodol yw dweud ei fod yn digwydd ac yna dweud pryd y bydd yn digwydd. Gwych.

Gweler tudalennau 91-92 am bopeth am y presennol.

YN DIGWYDD NAWR → *Ich fahre nach Irland.* = Dw i'n mynd i Iwerddon.

YN MYND I DDIGWYDD → *Ich fahre nächstes Jahr nach Irland.* = Dw i'n mynd i Iwerddon flwyddyn nesaf.

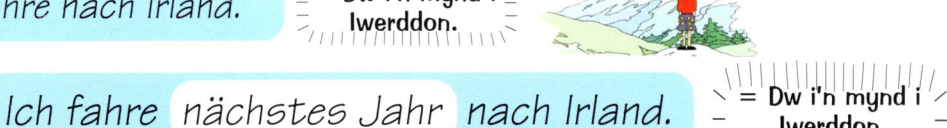

Gallwch chi roi'r rhan yma unrhyw le yn y frawddeg cyn belled â'ch bod chi ddim yn torri rheolau trefn brawddegau — gweler tudalen 72.

Mae hyn yn dweud pryd mae'n mynd i ddigwydd.

wythnos nesaf: nächste Woche
yfory: morgen
ddydd Llun: am Montag
yr haf yma: diesen Sommer

Nächstes Jahr fahre ich nach Irland. = Flwyddyn nesaf dw i'n mynd i Iwerddon.

2) Gallwch chi ddefnyddio werden — 'mynd i (wneud)' neu 'byddaf', 'byddi' ac ati ...

Mae hyn yn fwy anodd ond os ydych chi'n ei wybod, bydd yn creu argraff fawr ar yr arholwyr. Mae 'ich werde' yn golygu 'byddaf'. Rydych chi'n rhoi ffurf gywir 'werden' ar gyfer y person, a berfenw'r ferf arall ar y diwedd.

Ich werde nächstes Jahr nach Irland fahren.

= Byddaf fi'n mynd i Iwerddon flwyddyn nesaf.

Edrychwch ar dudalen 90 am fwy am y berfenw.

werden = mynd i (wneud rhywbeth)

byddaf i =	ich werde	wir werden	= byddwn ni
byddi di =	du wirst	ihr werdet	= byddwch chi (anffurfiol, lluosog)
bydd e =	er wird	Sie werden	= byddwch chi (ffurfiol, unigol a lluosog)
bydd hi =	sie wird	sie werden	= byddan nhw
bydd ef/hi =	es wird	(diryw)	

Mae 'werden' yn ferf afreolaidd. Dyna paham mae'r terfyniadau i gyd ychydig bach yn od.

Enghraifft arall:

Eines Tages wirst du in die Schule gehen.

= Rhyw ddydd byddi di'n mynd i'r ysgol.

Pethau anodd Pethau anodd

Werden neu'r presennol — eich dewis chi

Dw i'n meddwl bod y cyntaf yn haws, achos y cwbl sy angen i chi ei wneud yw dysgu geiriau am amserau yn y dyfodol a'u rhoi mewn brawddeg gyffredin. Peidiwch â phoeni os na allwch chi wneud y fersiwn yn defnyddio 'werden' — ond gwnewch yn siŵr eich bod yn ei ddeall os yw'n ymddangos yn eich papurau darllen neu wrando.

Adran 11 – Gramadeg a Phethau Cyffredinol

Siarad am y gorffennol

AMSER PERFFAITH

Weithiau byddwch chi eisiau siarad am bethau sy wedi digwydd eisoes — felly bydd yn rhaid i chi ddweud 'dw i wedi ...' neu 'gwnes i ...' (Yr amser perffaith yw hwn, rhag ofn eich bod chi eisiau gwybod.)
Mae ffordd arall o siarad am y gorffennol y mae'n rhaid i chi ei deall — mae ar y dudalen nesaf.

Was hast du gemacht? — Beth wyt ti wedi ei wneud?

Mae'r gorffennol yn edrych braidd yn anodd, dw i'n cytuno, ond mae'n hawdd pan ydych chi wedi dysgu'r pethau sylfaenol.

Fel arfer rydych chi'n dechrau gyda 'dw i wedi'.

Wedyn rhowch rangymeriad y gorffennol ar y diwedd.

RHANGYMERIAD Y GORFFENNOL
Mae'n edrych braidd yn od — ond mae'n hawdd mewn berfau rheolaidd.
① Ychwanegwch 'ge' ar y dechrau.
② Tynnwch yr 'en'.
③ Ychwanegwch 't' ar y diwedd.

ge ← kaufen̶ → t
gekauft

Ich habe einen Sessel gekauft .

mae e wedi: er hat
rydyn ni wedi: wir haben
Gweler tudalen 92 am holl derfyniadau 'haben'.

= Dw i wedi prynu cadair esmwyth.

Dyma ragor o enghreifftiau — maen nhw i gyd yn gweithio yn yr un ffordd.

gwneud:	machen	→	gemacht	: wedi gwneud
gofyn:	fragen	→	gefragt	: wedi gofyn
bwcio:	buchen	→	gebucht	: wedi bwcio
glanhau:	putzen	→	geputzt	: wedi glanhau

Sie haben in den Ferien viel gemacht .
Maen nhw wedi gwneud llawer yn y gwyliau.

Er hat mich nichts gefragt .
Dyw e ddim wedi gofyn unrhyw beth i fi.

Dyw berfau afreolaidd ddim yn dilyn y patrwm hwn

Gwych, hawdd, meddech chi — ond nawr dyma'r rhai nad ydynt yn dilyn y patrwm (berfau afreolaidd). Yn anffodus does dim i'w wneud ond eu dysgu nhw ar eich cof.

cysgu:	schlafen	→	geschlafen
cymryd:	nehmen	→	genommen
bwyta:	essen	→	gegessen
yfed:	trinken	→	getrunken
rhoi:	geben	→	gegeben
dod â:	bringen	→	gebracht

gweld:	sehen	→	gesehen
canu:	singen	→	gesungen
torri:	brechen	→	gebrochen
derbyn:	bekommen	→	bekommen
anghofio:	vergessen	→	vergessen
deall:	verstehen	→	verstanden

Byddwch yn ofalus — dim 'ge' ar y dechrau.

(Chi gythreuliaid gramadeg: rhangymeriad y gorffennol yw'r rhain)

Ist sie gegangen? — Ydy hi wedi mynd?

Mae angen 'ich bin' ar rai berfau yn lle 'ich habe' i ffurfio'r gorffennol.

mae hi wedi: sie ist
maen nhw wedi: sie sind*

Ich bin gegangen . Dw i wedi mynd/Es i.

*Gweler tudalen 92 am wahanol ffurfiau 'sein'.

Berfau sy'n cyfleu symudiad sy'n ffurfio'r gorffennol gydag 'ich bin' yn bennaf. Dyma restr o rai ohonyn nhw — rhaid i chi ddysgu pa rai ydyn nhw a dysgu rhangymeriad y gorffennol, oherwydd mae'r mwyafrif ohonyn nhw yn afreolaidd.

mynd, gyrru:	fahren	→	gefahren
rhedeg:	laufen	→	gelaufen
dringo:	steigen	→	gestiegen

dilyn:	folgen	→	gefolgt
dod:	kommen	→	gekommen
aros:	bleiben	→	geblieben

bod:	sein	→	gewesen
digwydd:	geschehen	→	geschehen
digwydd:	passieren	→	passiert

Mae hyn i gyd yn ofnadwy o glir ...

Cystal cyfaddef, dyw'r dudalen yma ddim yn hawdd. Ond mae'n bwysig iawn — yn yr arholiad rydych chi'n siŵr o orfod siarad neu ysgrifennu am rywbeth ddigwyddodd yn y gorffennol. Gwnewch yn siŵr eich bod yn mynd i'r afael â'r stwff hawdd ar frig y dudalen, wedyn fydd y darnau anodd ddim hanner mor ddyrys. Wir.

Adran 11 — Gramadeg a Phethau Cyffredinol

YR AMHERFFAITH A'R GORBERFFAITH
Rhagor o ffurfiau berfol i'w hadnabod

Ydych chi wedi cael llond bol ar amserau berfau? Dw i wedi. Ond mae adnabod y rhain yn ddigon — does dim rhaid cofio'r holl derfyniadau.

Amser gorffennol arall: ich kam — des i

Rydych chi'n gallu defnyddio hyn i ddweud pethau fel 'yfwn i'/'roeddwn i'n yfed', 'neidiwn i'/'roeddwn i'n neidio' — pethau a ddigwyddodd dros amser yn y gorffennol heb y gair 'wedi'. (Y perffaith fyddai hwnnw, gweler tudalen 94).

Dyma'r terfyniadau ar gyfer berfau rheolaidd (mewn coch):

Yr amser amherffaith yw hwn.

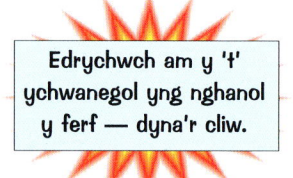

Edrychwch am y 't' ychwanegol yng nghanol y ferf — dyna'r cliw.

ich machte — gwnawn i

ich mach**te**	wir mach**ten**
du mach**test**	ihr mach**tet**
er/sie/es mach**te**	Sie/sie mach**ten**

Does dim disgwyl i chi wybod yr holl derfyniadau ar eich cof — ond mae disgwyl i chi eu hadnabod nhw, a gwybod eu bod yn golygu'r gorffennol.

Dyma'r rhai afreolaidd mwyaf cyffredin — darllenwch nhw a gwnewch yn siŵr y byddech chi'n gwybod eu bod yn cyfeirio at y gorffennol petaen nhw'n ymddangos yn yr arholiad.

Berf	Amherffaith	Cymraeg			
kommen	ich kam	*down i*	bringen	ich brachte	*down i â*
denken	ich dachte	*meddyliwn i*	nehmen	ich nahm	*cymerwn i*
fahren	ich fuhr	*gyrrwn i, awn i*	singen	ich sang	*canwn i*
gehen	ich ging	*awn i*	laufen	ich lief	*rhedwn i*
helfen	ich half	*helpwn i*	springen	ich sprang	*neidiwn i*
schreiben	ich schrieb	*ysgrifennwn i*	ziehen	ich zog	*tynnwn i*
essen	ich aß	*bwytwn i*	sein	ich war	*roeddwn i, byddwn i*
trinken	ich trank	*yfwn i*	haben	ich hatte	*roedd gen i*
sehen	ich sah	*gwelwn i*	geben	ich gab	*rhoddwn i*

Felly, ystyriwch yr amherffaith …

Ich hatte …, ich war … — Roeddwn i wedi …

Mae cythreuliaid gramadeg yn galw hyn yn amser GORBERFFAITH

Mae hyn yn golygu dweud 'roeddwn i wedi dweud helô'.
Mae'n bellach yn ôl yn y gorffennol na dweud 'dw i wedi dweud helô'.
Yn lle dweud 'ich habe gekauft' (tudalen 94) rydych chi'n dweud 'ich hatte gekauft', fel hyn:

roeddwn i/roeddet ti/roedd e wedi prynu

ich hatte gekauft	wir hatten gekauft
du hattest gekauft	ihr hattet gekauft
er/sie hatte gekauft	Sie/sie hatten gekauft

Ich hatte ein Buch gekauft.
= Roeddwn i wedi prynu llyfr.

Yn lle dweud 'ich bin gegangen' (berfau 'sein' — gweler tudalen 92), dywedwch 'ich war gegangen'.

Plîs paid â ngadael i eto!
Dim ond i'r siopau es i, y babi!

Roeddwn i/roeddet ti/roedd e/hi wedi mynd

ich war gegangen	wir waren gegangen
du warst gegangen	ihr wart gegangen
er/sie/es war gegangen	Sie/sie waren gegangen

Sie war gegangen.
= Roedd hi wedi mynd.

Ffurfiau amherffaith 'haben' a 'sein' yw'r ddwy restr hon o eiriau am 'roeddwn i', 'roeddet ti' ac ati. (Mae mwy am yr amherffaith ar frig y dudalen).

Amherffaith — digon gwir!

Dw i'n gwybod, fydd dim rhaid i chi ddefnyddio'r holl amserau onibai eich bod chi'n anelu at gael llond sach o farciau. Ond mae gen i reswm da dros sôn amdanyn nhw — os nad ydych chi'n gwybod amdanyn nhw, fyddwch chi ddim yn deall pan fydd pobl yn dweud pethau fel 'hoffai hi fwyta caws' neu 'roeddwn i wedi bwyta gormod.'

Adran 11 – Gramadeg a Phethau Cyffredinol

Fi fy hunan, ti dy hunan ac ati — BERFAU ATBLYGOL

Mae'r dudalen hon yn dweud wrthych chi sut mae dweud 'fy hunan', 'dy hunan', 'ei hunan' ac ati. Mae'n hanfodol eich bod yn dysgu'r stwff yma, achos mae yna rai berfau sy ddim yn gwneud synnwyr hebddynt.

Siarad am eich hunan — sich

Mae 'sich' yn golygu 'hunan'. Dyma'r gwahanol ffyrdd o ddweud 'hunan':

Sich = hunan

Gallwch ddweud pa ferfau sy'n gofyn am 'hunan' trwy edrych yn y geiriadur. Os ydych chi'n edrych ar 'golchi fy hun', 'ymolchi', yr Almaeneg fydd 'sich waschen'.

fy hunan:	mich	ein hunain:	uns
dy hunan:	dich	eich hunain (anffurfiol):	euch
ei hunan:	sich	eich hunan/hunain (ffurfiol):	sich
		eu hunain:	sich

Ich wasche mich — Dw i'n ymolchi (dw i'n golchi fy hunan)

Bydd yn rhaid i chi siarad am yr hyn rydych chi'n ei wneud ar ôl codi yn y bore. Felly os nad ydych chi'n gwybod sut i ddweud 'dw i'n ymolchi', bydd pobl yn meddwl eich bod yn drewi!

Cofiwch — dyw'r berfau hyn ddim yn gwneud synnwyr heb 'sich'.

sich waschen = ymolchi (golchi eich hunan)

Mae cythreuliaid gramadeg yn galw'r rhain yn ferfau atblygol.

dw i'n ymolchi =	ich wasche mich	wir waschen uns	= rydyn ni'n ymolchi
rwyt ti'n ymolchi =	du wäschst dich	ihr wäscht euch	= rydych chi'n ymolchi (anffurfiol)
mae e'n ymolchi =	er wäscht sich	Sie waschen sich	= rydych chi'n ymolchi (ffurfiol)
mae hi'n ymolchi =	sie wäscht sich	sie waschen sich	= maen nhw'n ymolchi
mae e/hi'n ymolchi (diryw) =	es wäscht sich		

Mae llawer o ferfau tebyg, ond dyma'r rhai pwysicaf. Dysgwch nhw:

- gwisgo (eich hunan): sich anziehen
- teimlo: sich fühlen
- newid dillad (newid eich hunan): sich umziehen
- esgusodi eich hunan (ymddiheuro): sich entschuldigen
- eistedd i lawr: sich setzen
- torheulo: sich sonnen

... a dysgwch sut maen nhw'n gweithio: **Ich fühle mich schlecht.** = Dw i'n teimlo'n sâl. **Ich ziehe mich an.** = Dw i'n gwisgo (fy hunan). Gyda berfau sy'n rhannu (tudalen 97), mae 'mich' yn mynd rhwng y ddwy ran.

Mae'r 'mich' yn mynd yn syth ar ôl y ferf.

Ich bürste mir die Haare — Dw i'n brwsio fy ngwallt

Gyda rhai berfau mae'n rhaid i chi ddefnyddio 'i fy hunan' neu 'i dy hunan'. Peidiwch â gwylltio — dim ond y tair yma mae'n rhaid i chi eu dysgu:

- brwsio eich gwallt: sich die Haare bürsten
- cribo eich gwallt: sich die Haare kämmen
- glanhau eich dannedd: sich die Zähne putzen

Dyma'r cyflwr derbyniol, gyda llaw.

Dyma sut mae eu rhoi nhw mewn brawddeg:

Ich putze mir die Zähne. = Dw i'n glanhau fy nannedd.

... a dyma'r rhannau rydych chi'n newid ar gyfer pob person:

i fy hunan: = mir		i'n hunain: uns
i fy hunan: mir		i'ch hunain (anffurfiol): euch
i dy hunan: dir		i'ch hunan/hunain (ffurfiol): sich
i'w hunan: sich		i'w hunain: sich

Ich habe mich gewaschen — Dw i wedi ymolchi

Mae amser perffaith y berfau hyn fwy neu lai yn rheolaidd (gweler tudalen 94) heblaw eu bod nhw i gyd yn cael eu defnyddio gyda 'haben', nid 'sein'. Yr unig beth anodd yw dyfalu ble i roi'r 'sich' — ac mae'n mynd yn syth ar ôl 'haben'.

Sie hat sich schlecht gefühlt. = Teimlodd hi'n wael.

Dyna ddigon — dw i wedi siarad cymaint, mae fy ngheg i'n 'sich' ...

Dysgwch sut mae dweud 'dw i'n ymolchi', 'rwyt ti'n ymolchi' ac ati ymhob person o'r ferf — dyna'r pwysicaf o lawer o'r berfau hyn. A phan eich bod wedi meistroli hynny, yr un yw'r drefn fwy neu lai ymhob berf 'sich'. Cadwch ati nes eich bod yn ei wybod yn drylwyr. Wedyn gwnewch yr un peth â 'dw i'n brwsio fy ngwallt'.

Adran 11 — Gramadeg a Phethau Cyffredinol

Berfau sy'n rhannu

Mae dwy ran i ferfau sy'n rhannu

Mae rhai berfau wedi eu ffurfio o ddwy ran: y brif ferf a'r rhan ar y dechrau sy'n gallu cael ei thynnu i ffwrdd.

Anwybyddwch 'ab' am y tro a defnyddiwch 'fahren' fel berf normal ...

abfahren = ymadael

... wedyn rhowch 'ab' ar y diwedd.

Ich fahre um neun Uhr ab. = Dw i'n ymadael am 9 o'r gloch.

Pan welwch chi un o'r berfau yma, meddyliwch amdani fel dau air ar wahân. Mae'n llawer haws.

Dyma ragor ohonyn nhw.
Mae'r rhannau sy'n cael eu tynnu i ffwrdd wedi eu tanlinellu.

Sie nimmt ihre Katze ins Kino mit.
= Mae hi'n mynd â'i chath gyda hi i'r sinema.

- golchi llestri: **ab**spülen
- cyrraedd: **an**kommen
- stopio: **auf**hören
- mynd allan: **aus**gehen
- dangos: **dar**stellen
- mynd i mewn: **ein**treten
- mynd â rhywbeth gyda chi: **mit**nehmen
- gwirio: **nach**sehen
- digwydd: **vor**kommen
- mynd allan/i ffwrdd: **weg**gehen
- gwylio: **zu**schauen
- rhoi yn ôl: **zurück**geben

Anodd Weithiau mae dwy ran yn cael eu hychwanegu — fel '**her**aus**kommen**' (dod allan). Mae'r ddwy ran sy'n cael eu hychwanegu yn aros gyda'i gilydd fel petaen nhw'n un rhan. **Anodd**

Mae gorffennol y berfau hyn braidd yn od

I greu gorffennol (perffaith) berf sy'n rhannu, rhaid i chi ei rhannu, wedyn ei rhoi yn ôl at ei gilydd. Gadewch y rhan flaen fel y mae hi, a rhowch y brif ran yn y gorffennol.

stopio = aufhören → aufgehört = wedi stopio

Felly mae 'ge' yng nghanol y gair..

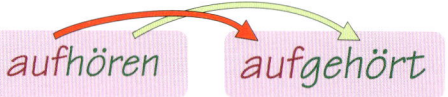

Os ydych am adolygu'r gorffennol, edrychwch ar dudalennau 94-95.

Rhowch yr 'haben' (neu 'sein') yn y lle arferol, wedyn rhowch rangymeriad y gorffennol ar y diwedd.

Dyma enghraifft: Er hat endlich aufgehört. = Mae e wedi stopio o'r diwedd.

Dyma sut mae adnabod berfau sy'n rhannu

Rhaid i chi fod yn gallu adnabod y berfau hyn os ydyn nhw'n ymddangos yn eich papur darllen neu wrando, fel eich bod chi'n gwybod beth sy'n mynd ymlaen. Edrychwch ar bob brawddeg i weld a oes berf wedi ei rhannu ynddi. Ond byddwch yn ofalus — gallen nhw fod yn y drefn anghywir gyda'r rhan gyntaf yn ail.

Dyma rai enghreifftiau gyda 'zurückfahren' (mynd yn ôl):

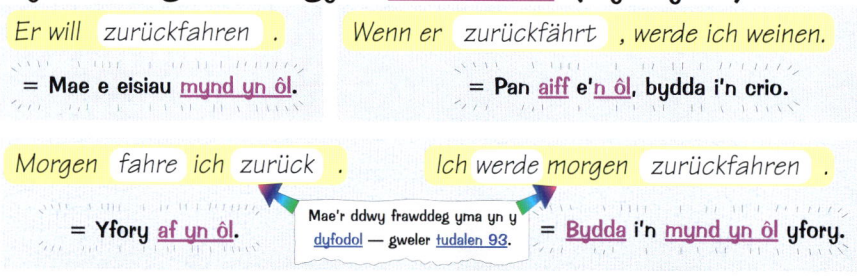

Er will zurückfahren. = Mae e eisiau mynd yn ôl.

Wenn er zurückfährt, werde ich weinen. = Pan aiff e'n ôl, bydda i'n crio.

Sie fuhr nach Berlin zurück. = Ai hi'n ôl i Berlin.

Morgen fahre ich zurück. = Yfory af yn ôl.

Ich werde morgen zurückfahren. = Bydda i'n mynd yn ôl yfory.

Mae'r ddwy frawddeg yma yn y dyfodol — gweler tudalen 93.

Gorffennol (amherffaith) 'fahren' yw hyn. Mae mwy am hyn ar dudalen 95.

Auf! — Stopiwch, mae hynny'n hört ...

Y ffordd orau i gofio hyn yw bod berf sy'n rhannu mewn gwirionedd yn ddau air ar wahân. Fel arfer maen nhw'n cael eu rhannu yn yr amser presennol, a dydych chi ddim yn eu cyfuno nhw i wneud un gair heblaw eu bod nhw wrth ochr ei gilydd. Dysgwch y dudalen hon, wedyn gorchuddiwch hi a phrofwch eich hun trwy ysgrifennu (yn Almaeneg) 'Dw i'n cyrraedd am 9.00'.

Adran 11 – Gramadeg a Phethau Cyffredinol

Sut mae dweud 'na', 'ddim' a 'neb'

Y NEGYDDOL

Gyda'r rhain, os ydych chi'n dysgu ychydig o eiriau gallwch ddweud llawer mwy.

Nicht — Ddim

Mae hyn yn syml. Ac mae'n sicr o godi yn yr arholiad yn rhywle.

'Ddim' a geiriau tebyg:
- ddim: nicht
- ddim bellach: nicht mehr
- ddim hyd yn oed: nicht einmal
- byth, erioed: nie
- ddim eto: noch nicht
- ddim unman: nirgendwo

Der Vogel wollte nicht singen. = Doedd yr aderyn ddim eisiau canu.

Ich lese nie Bücher. = Dw i byth yn darllen llyfrau.

Das mache ich nicht mehr. = Dw i ddim yn gwneud hynny bellach.

Dw i'n siwr mai 'brown' oedd y lliw ar y pecyn

Os ydych chi eisiau dweud bod jôc ddim yn glyfar nac yn ddoniol, dyma sut mae gwneud:

ddim ... na(c) ...: weder ... noch

Ihre Haare sind weder blond noch braun. = Dyw ei gwallt hi ddim yn felyn nac yn frown.

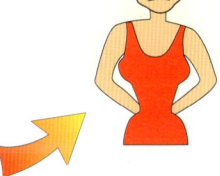

Ich habe keine Bratkartoffeln — Does gen i ddim tatws wedi ffrio

Mae 'kein' yn golygu 'dim' — fel yn y frawddeg 'Does gen i ddim tatws pob'. Pan eich bod yn ei ddefnyddio yn yr unigol, rhaid i chi newid y terfyniad yn ôl y genedl, ond yn y lluosog defnyddiwch 'keine' ar gyfer pob cenedl — hawdd.

Ond dw i ddim eisiau tatws.

Ich habe keinen Kartoffelsalat. = Does gen i ddim salad tatws.

Keine Hunde sind grün. = Does dim cŵn yn wyrdd.

Mae gan 'keine' ffurfiau eraill mewn gwahanol gyflyrau. Gweler tudalen 82 am ansoddeiriau.

Niemand — Neb ...

Rhaid i chi allu dweud 'neb' a 'dim'. Dyw e ddim yn llawer i'w ddysgu, felly does dim esgus am beidio â'i wybod.

Ich habe niemand gesehen. = Dw i ddim wedi gweld neb.

Errm, ich sehe gar nichts...

Bag Papur Gwych

- dim (byd): nichts
- neb: niemand

Rhai posibiliadau ychwanegol:
- dim byd eto: noch nichts
- dim ar ôl: nichts mehr
- neb eto: noch niemand
- neb arall: niemand anders/niemand sonst
- neb mwyach: niemand mehr

Ich sehe gar nichts. = Dw i ddim yn gweld dim o gwbl.

Gallwch chi roi 'gar' o flaen 'nicht' neu 'nichts' i'w bwysleisio — fel dweud 'dim byd o gwbl'.

Mae'n rhaid i chi allu dweud 'dim' — syml iawn ...

Mae'r stwff yma yn dyblu beth ydych chi'n gallu ei ddweud — am unryw beth rydych chi'n gallu ei ddweud yn barod, nawr gallwch chi ddweud y gwrthwyneb. 'Nicht', 'nichts' a 'keine' yw'r geiriau sylfaenol y bydd eu hangen arnoch chi, ond os ydych chi eisiau marc da, dysgwch y lleill hefyd. Gorchuddiwch y dudalen ac ysgrifennwch nhw i weld beth allwch chi gofio.

Adran 11 — Gramadeg a Phethau Cyffredinol

Y Gorchmynnol a Berfau Moddol

Rhoi gorchmynion

Mwy o ramadeg eto! Gorau po gynta y dysgwch chi hwn, er mwyn i chi allu cau'r llyfr yma am byth a byw gweddill eich bywyd!

Komm herein! — Dere/Tyrd i mewn!   Setz dich hin! — Eistedd i lawr!

Mae'r rhain yn ddefnyddiol. Dysgwch nhw.

Defnyddiwch y rhain wrth roi gorchymyn i rywun i wneud rhywbeth — yn hytrach na dweud 'dw i am i ti …'. Rydych chi'n dweud beth ydych chi am iddyn nhw wneud yn unig, heb unryw beth arall yn y frawddeg, er enghraifft 'Eistedd!' neu 'Dere/Tyrd i mewn!'

Y gorchmynnol mae cythreuliaid gramadeg yn galw hyn.

Enghraifft — dweud wrth bobl am fynd:

Berf	Gorchmynnol	Cymraeg
du gehst	➡ Geh!	Cer!/Dos!
ihr geht	➡ Geht!	Ewch! (anffurfiol, lluosog)
Sie gehen	➡ Gehen Sie!	Ewch! (ffurfiol, unigol a lluosog)
wir gehen	➡ Gehen wir!	Awn ni!

Yn ffodus, yr unig ffurf sy'n gorffen yn wahanol i'r amser presennol arferol yw'r ffurf 'du'. Mae'n colli ei derfyniad (yr '-st').

Mae'r ail golofn yn dangos sut mae newid y ferf i greu'r gorchmynnol.

Gwnewch yn siŵr eich bod chi'n dysgu'r rhain:

dere/tyrd i mewn! Komm herein!	dere/tyrd â'r ci! Bring den Hund mit!
helpa fi! Hilf mir!	gofyn i'r dyn yna! Frag den Mann da!
cymera'r llyfr! Nimm das Buch!	eistedd! Setz dich hin!

Gallaf, dylwn, rhaid i mi, dw i i fod i, dw i eisiau, hoffwn ac ati

Yn lle dweud 'Dw i'n dysgu jiwdo' gallech fod eisiau dweud 'Dylwn i ddysgu jiwdo' neu 'Dw i eisiau dysgu jiwdo'. Dyma chwe berf defnyddiol iawn y gallwch eu defnyddio i ehangu ar eich sgwrs am wneud rhywbeth.

① **wollen = eisiau**

ich will	wir wollen
du willst	ihr wollt
er will	Sie wollen
sie will	sie wollen
es will	

② **mögen = hoffi**

ich mag	wir mögen
du magst	ihr mögt
er mag	Sie mögen
sie mag	sie mögen
es mag	

(Am 'hoffwn i' — 'ich möchte', gweler tudalen 100.)

Chi gythreuliaid gramadeg: berfau moddol yw'r rhain.

③ **dürfen = cael (gwneud rhywbeth)**

ich darf	wir dürfen
du darfst	ihr dürft
er darf	Sie dürfen
sie darf	sie dürfen
es darf	

④ **können = gallu**

ich kann	wir können
du kannst	ihr könnt
er kann	Sie können
sie kann	sie können
es kann	

⑤ **sollen = bod i fod i (wneud rhywbeth)** — dylwn i, dylet ti ac ati

ich soll	wir sollen
du sollst	ihr sollt
er soll	Sie sollen
sie soll	sie sollen
es soll	

⑥ **müssen = rhaid, gorfod (gwneud rhywbeth)**

ich muss	wir müssen
du musst	ihr müsst
er muss	Sie müssen
sie muss	sie müssen
es muss	

DYMA SUT MAE EU DEFNYDDIO NHW:

Rhaid i chi ddefnyddio ffurf gywir y ferf foddol ('dw i eisiau' neu 'mae e eisiau') achos dyna'r brif ferf …

Ich muss meine Freundin anrufen.
= Rhaid i fi ffonio fy ffrind.

… ac mae eisiau berfenw'r ferf arall (gweler tudalen 90 os nad ydych chi'n siŵr am ferfenwau). Rhowch e ar ddiwedd y frawddeg.

Mae hanner cyntaf y dudalen yma yn ymwneud â rhoi gorchmynion i bobl — bydd yn rhaid i chi wybod y pethau yma er mwyn deall arwyddion a chyfarwyddiadau ac ati. Mae'r berfau ar waelod y dudalen yn ddefnyddiol iawn, felly trowch y llyfr drosodd ac ysgrifennwch nhw a chariwch ymlaen nes eich bod yn eu cael nhw i gyd yn gywir.

Adran 11 – Gramadeg a Phethau Cyffredinol

'Byddwn' a 'Hoffwn'

YR AMODOL A'R AMHERFFAITH DIBYNNOL

Rhaid cyfaddef, mae hyn yn anodd. Ond mae'n bwysig hefyd, felly os ydych chi eisiau marciau uchel, mae'n rhaid i chi ei ddysgu.

Ich würde — Byddwn i

Y gair am 'byddwn', 'byddet' ac ati yn Almaeneg yw 'würden'.

Dyma'r **AMSER AMODOL** i chi gythreuliaid gramadeg.

byddwn, byddet ac ati:

ich würde	wir würden
du würdest	ihr würdet
er/sie/es würde	Sie/sie würden

Dylech chi wybod 'gallwn' (könnten) a 'dylwn' (sollten) hefyd.

gallwn, gallet ac ati:

ich könnte	wir könnten
du könntest	ihr könntet
er/sie/es könnte	Sie/sie könnten

dylwn, dylet ac ati:

ich sollte	wir sollten
du solltest	ihr solltet
er/sie/es sollte	Sie/sie sollten

Y darnau coch yw'r rhai y mae angen i chi dalu sylw arbennig iddyn nhw.

Defnyddiwch fan hyn y ffurf sy'n golygu'n syml, 'dysgu' (y berfenw i gythreuliaid gramadeg).

Ich würde Chinesisch lernen, aber ich kann es nicht.

= Byddwn i'n dysgu Tsieinëeg ond alla i ddim.

Ich möchte — Hoffwn i

Rhaid i chi ddysgu dweud 'hoffwn'/'byddwn i'n hoffi', ac mae ychydig yn afreolaidd. Does dim angen 'würden' (byddwn) — yn y frawddeg hon — mae 'möchte' yn golygu 'byddwn i'n hoffi' neu 'hoffwn'.

Dyma amser amodol 'mögen' (hoffi).

Ich möchte fünfzig Tassen Tee, bitte.

= Hoffwn i bum deg cwpaned o de, os gwelwch yn dda.

Dim ond gyda'r cwpanau diwaelod yma allwch chi arllwys 50 cwpanaid o de heb ei fod e'n gorlifo.

Twpsyn!

ich möchte — hoffwn i

ich möchte	wir möchten
du möchtest	ihr möchtet
er/sie/es möchte	Sie/sie möchten

Ich möchte Chinesisch lernen.

= Hoffwn i ddysgu Tsieinëeg.

Dyma'r ffurf 'dysgu' eto.

Ich wäre — byddwn i   Ich hätte — byddai gen i

I ddweud 'byddwn i' neu 'byddai gen i', gallwch chi ddweud 'ich wäre' yn lle 'ich würde sein' ac 'ich hätte' yn lle 'ich würde haben' — heb ddefnyddio 'würde'.

Fel hyn:

Wenn ich eine Million Euro hätte, wäre ich sehr reich.

Maen nhw'n galw hyn yn **AMHERFFAITH DIBYNNOL**. (Mae'n swnio'n boenus ....)

= Pe byddai gen i filiwn o ewros, byddwn i'n gyfoethog iawn.

Dyma sut mae dweud byddwn, byddet, byddai ac ati a byddai gen i, byddai gennyt ti ac ati ar gyfer gwahanol bobl:

ich wäre = byddwn i

ich wäre	wir wären
du wärst	ihr wärt
er wäre	Sie wären
sie wäre	sie wären
es wäre	

ich hätte = byddai gen i

ich hätte	wir hätten
du hättest	ihr hättet
er hätte	Sie hätten
sie hätte	sie hätten
es hätte	

Os cewch chi'r holl stwff yma yn gywir yn eich arholiad byddwch chi yn Marksville, Arizona. ☺

Adran 11 – Gramadeg a Phethau Cyffredinol

BERFAU AMHERSONOL

Berfau sy'n defnyddio 'es'

Gyda rhai berfau mae'n rhaid i chi ddefnyddio '<u>es</u>'.
1) Mae'r hyn sy'n <u>gwneud</u> y weithred yn newid i rywbeth mae'r weithred yn <u>cael ei gwneud</u> iddo.
2) Felly yn lle dweud rhywbeth fel 'dw i ddim yn teimlo'n dda', rydych chi'n dweud, 'Mae'n teimlo i fi ddim yn dda.'
3) Mae'n <u>wirion</u>, dw i'n gwybod, ond dyna sut mae'n gweithio.

Wie geht es dir? — Sut wyt ti?

Mae'n edrych yn <u>ofnadwy</u> ond y cwbl y mae angen i chi ei wneud yw dysgu'r <u>ymadroddion</u> hyn.

Talfyriad am 'geht es'

Mir geht's gut. = Dw i'n iawn.

Mae'n edrych yn od ond mae'n <u>rhaid</u> i chi ei ddysgu — a pheidiwch <u>byth</u> â dweud 'ich bin gut' os ydych chi eisiau dweud 'dw i'n iawn'.

Es geht mir nicht so gut. = Dw i ddim yn teimlo'n dda.

Dw i ddim yn teimlo'n dda.

Ymadroddion defnyddiol eraill sy'n defnyddio 'es'

Dyma fwy o'r berfau lletchwith yma. Ydyn, maen nhw'n <u>rhyfedd</u>, ond wedi i chi eu dysgu nhw'n <u>iawn</u>, byddan nhw'n <u>hawdd</u>.

Esgusodwch fi! Mae'n dwym fan hyn.

Ist es dir zu warm? = Ydy hi'n rhy dwym i ti?

oer: kalt

Ond: dywedwch '<u>mir ist warm</u>' am 'dw i'n dwym' (nid 'es ist mir warm').

Es regnet. = Mae'n bwrw glaw.

Bydd hyn yn ddefnyddiol wrth siarad am y tywydd — gweler tudalen 12.

Es gibt viel zu tun. = Mae llawer i'w wneud.

Es gefällt mir in München. = Dw i'n ei hoffi hi yn Munich.

Mae 'es gefällt mir ...' yn golygu 'dw i'n hoffi ...'

Mae'n flin gen i nad ydw i'n rhydd hefyd

Es tut mir Leid, aber heute habe ich nicht frei. = Mae'n ddrwg gen i ond dw i ddim yn rhydd heddiw.

Mae 'es tut mir Leid' yn golygu 'mae'n ddrwg gen i'.

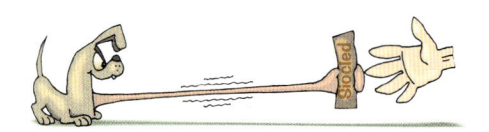

Schmeckt's, die Schokolade? = Wyt ti'n hoffi'r siocled?

Sut mae'n mynd ar orsaf ofod Mir? — Mir geht's gut ...

Mae gramadeg yn gallu bod yn frawychus. Ond os dysgwch chi'r holl ymadroddion ar y tudalennau hyn, bydd popeth yn haws. Os gallwch chi siarad Almaeneg yn yr arholiad, fe wnewch chi'n iawn — dydyn nhw ddim yn mynd i ddweud 'Am dri marc, beth yw berf amhersonol?' Dysgwch yr ymadroddion.

Adran 11 – Gramadeg a Phethau Cyffredinol

Pethau Amrywiol

Mwy o bethau amrywiol y mae gwir angen i chi eu dysgu.

Um ... zu — Er mwyn

Mae hon yn ffordd ddefnyddiol o ddweud 'er mwyn'. Rhaid i chi allu deall hyn os ydych chi'n ei glywed, ond does dim rhaid i chi ei ddefnyddio eich hunan.

> Um diesen Satz zu verstehen, muss man deutsch können.

= Er mwyn deall y frawddeg hon, rhaid i chi fod yn gallu siarad Almaeneg.

> Er geht jeden Tag schwimmen, um fit zu werden.

= Mae'n mynd i nofio bob dydd er mwyn dod yn heini.

Mae'r ferf sydd yn y berfenw yn dod ar ôl y 'zu'.

Anwybyddwch zu o flaen berf os nad oes um

Pan fod berfau yn cysylltu â berfenw yn y frawddeg, mae 'zu' weithiau o flaen y berfenw. Rhaid i chi ddeall hyn, ond does dim rhaid i chi ei ddefnyddio — gallwch fwy neu lai ei anwybyddu pan welwch chi e.

> Ich versuche, den besten Satz in der Welt zu schreiben.

= Dw i'n ceisio ysgrifennu'r frawddeg orau yn y byd.

Os yw hon yn ferf foddol (ee 'ich kann') does dim angen y 'zu' fan hyn.

> Die Stunde beginnt, langweilig zu werden.

= Mae'r wers yma yn dechrau mynd yn ddiflas.

Gyda rhai berfau fel 'ich kann' does dim angen 'zu' cyn yr ail ferf — maen nhw'n cael eu galw'n ferfau moddol: gweler tudalen 99.

Mae lassen yn gallu cael ei ddefnyddio gyda berfau eraill

Os gwelwch chi 'lassen' gyda berf arall, efallai na fydd yn golygu 'gadael'/'caniatáu'. Mae'n gallu cael ei ddefnyddio mewn ymadroddion fel 'cael rhywbeth wedi ei wneud':

> Er hat sich die Haare schneiden lassen.

= Mae e wedi cael ei wallt wedi torri.

> Katja lässt dich grüßen.

= Mae Katja yn cofio atat ti.

Cododd gwallt Hermann ofn ar y dyn trin gwallt...

Falls — rhag ofn ...   Seitdem — ers

Mae 'falls' yn golygu 'rhag ofn'. Mae braidd yn anodd i'w ddefnyddio oherwydd mae'n newid ble mae'r ferf yn mynd yn y frawddeg, ond peidiwch â phoeni — does dim rhaid ei ddefnyddio, dim ond ei ddeall.

> Ich nehme ein Buch mit, falls der Zug Verspätung hat.

= Dw i'n mynd â llyfr gyda fi, rhag ofn bod y trên yn hwyr.

Mae 'seitdem' yn golygu 'ers', ac mae'n debyg:

> Er sagt mir nichts mehr, seitdem sein bester Freund hier ist.

= Dyw e ddim wedi dweud dim byd wrthof fi, ers i'w ffrind gorau fod yma.

Cymysgedd od o eiriau, efallai, ond mae'n rhaid i chi eu dysgu. Gallen nhw godi yn unrhyw un o'r arholiadau — dysgwch nhw nawr rhag iddyn nhw eich drysu os ydyn nhw'n codi yn yr arholiad.

Adran 11 – Gramadeg a Phethau Cyffredinol

Crynodeb Adolygu

Mae'r stwff yn yr adran hon yn eich cynorthwyo i greu ymadroddion er mwyn dweud yr hyn rydych chi eisiau ei ddweud. Y ffordd o wneud yn siŵr eich bod chi wedi ei ddysgu yw gwirio eich bod yn gallu ateb yr holl gwestiynau yma. Rhowch dro arnyn nhw i gyd a chwiliwch am ateb unryw rai na allwch chi eu gwneud. Wedyn rhowch dro arall. Cariwch ymlaen nes eich bod chi'n gallu eu hateb nhw i gyd. WEDYN byddwch chi'n gwybod y cwbl yn drylwyr.

A'r pethau glas yw'r rhai anodd.

1) Dyma frawddeg: 'Einstein hat zwei Kartoffeln' (Mae gan Einstein ddwy daten.). Ydy:
   a. 'Einstein' yn y goddrychol neu'r gwrthrychol?
   b. 'zwei Kartoffeln' yn y goddrychol neu'r gwrthrychol?

2) Dyma frawddeg arall: 'Meine Mutter spricht mit der Ärztin' (Mae fy mam yn siarad â'r meddyg). Ydy 'Ärztin' yn y goddrychol, y gwrthrychol, y derbyniol neu'r genidol?

3) Yn y frawddeg hon, 'Ich mag den Wagen meines Bruders' (Dw i'n hoffi car fy mrawd), ydy 'meines Bruders' yn y goddrychol, y gwrthrychol, y derbyniol neu'r genidol?

4) Pryd dylech chi ddefnyddio llythyren fawr yn Almaeneg? Dewiswch ddau o'r canlynol:
   a) Ar ddechrau brawddeg.   b) Dim ond ar gyfer enwau llefydd ac enwau pobl.
   c) Ar gyfer enwau llefydd, enwau pobl, gwrthrychau, misoedd a dyddiau'r wythnos.

5) Beth yw'r gair Almaeneg am a) a   b) neu   c) ond?

6) Defnyddiwch y gair Almaeneg am 'a' i droi'r ddwy frawddeg yma yn un frawddeg sy'n dweud 'Mae gen i gath a chi.' 'Ich habe eine Katze.' = Mae gen i gath. 'Ich habe einen Hund.' = Mae gen i gi.

7) Beth yw'r geiriau am 'y' ac 'un'/'rhyw' sy'n mynd gyda phob un o'r geiriau hyn yn y goddrychol?
   a) Kopf (gwrywaidd)   b) Hand (benywaidd)   c) Knie (diryw)

8) Beth yw'r geiriau am 'y' ac 'un'/'rhyw' sy'n mynd gyda'r geiriau yng nghwestiwn 7 yn y gwrthrychol?

9) Beth yw'r geiriau Almaeneg am a) fy, b) ein, c) ei ... ef ? (yn y goddrychol ac ymhob cenedl)

10) Mae'r frawddeg hon yn golygu 'Dw i'n siarad Almaeneg' — 'Ich spreche Deutsch'. Yr Almaeneg am 'yn dda' yw 'gut'. Sut byddech chi'n newid y frawddeg i olygu 'Dw i'n siarad Almaeneg yn dda'? Sut byddech chi'n newid y frawddeg i olygu 'Dw i'n siarad Almaeneg yn dda iawn'?

11) Sut byddech chi'n dweud 'Mae Dafydd yn dalach na fi' yn Almaeneg? Sut byddech chi'n dweud 'Dafydd yw'r talaf'?

12) Mae'r frawddeg hon yn golygu 'Dw i'n siarad yn araf' — 'Ich spreche langsam'. Sut byddech chi'n dweud 'Fi sy'n siarad fwyaf araf'?

13) Beth yw'r geiriau Almaeneg am 'fi', 'ti', 'ef', 'hi', 'ni', 'chi' (ffurfiol unigol a lluosog ac anffurfiol lluosog) a 'nhw' yn:
    a) y goddrychol   b) y gwrthrychol   c) y derbyniol?

14) Beth yw ystyr y geiriau Almaeneg yma? a) man b) jemand c) niemand.

15) Beth yw ystyr pob un o'r ymadroddion hyn? a) 'Ich schreibe Deutsch' b) 'Ich habe Deutsch geschrieben'
    c) 'Ich schrieb Deutsch' ch) 'Ich will Deutsch schreiben' d) 'Ich werde Deutsch schreiben'
    dd) 'Ich würde Deutsch schreiben'.

16) Sut ydych chi'n dweud y pethau hyn yn Almaeneg?
    a) 'Byddaf fi'n ysgrifennu Almaeneg flwyddyn nesaf.'   b) 'Roeddwn i wedi ysgrifennu Almaeneg.'

17) Sut byddech chi'n dweud y pethau yma yn Almaeneg?
    a) Mae gen i   b) Mae gyda hi   c) Mae gyda nhw   ch) Dw i   d) Mae e   dd) Rydyn ni

18) Llenwch y geiriau coll yn Almaeneg. Mae'r un cyntaf wedi ei wneud: a) gwneud = machen, wedi gwneud = gemacht
    b) prynu = kaufen, wedi prynu = ?   c) gofyn = fragen, wedi gofyn = ?
    ch) cysgu = schlafen, wedi cysgu = ?   d) yfed = trinken, wedi yfed = ?

19) Sut ydych chi'n dweud y pethau yma yn Almaeneg? a) Dw i wedi mynd b) Dw i wedi dod

20) Beth yw'r geiriau Almaeneg am: a) fy hunan b) dy hunan c) ein hunain ch) eich hunan (ffurfiol).

21) Sut ydych chi'n dweud y rhain yn Almaeneg? a) Dere/Tyrd i mewn! b) Helpa fi! c) Eistedd!

22) Beth yw ystyr y rhain yn Gymraeg? a) Wie geht es dir? b) Schmeckt's dir? c) Es tut mir Leid.

23) Ysgrifennwch, ar gyfer pob un o'r geiriau hyn, frawddeg Almaeneg sy'n ei gynnwys a) nicht b) nichts.

24) Y gair Almaeneg am 'frodyr' yw 'Brüder'. Sut byddech chi'n dweud yn Almaeneg, 'Does gen i ddim brodyr'?

25) Beth mae'r geiriau hyn yn ei olygu yn Gymraeg? a) falls b) seitdem

Adran 11 – Gramadeg a Phethau Cyffredinol

A
ab arddodiad + derbyniol o
Abend g (-e) noson, noswaith
Abendessen (t.16) d swper
abends gyda'r nos, fin nos
aber (t.80) cysylltair ond
abfahren (t.14,24,97), berf afreolaidd sy'n rhannu gadael, ymadael
Abfahrt (t.24,25) b (-en) ymadawiad
Abflug m ymadawiad (awyren)
abholen berf sy'n rhannu nôl, casglu, cyfarfod â
Abitur (t.34) d tebyg i Lefel Uwch
ablegen berf sy'n rhannu rhoi i lawr/i ffwrdd
abnehmen berf afreolaidd sy'n rhannu colli pwysau
abräumen berf sy'n rhannu clirio'r bwrdd
Abreise b (-n) ymadawiad
abreisen (t.34) berf sy'n rhannu ymadael, mynd i ffwrdd, teithio
abschließen berf afreolaidd sy'n rhannu cau, cloi, gorffen (astudio)
Abschlussprüfung b (-en) arholiad terfynol
Absender/in g/b (–, -nen) anfonwr
abspülen berf sy'n rhannu golchi'r llestri
abstauben berf sy'n rhannu tynnu llwch, glanhau
Abteilung b (-en) adran
abtrocknen berf sy'n rhannu sychu'r llestri
Achtung b Cymerwch ofal!
Adresse b (-n) cyfeiriad
Ahnung b (-en) syniad
alle (t.1) ansoddair i gyd, holl
Allee b (-n) rhodfa
allein ansoddair, adferf unig, yn unig
allerlei ansoddair pob math o
alles rhagenw popeth
als (t.80) cysylltair pan, na
also cysylltair felly
alt (tt.83,85) ansoddair hen
Alter d oed
altmodisch ansoddair henffasiwn
am besten (t.85) ansoddair gorau
am liebsten ansoddair (hoffi) fwyaf
am meisten adferf gan amlaf, fwyaf
Ampel (t.22) b (-n) goleuadau traffig
Amt d (¨er) swydd, swyddfa
amüsieren (sich) berf mwynhau, cael hwyl
an (t.77,86) arddodiad + gwrthrychol/ derbyniol ar, wrth, wrth ymyl
an ... (derbyniol) vorbei heibio
an Bord g ar fwrdd
andere/r/s ansoddair (t.1) arall, eraill
anders ansoddair gwahanol
anderthalb ansoddair un a hanner
Anfang g (¨e) dechrau, dechreuad
anfangen berf afreolaidd sy'n rhannu dechrau
Anfänger/in g/b (–, -nen) dechreuwr/aig
Angebot d (-e) cynnig
angeln (tt.36,91) berf pysgota
angenehm ansoddair hyfryd
Angst b (¨e) ofn
ankommen (t.24) berf afreolaidd sy'n rhannu cyrraedd
Ankunft (tt.24,25) b (¨e) cyrhaeddiad
anmachen berf sy'n rhannu troi arno
annehmen berf afreolaidd sy'n rhannu derbyn, tybio
anprobieren berf sy'n rhannu trio (dillad) arno
Anruf g (-e) galwad ffôn
anrufen berf afreolaidd sy'n rhannu ffonio
Ansage b (-en) cyhoeddiad
anschauen berf sy'n rhannu edrych ar
Anschrift b (-en) cyfeiriad
ansehen berf afreolaidd sy'n rhannu edrych ar
Ansichtskarte b (-n) cerdyn post
Antwort b (-en) ateb
antworten (t. 92) berf ateb
Anzahl b nifer
Anzeige b (-n) hysbyseb (ysgrifenedig)
anziehen (sich) berf afreolaidd sy'n rhannu gwisgo
Anzug (t.47) g (¨e) siwt
Apfel (t.48) g (¨) afal
Apfelsaft (t.48) g sudd afal
Apfelsine (t.48) b (-n) oren
Apotheke (tt.21,44) b fferyllfa
Apparat (t.64) g (-e) peiriant, ffôn
Aprikose b (-n) bricyllen
April (t.3) g Ebrill
Arbeit b (-en) gwaith
arbeiten berf gweithio
Arbeiter/in g/b (–, -nen) gweithiwr/aig
arbeitslos ansoddair diwaith
Arbeitslosigkeit b diweithdra
ärgerlich ansoddair diflas, blin
arm ansoddair tlawd, truenus
Arm g (-e) braich
Armbanduhr b (-en) wats, oriawr
Artikel g (–) erthygl, eitem, gwrthrych
Arzt/Ärztin (t.32) g/b (¨e, -nen) meddyg
auf (tt.44,86) arddodiad + gwrthrychol/ derbyniol ar, ar ben
Aufgabe b (-n) tasg, ymarfer
aufgeben berf afreolaidd sy'n rhannu rhoi i fyny, ildio
aufhören (t.97) berf sy'n rhannu stopio, rhoi'r gorau i
aufmachen (t.38) berf sy'n rhannu agor
aufpassen berf sy'n rhannu cymryd sylw, bod yn ofalus
aufräumen berf sy'n rhannu tacluso
aufschreiben berf afreolaidd sy'n rhannu ysgrifennu
aufstehen berf afreolaidd sy'n rhannu codi
aufstellen berf sy'n rhannu rhoi i fyny, gosod
aufwachen berf sy'n rhannu dihuno, deffro
Aufzug g (¨e) lifft
Auge d (-n) llygad
August (t.3) g Awst
aus (tt.39,86) arddodiad + derbyniol o, allan o
Ausfahrt b (-en) allanfa, ymadawiad, gwibdaith
Ausflug (t.17) g (¨e) gwibdaith
Ausgang g allanfa
ausgeben berf afreolaidd sy'n rhannu gwario, rhoi allan
ausgehen (t.36) berf afreolaidd sy'n rhannu mynd allan
ausgezeichnet (tt.7,37,42) ansoddair ardderchog
Auskunft b (¨e) gwybodaeth
Ausland (t.14) d dramor
auspacken berf sy'n rhannu dadbacio
ausrichten (t.64) berf sy'n rhannu rhoi (neges)
aussehen berf afreolaidd sy'n rhannu edrych yn/fel
Aussicht b (-en) golwg, golygfa, rhagolwg
aussteigen (t.24) berf afreolaidd sy'n rhannu disgyn, dod oddi ar (trafnidiaeth)
Ausstieg g disgyniad
Austausch g (-e) cyfnewid
ausverkauft (t.47) wedi gwerthu allan
Ausweis g (-e) cerdyn adnabod
ausziehen (sich) berf sy'n rhannu dadwisgo
Auto (t. 25) d (-s) car
Autobahn b (-en) traffordd
Automat g (-en) peiriant

B
Baby d (-s) babi
backen berf afreolaidd pobi, crasu
Bäcker/in g/b (–, -nen) pobydd
Bäckerei (tt.21,44) b(-en) popty, siop fara
Bad (t.14) d (¨er) bath/ystafell ymolchi
Badeanzug g (¨e) siwt nofio
Badehose b trowsus nofio
Badezimmer d (–) ystafell ymolchi
Badminton (t.36) d badminton
Bahn b rheilffordd
Bahnhof, Bhf (t.21) g (¨e) gorsaf
Bahnsteig g (-e) platfform
bald adferf yn fuan, cyn bo hir
Banane (t.48) b (-n) banana
Band (tt.30,36,42) b (-s) band, grŵp
Bank (t.21) b (-en) banc
Banknote b (-n) papur banc,arian papur
Bar b (-s) bar (yfed)
Bart g (¨e) barf
basteln berf gwneud (crefft)
Batterie b (-n) bateri
Bauch g (¨e) stumog
bauen berf adeiladu
Bauer g (-n) ffermwr
Bauernhof g (¨e) fferm
Baum g (¨e) coeden
Baumwolle b cotwm
Baustelle b (-n) safle adeiladu
Bayern d Bafaria
Beamter/Beamtin (t.32) g/b swyddog, gwas sifil
beantworten berf ateb
Becher g (–) cwpan, gwydryn
bedeckt ansoddair wedi gorchuddio, cymylog
bedeuten berf golygu
bedienen berf gweini ar, gwasanaethu
Bedienung (t.52) b gwasanaeth
beeilen (sich) berf brysio
befreundet ansoddair + mit yn ffrindiau gyda
begeistert ansoddair brwd, brwdfrydig
Beginn g dechreuad, dechrau
beginnen berf dechrau
behalten berf afreolaidd cadw
behilflich ansoddair cymwynasgar, parod i helpu
bei (t.86) arddodiad + derbyniol yn agos i, ger, wrth, yn nhŷ ..., yn siop ...
beide (t.1) rhagenw y ddau, y ddwy
Bein d (-e) coes
Beispiel d (-e) esiampl
beißen berf afreolaidd cnoi
bekannt ansoddair adnabyddus, hysbys
Bekannte/r cydnabod, ffrind
bekommen (t.15) berf afreolaidd cael, derbyn
beliebt ansoddair poblogaidd
bemerken berf sylwi
Benzin d petrol
bequem ansoddair cyfforddus
bereit ansoddair parod
Berg g (-e) mynydd
Beruf g (-e) swydd
berühmt ansoddair enwog, adnabyddus
beschäftigt ansoddair prysur
beschreiben berf afreolaidd disgrifio
besetzt ansoddair mewn defnydd
besonders (t.50) adferf yn arbennig, yn enwedig
besser (t.85) ansoddair gwell
bestätigen berf cadarnhau
Besteck d cyllyll a ffyrc
bestehen berf afreolaidd pasio (arholiad)
bestehen aus berf afreolaidd cynnwys
bestellen berf archebu
bestimmt adferf yn bendant
Besuch g (-e) ymweliad
besuchen berf ymweld â
betrunken ansoddair meddw
Bett d (-en) gwely
Bettzeug d cynfasau gwely
bevor (t.80) cysylltair cyn
bewölkt (t.12) ansoddair cymylog
bezahlen berf talu
Bibliothek (tt.21,32) b (-en) llyfrgell
biegen berf afreolaidd plygu
Bier (t.48) d (-e) cwrw
bieten berf afreolaidd cynnig
Bild d (-er) llun, darlun
billig ansoddair rhad
Biologie (t.28) b bioleg
Birne (t.48) b (-n) gellygen, bylb (golau)
bis (tt.80,86) arddodiad + derbyniol hyd at, tan, nes
bisschen (t.50) rhagenw ychydig
blass ansoddair gwelw
Blatt d (¨er) deilen, dalen
blau (t.45) ansoddair glas
bleiben (tt.14,15) berf afreolaidd aros
Bleistift g (-e) pensil
Blitz g (-e) mellten
Blödsinn g twpdra, rwtsh, sothach
Blume b (-n) blodyn
Blumenkohl (t.48) g (-e) blodfresych
Bluse (t.47) (-n) blows
Blut d gwaed
Blutdruck g pwysedd gwaed
bluten berf gwaedu
Boden g llawr, daear
Bohne b (-n) ffeuen
Bonbon d neu g (-s) losin, fferen
Boot (tt.19,25) d (-e) cwch, bad
böse ansoddair cas, dig, crac
Brat- wedi rhostio
brauchen berf bod mewn angen
braun ansoddair brown
brav ansoddair yn ymddwyn yn dda
breit (t.83) ansoddair llydan
Bremse b (-n) brêc
bremsen berf brecio
brennen berf afreolaidd llosgi
Brief (t.65) g (-e) llythyr
Brieffreund/in g/b (-e, -nen) ffrind llythyru
Briefkasten (t.65) g (¨) blwch post
Briefmarke (tt.30, 65) b (-n) stamp
Briefträger/in (t.32) g/b (–, -nen) postmon
Brille b (-n) sbectol
bringen berf afreolaidd dod â, mynd â
Broschüre (t.17) b (-n) llyfryn, pamffled
Brot (t.48) d (-e) bara
Brötchen (t.48) d (–) rhôl fara
Brücke b (-n) pont
Bruder (t.55) g (¨) brawd
Buch (t.42) d (¨er) llyfr
buchen (t.91) berf bwcio
Bücherei b (-en) llyfrgell
Buchhandlung b (-en) siop lyfrau
buchstabieren (t. 31) berf sillafu
Bude b (-n) stondin, ystafell, fflat
Bundesländer d, lluosog Taleithiau'r Almaen
Bundesrepublik, BRD b Gweriniaeth Ffederal Yr Almaen
Bundesstraße b (-n) ffordd ffederal
Bungalow g (-s) byngalo
bunt ansoddair lliwgar
Burg b (-en) castell
Büro b (-s) swyddfa
Bus (t.25) g (-se) bws
Bushaltestelle (t.25) b (-n) arhosfan bysiau
Butter (t.48,50) b menyn
Butterbrot d (-e) brechdan
bzw = beziehungsweise neu, hynny yw

C
Café d (-s) caffi
Campingplatz (t.14) g (¨e) gwersyll
Cello (t.36) d (Celli) soddgrwth
Chef/in g/b (-s, -nen) bos, pennaeth
Chemie (t.28) cemeg
Chips gll creision
Cousin g (-s) cefnder

D
da adferf yno, yna
dabei adferf gydag ef, wrth wneud hynny, eto i gyd
damals adferf bryd hynny
damit (t.80) adferf er mwyn, fel bod
dann adferf yna, wedyn
dass (t.80) cysylltair bod, mai, taw
Datum d (Daten) dyddiad, ffaith
Dauer b hyd, parhad
dauern berf parhau
dazu (t.6) adferf gydag ef, iddo ef, ato ef
Decke b (-n) nenfwd
dein (tt.66,83) rhagenw dy
denken (tt.6,42) berf afreolaidd meddwl
denn (tt.7,80) cysylltair achos, oherwydd
deutlich ansoddair/adferf clir, eglur
deutsch ansoddair Almaenig
Deutsch (t.28) d Almaeneg (iaith)
Deutsche/r (t.13) g/b Almaenwr/aig
Dezember (t.3) g Rhagfyr
dick ansoddair tew
Dieb g (-e) lleidr
Diele b (-n) cyntedd
dienen berf (+ derbyniol) gwasanaethu
Dienstag (t.2) g dydd Mawrth
diese/r/s (tt.3,76) hwn, hon, hyn
diesmal adferf y tro hwn, y tro yma
direkt ansoddair/adferf uniongyrchol
Diskothek (t.18) b (-en) disgo
doch cysylltair ie, ydy (yn anghytuno â'r hyn a ddywedwyd)
Dokumentarfilm g (-e) ffilm ddogfen
Dokumentarsendung b (-en) rhaglen ddogfen
Dom (t.21) g (-e) eglwys gadeiriol
Donner g taran
donnern (t.12) berf taranu
Donnerstag (t.2) g dydd Iau
doof ansoddair twp, gwirion
Doppelhaus d (¨er) tŷ un talcen
Doppelzimmer (tt.14,15) d (–) ystafell ddwbl
Dorf d (¨er) pentref
dort adferf yno, yna
dort drüben adferf draw fan yna, draw fan acw
Dose b (-n) tun
Drama d (Dramen) drama
draußen (tt.16,52) adferf y tu allan
dreckig ansoddair brwnt
drehen berf troi
drinnen (t.52) adferf y tu fewn
Drogerie (tt.21,44) b (-n) fferyllfa
drücken berf gwasgu, pwyso
Dschungel g (–) jyngl
dumm ansoddair twp, gwirion, hurt
dunkel (t.45) ansoddair tywyll
dünn ansoddair tenau
durch (t.86) arddodiad + gwrthrychol trwy, gan
Durchfall g dolur rhydd
durchfallen berf afreolaidd sy'n rhannu methu (arholiad)
Durst (t.49) g syched
durstig ansoddair sychedig
Dusche (t.14) b (-n) cawod
duschen berf cael cawod

E
eben adferf, ansoddair newydd, yn gymwys, yn hollol, llyfn
ebenso adferf (+ wie) yr un mor
Ecke (t.22) b (-n) cornel
egal ansoddair yr un peth, dim gwahaniaeth
Ei (t.48) d (-er) wy
eigene/r/s ansoddair fy hunan, dy hunan ac ati
eilen berf brysio
einander rhagenw ei/ein/eich gilydd
Einbahnstraße b (-n) heol unffordd
ein bisschen ychydig
einbrechen berf afreolaidd sy'n rhannu torri i mewn, bwrglera
ein Paar d (-e) pâr
ein paar ansoddair rhai, ychydig
einfach (tt.24,83) ansoddair hawdd, syml, un ffordd (tocyn)
Einfahrt b (-en) mynediad/cyrhaeddiad (trên)
einfallen berf afreolaidd sy'n rhannu + derbyniol dod i feddwl rhywun, taro
Eingang g (¨e) mynedfa
einige rhagenw rhai, ychydig
einkaufen berf sy'n rhannu siopa
Einkaufszentrum (t.44) d (-zentren) canolfan siopa
einladen berf afreolaidd sy'n rhannu gwahodd
Einladung b (-en) gwahoddiad
einmal (t.24) adferf unwaith
einpacken berf sy'n rhannu pacio
einschlafen berf afreolaidd sy'n rhannu mynd i gysgu
einschl. (= einschließlich) ansoddair yn cynnwys
einsteigen (t.24) berf afreolaidd sy'n rhannu mynd ar, mynd i mewn i, esgyn ar (cerbyd)
Einstieg g mynediad
Eintritt g (-e) (tâl) mynediad
Eintrittskarte (t.40) b (-n) tocyn mynediad
einverstanden ansoddair yn cytuno
einwerfen berf afreolaidd sy'n rhannu torri (ffenest), postio (llythyr)
Einwohner g (–) trigolyn
Einzelkind d (-er) unig blentyn
einzeln ansoddair sengl, unig
Einzelzimmer d (–) ystafell sengl
Eis (t.48) d iâ, rhew, hufen iâ
Elektriker/in g/b (–, -/nen) trydanwr/aig
Elektrizität b trydan
Eltern ll rhieni
empfehlen berf afreolaidd argymell, cymeradwyo
Ende d diwedd
enden berf gorffen, dod i ben
endlich adferf o'r diwedd
Engländer/in (t.13) g/b (–, -nen) Sais/Saesnes
enorm ansoddair/adferf (yn) enfawr, anferth
entfernt ansoddair i ffwrdd
entlang (t.86) arddodiad + gwrthrychol ar hyd
Entschuldigung (t.4) b (-en) ymddiheuriad, Esgusodwch fi!, Mae'n ddrwg gen i!
entspannen (sich) berf ymlacio
enttäuscht ansoddair siomedig, wedi siomi
entwerten berf stampio (tocyn)
Entwerter g peiriant stampio tocynnau
Erbse (t.48) b (-n) pysen
Erdbeere (t.48) b (-n) mefusen
Erde b daear
Erdgeschoss d llawr isaf
Erdkunde b daearyddiaeth
Erfrischungen ll diodydd meddal
Ergebnis d (-se) canlyniad
erkältet ansoddair anwydog
erkennen berf afreolaidd adnabod, sylweddoli, deall
erklären (t.91) berf egluro, esbonio, datgan
erlauben berf caniatáu
Ermäßigung (t.47) b (-en) gostyngiad
ernst ansoddair difrifol, dwys
erreichen berf cyrraedd, cyflawni, dal (bws, trên)
erst adferf ddim tan
erstaunt ansoddair wedi synnu, syfrdan
Erwachsene/r oedolyn
erzählen berf dweud, adrodd
es gibt mae yna
essen (t.92) berf afreolaidd bwyta
Essen d bwyd
Esszimmer d (–) ystafell fwyta
Etage b (-n) llawr
etwa adferf tua, oddeutu
etwas (t.84) rhagenw rhywbeth
euer (t.83) rhagenw eich (lluosog anffurfiol)
Europa d Ewrop
evangelisch ansoddair Protestannaidd

F
fabelhaft (t.7) ansoddair gwych
Fabrik b (-en) ffatri
Fabrikarbeiter/in g/b (–, -nen) gweithiwr/aig mewn ffatri
Fach d (¨er) pwnc
Fahrausweis g (-e) tocyn/trwydded yrru
fahren (tt.36,92) berf afreolaidd mynd, gyrru
Fähre b (-n) fferi
Fahrer g (–) gyrrwr
Fahrgast g (¨e) teithiwr
Fahrkarte (t.24) b (-n) tocyn
Fahrkartenschalter g (–) ffenest docynnau
Fahrplan (t.24) g (¨e) amserlen
Fahrrad (tt.19,25) d (¨er) beic
Fahrschein g (-e) tocyn
Fahrstuhl g (¨e) lifft
Fahrt (-en) b taith
Fahrzeug d (-e) cerbyd
Fall (t.102) g (¨e) achos
fallen berf afreolaidd cwympo
falsch ansoddair anghywir
Familie b (-n) teulu
Familienname g (-n) cyfenw
Fan (t.36) g (–) cefnogwr
fantastisch (t.7) ansoddair gwych, ffantastig
Farbe (t.45) b (-n) lliw
fast (t.7) adferf bron
faul ansoddair diog
Februar (t.3) g Chwefror
Federball g badminton
Fehler g (–) camgymeriad, gwall

enwau — g: gwrywaidd b: benywaidd d: diryw ll: lluosog
GEIRIADUR ALMAENEG - CYMRAEG

Feierabend g *noson (amser hamdden ar ôl ysgol gwaith)*
feiern (t.91) berf *dathlu*
Feiertag g (-e) *gŵyl*
fein ansoddair *cain, cynnil, cywrain*
Feld d (-er) *cae, maes*
Fenster d (–) *ffenest*
Ferien ll *gwyliau*
fern ansoddair *pell*
Fernsehapparat g (-e) *set deledu*
Fernsehen d *teledu (y rhaglenni)*
fernsehen (t.41) berf afreolaidd *gwylio'r teledu*
Fernseher g (–) *set deledu*
Fernsprechen d *ffonio*
Fest d (-e) *gŵyl*
Feuer (t.15) d (–) *tân*
Feuerwehr b *brigâd dân*
Fieber (t.61) d *twymyn, tymheredd uchel*
Film (tt.36,42) g (-e) *ffilm*
finden (t.6) berf afreolaidd *dod o hyd i*
Finger g (–) *bys*
Firma b (Firmen) *cwmni*
Fisch g (-e) *pysgodyn*
fit ansoddair *heini, ffit*
Fitnesszentrum (t.36) d (-zentren) *canolfan ffitrwydd*
flach ansoddair *gwastad*
Flasche b (-n) *potel*
Fleisch (t.48) d *cig*
fleißig ansoddair *gweithgar, diwyd*
fliegen berf afreolaidd *hedfan*
fließen berf afreolaidd *llifo*
Flug g (¨e) *ehediad*
Flughafen (tt.21,25) g (¨) *maes awyr*
Flugzeug (tt.19,25) d (-e) *awyren*
Flur g (-e) *coridor, cyntedd*
Fluss g (¨e) *afon*
folgen (t.92) berf + derbyniol *dilyn*
Form b (-en) *ffurf, siâp*
Formular d (-e) *ffurflen*
fort adferf *i ffwrdd*
Foto d (-s) *llun, ffoto*
fotografieren berf *cymryd/tynnu llun*
Frage b (-n) *cwestiwn*
fragen (t.91) berf afreolaidd *gofyn*
Frankreich (t.13) d *Ffrainc*
Franzose (t.13) g (-n) *Ffrancwr*
Französin (t.13) b (-nen) *Ffrances*
Französisch (t.28) d *Ffrangeg (iaith)*
frech ansoddair *digywilydd, eofn*
frei ansoddair *rhydd*
Freitag (t.2) g *dydd Gwener*
Freizeit (t.37) b *amser hamdden, amser rhydd*
fremd ansoddair *dieithr, estron*
Fremdsprache b (-n) *iaith estron, iaith dramor*
freuen berf *plesio (sich freuen – bod yn falch)*
Freund/in g/b (-e,-nen) *ffrind, cyfaill*
freundlich ansoddair *cyfeillgar*
frieren berf *rhewi*
frisch ansoddair *ffres*
Friseur/Friseuse g/b (-e, -n) *person trin gwallt*
froh ansoddair *hapus*
fröhlich ansoddair *llawen*
Frost g *llwydrew, barrug*
früh (t.3) ansoddair *cynnar*
Frühjahr d *gwanwyn*
Frühling g *gwanwyn*
Frühstück (tt.16,50) d *brecwast*
frühstücken berf *cael brecwast*
fühlen (t.61) berf *teimlo*
Führerschein g (-e) *trwydded yrru*
Fundbüro d *swyddfa eiddo coll*
funktionieren berf *gweithio*
für (t.86) arddodiad *i, am, ar gyfer*
furchtbar (t.7) ansoddair, adferf *(yn) ofnadwy*
Fuß g (¨e) *troed*
Fußball (t.36)g (¨e) *pêl-droed*
Fußballspieler/in g/b (–, -nen) *chwaraewr/aig pêl-droed*
Fußboden g *llawr*
Fußgänger g (–) *cerddwr*
Fußgängerzone b (-n) *ardal i gerddwyr*

G
Gabel b (-n) *fforc*
ganz (t.84) adferf *eithaf, yn llwyr*
gar nicht! (tt.52,98) adferf *ddim o gwbl!*
Garage b (-n) *garej*
Garderobe b (-n) *cwpwrdd dillad*
Garten g (¨) *gardd*
Gast g (¨e) *gwestai*
Gastgeber/in g/b (–, -nen) *gwesteiwr*
Gasthaus (t.14) d (¨er) *tafarn*
Gasthof g (¨e) *tafarn*
Gaststätte b (-n) *tafarn, tŷ bwyta*
Gebäude (t.21) d (–) *adeilad*
geben (t.92) berf afreolaidd *rhoi*
geboren (t.3) (geb.) *wedi geni/ganwyd*
Geburtsdatum d *dyddiad geni*
Geburtsort g *man geni*
Geburtstag g *pen-blwydd*
Gefahr b *perygl*
gefährlich ansoddair *peryglus*
gefallen (tt.6,47) berf afreolaidd + derbyniol *plesio*
gegen (t.86) arddodiad + gwrthrychol *yn erbyn*
Gegend b (-en) *ardal*
Gegenteil d *gwrthwyneb*
gegenüber (t.86) arddodiad + derbyniol *gyferbyn*
gehen (t.37) berf afreolaidd *mynd (cerdded); es geht = mae'n iawn*
gehören berf + derbyniol *perthyn i*
gelb (t.45) ansoddair *melyn*
Geld (t.26,45,47) d *arian*
Geldwechsel g *newid arian*
gem. (= gemischt) ansoddair *cymysg*
Gemüse (t.48) d *llysiau*
gemütlich ansoddair *cyfforddus, clyd*
genau ansoddair/adferf *(yn) hollol, (yn) union*
genauso adferf (+ wie) *yr un mor*
genug ansoddair *digon, digonol*
geöffnet (t.44) ansoddair *ar agor, wedi agor*
Geografie (t.28) b *daearyddiaeth*
Gepäck d *bagiau*
gerade ansoddair *syth, cywir, newydd*
geradeaus (t.22) adferf *yn syth ymlaen*
Gericht d (-e) *pryd bwyd, llys barn*
gern (t.4,37) *â phleser*
Gesamtschule b (-n) *ysgol gyfun*
Geschäft d (-e) *siop, busnes*
Geschäftszeiten bll *oriau busnes*
geschehen berf afreolaidd *digwydd*
Geschenk d (-e) *anrheg*
Geschichte (t.28) b (-n) *hanes, stori*
geschieden (t.55) ansoddair *wedi ysgaru*
Geschirr d *llestri*
geschlossen (t.44) ansoddair *ar gau, wedi cau*
Geschwister ll *brodyr a chwiorydd*
Gesicht d (-er) *wyneb*
gestern (t.2) adferf *ddoe*
gesund ansoddair *iach, iachus*
Gesundheit b *iechyd*
Getränk (t.48) d (-e) *diod*
getrennt ansoddair *ar wahân*
gewinnen berf afreolaidd *ennill*
Gewitter d *storm*
gewöhnlich ansoddair/adferf *arferol/fel arfer*
Gips g *plastr*
Glas d (¨er) *gwydr, gwydraid*
Glatze b *moelni, pen moel*
glauben (tt.91,92) berf + derbyniol *credu*
gleich (t.24) ansoddair/adferf *yr un peth, yr un fath, cyfartal, yn y fan, yn syth*
gleichfalls adferf *hefyd, yr un peth*
Gleis d (-e) *platfform*
Glück d *hapusrwydd, lwc*
glücklich (t. 83) ansoddair *hapus*
glücklicherweise adferf *yn ffodus*
Gott g (¨er) *Duw*
Grad g *gradd*
Gramm (t.46) (g) d *gram*
Gras d *gwair, glaswellt, porfa*
gratulieren (t.92) berf + derbyniol *llongyfarch*
grau ansoddair *llwyd*
Grenze b (-n) *ffin*
Griechenland d *Groeg*
grillen berf *grilio, barbeciwio*
Grippe b *ffliw*
groß (t.83) ansoddair *mawr*
Großbritannien (t.13) d *Prydain Fawr*
Größe (t.45) b (-n) *maint*
Großeltern ll *mam-gu a thad-cu, nain a thaid*
Großmutter b (¨) *mam-gu, nain*
Großstadt b (¨e) *dinas*
Großvater g (¨) *tad-cu, taid*
grün (t.45) ansoddair *gwyrdd*
Grundschule b (-n) *ysgol gynradd*
Gruppe b (-n) *grŵp*
Gruß g (¨e) *cyfarchiad*
grüßen (t.92,102) berf + gwrthrychol *cyfarch*
Gurke (t.48) b (-n) *cucumer*
Gürtel g (–) *gwregys*
Gymnasium d (Gymnasien) *ysgol ramadeg*

H
Haar d (-e) *gwallt*
haben (tt.46,92,96) berf afreolaidd *bod â*
Hafen g (¨) *harbwr, porthladd*
Hähnchen (t.48) d (–) *cyw iâr*
halb (t.2) ansoddair/adferf *hanner*
Hälfte b (-n) *hanner*
Hallenbad (tt.21,36) d *pwll nofio dan do*
Hals g (¨e) *gwddf*
haltbar bis ansoddair *i'w ddefnyddio erbyn*
halten berf afreolaidd *dal, stopio*
Haltestelle b (-n) *arhosfan (e.e. bws)*
Hand b (¨e) *llaw*
Handarbeit b *gwaith llaw/crefft*
Händler g (–) *masnachwr*
Handlung b (-en) *plot*
Handschuh g (-e) *maneg*
Handtasche b (-n) *bag llaw*
Handtuch d (¨er) *tywel llaw*
hängen berf *crogi, hongian*
hart ansoddair *caled, llym*
hassen (t.28) berf *casáu*
hässlich (tt.7,83) ansoddair *salw, hyll*
häufig (t.3) adferf *aml, mynych*
Hauptbahnhof/Hbf g *prif orsaf*
Hauptschule b (-n) *ysgol uwchradd*
Hauptstadt b (¨e) *prifddinas*
Hauptstraße *heol fawr, stryd fawr*
Haus d (¨er) *tŷ*
Hausaufgabe (t.29) b (-n) *gwaith cartref*
Haushalt g (-e) *cartref*
Hausnummer b (-n) *rhif tŷ*
Haustier d (-e) *anifail anwes*
Heft d (-e) *llyfr ysgrifennu*
Heiligabend g *Noswyl Nadolig*
heim adferf *adref*
Heimatstadt b *tref enedigol*
Heimweh d *hiraeth*
heiraten berf *priodi*
heiß (tt.12,19,52) ansoddair *poeth, twym*
heißen (t.92) berf afreolaidd *cael eich galw*
heizen berf *gwresogi*
Heizung b *gwres*
helfen (t.46) berf afreolaidd + derbyniol *helpu*
hell (t.45) ansoddair *golau*
Hemd (t.47) d (-en) *crys*
her (t.84) adferf *(i) yma*
Herbst g *hydref*
herein! (t.99) ebychiad *dewch i mewn!*
hereinkommen berf afreolaidd *dod i mewn*
herunter (t.84) adferf *i lawr*
Herz d (-en) *calon*
heute (tt.2,3) adferf *heddiw*
heutzutage adferf *y dyddiau yma*
hier adferf *yma*
Hilfe b *help, cymorth*
Himbeere (t.48) b (-n) *mafonen*
Himmel g *awyr, wybren*
hin (t.84) adferf *(i) yno*
hin und zurück adferf *dwy ffordd*
hinsetzen (sich) berf *sy'n rhannu eistedd i lawr*
hinten adferf *y tu ôl, yn y cefn*
hinter (t.86) arddodiad + gwrthrychol/ derbyniol *y tu ôl i*
hinunter (t.84) adferf *i lawr*
Hobby (tt.36,37) *hobi*
hoch ansoddair *uchel*
Hochhaus d (¨er) *adeilad uchel*
Hochschule b (-n) *coleg, prifysgol*
Höchsttemperatur b (-en) *tymheredd uchaf*
Hockey (t.36) d *hoci*
hoffen (t.66) berf *gobeithio*
hoffentlich adferf *dw i'n gobeithio, rydyn ni'n gobeithio ac ati*
Hoffnung b (-en) *gobaith*
holen berf *nôl*
Holland (t.13) d *Yr Iseldiroedd*
Holländer/in (t.13) (–, -nen) *Iseldirwr/aig*
holländisch (t.13) ansoddair *Iseldiraidd*
Holz d *pren, coed*
Honig g *mêl*
hören berf *clywed*
Hörer g (–) *derbynnydd, clustffonau*
Hose (t.47) b (-n) *trowsus*
Hotel (tt.14,21) d (-s) *gwesty*
hübsch ansoddair *pert*
Hügel g (–) *bryn*
Hund g (-e) *ci*
hungrig ansoddair *newynog*

I
Idee b (-n) *syniad*
ihm (t.87) rhagenw (derbyniol) *ef, fo (iddo ef/fo, ato ef/fo)*
ihn (t.87) rhagenw (gwrthrychol) *ef, fo*
ihr (tt.83,87) rhagenw *chi (anffurfiol lluosog); ei ... hi*
Ihr (tt.83,87) rhagenw *eich (ffurfiol)*
Imbiss g (-e) *byrbryd*
Imbissstube b (-n) *caffi, bar byrbryd*
immer (t.3) adferf *bob amser*
immer noch adferf *o hyd*
in Ordnung (b) *iawn*
inbegr. (=inbegriffen) ansoddair *wedi ei gynnwys*
Industrie b (-n) *diwydiant*
Informatik b *technoleg gwybodaeth*
Ingenieur/in (t.32) g/b (-e,-nen) *peiriannydd*
inkl. (=inklusive) (t.52) ansoddair *gan gynnwys*
Innenstadt b (¨e) *canol y dref/ddinas*
Insel b (-n) *ynys*
insgesamt adferf *gyda'i gilydd*
Instrument (t.36) d (-e) *offeryn*
intelligent ansoddair *deallus*
Interesse (t.36) d (-n) *diddordeb*
interessieren (sich) (t.6) berf *ymddiddori*
inzwischen cysylltair *yn y cyfamser*
irgend- *unrhyw-*
Irland d *Iwerddon*
Irländer/in g/b (–, -nen) *Gwyddel/es*
Italien (t.13) d *Yr Eidal*
Italiener/in g/b (–, -nen) *Eidalwr/Eidales*

J
Jacke (t.47) b (-n) *siaced*
Jahr (t.3) d (-e) *blwyddyn*
Jahreszeit b (-en) *tymor*
Jahrhundert d (-e) *canrif*
Januar (t.3) g *Ionawr*
Jeans ll *jîns*
jede/r/s (tt.3,83) rhagenw *pob un, pob*
jedesmal adferf *bob tro*
jemand (t.88) rhagenw *rhywun*
jene/r/s rhagenw *hwnnw, honno, hynny*
jetzt adferf *nawr, rŵan*
Job g (-s) *swydd, job*
joggen (t.91) berf *loncian*
Joghurt (t.48) g/d (-s) *iogwrt*
Journalist/in (t.32) g/b (-en/-nen) *newyddiadurwr/aig*
Jugendherberge/DJH (tt.14,21) b (-n) *hostel ieuenctid*
Jugendklub g (-s) *clwb ieuenctid*
Jugendliche/r *person ifanc*
Juli (t.3) g *Gorffennaf*
jung (tt.83,85) ansoddair *ifanc*
Junge g (-n) *bachgen*
Juni (t.3) g *Mehefin*

K
Kabine b (-n) *caban*
Kaffee (t.48) g *coffi*
Kaffeekanne b (-n) *pot coffi*
Kakao g *coco*
Kalbfleisch d *cig llo*
kalt (tt.12,52) ansoddair *oer*
Kamera b (-s) *camera*
Kamerad/in g/b *ffrind, cydweithiwr/aig*
Kamm g (¨e) *crib*
kämmen berf *cribo*
Kaninchen d (–) *cwningen*
Kännchen d (–) *jwg, pot*
Kanne b (-n) *pot, jwg*
Kantine b (-n) *cantîn, ffreutur*
kapieren berf *deall*
kaputt ansoddair *wedi torri*
Karotte (t.48) b (-n) *moronen*
Karte (tt.40,51) b (-n) *map, cerdyn*
Kartoffel (t.48) b (-n) *taten*
Karton g (-s) *blwch/bocs cardbord*
Käse (t.48) g *caws*
Kasse b (-n) *til*
Kassette (t.36) b (-n) *casét*
Kassettenrekorder g (–) *recordydd casetiau*
katholisch ansoddair *Catholig, Pabyddol*
Katze b (-n) *cath*
kaufen (t.91) berf *prynu*
Kaufhaus (tt.21,44) d (¨er) *siop adrannol*
Kaufmann/frau (Kaufleute) *dyn busnes/menyw fusnes*
Kaugummi g *gwm cnoi*
Kegelbahn (t.36) b (-en) *canolfan fowlio*
kegeln (tt.36,91) berf *bowlio*
Keks (t.48) g (-e) *bisgïen*
Keller g (–) *seler*
Kellner/in (t.51) g/b (–, -nen) *gweinydd/es*
kennen (t.92) berf afreolaidd *adnabod*
kennen lernen (t.4) berf *dod i adnabod*
Kette b (-n) *cadwyn*
Kilo (t.46) kg d *cilo*
Kilometer (km) d *cilometr*
Kind d (-er) *plentyn*
Kino (tt.21,40) d (-s) *sinema*
Kirche (t.21) b (-n) *eglwys*
Kirsche b (-n) *ceiriosen*
klappen berf *gweithio*
klar ansoddair *clir*
Klarinette (t.36) b (-n) *clarinet*
klasse (t.7) ansoddair *gwych*
Klasse (t.24)b (-n) *dosbarth*
Klassenfahrt b (-en) *gwibdaith ysgol*
Klassenzimmer d (–) *ystafell ddosbarth*
klassisch ansoddair *clasurol*
Klavier (t.36) d (-e) *piano*
Kleid (t.47) d (-er) *ffrog*
Kleider (t.47) dll *dillad*
Kleiderschrank g (¨e) *cwpwrdd dillad*
Kleidung b *dillad*
klein (tt.54,83) ansoddair *bach, byr*
Kleingeld d *arian mân*
klingeln berf *canu cloch*
klingen berf *swnio*
Klinik b (-en) *clinig*
Klo (t.16) d *tŷ bach*
klopfen berf *curo, cnocio*
Klub (t.36) g (-s) *clwb*
klug ansoddair *clyfar*
Kneipe b (-n) *tafarn*
Knie (t.60) d (–) *pen-glin*
Knopf g (¨e) *botwm*
Koch/Köchin (t.32) g/b (¨e, -nen) *cogydd/es*
kochen berf *coginio, berwi*
Koffer g (–) *cas, cês*
Kohl (t.48) (-e) *bresychen*
Kollege/in g/b (-n, -nen) *cydweithiwr*
Köln d *Cologne, Cwlen*
komisch ansoddair *doniol, rhyfedd*
kommen (t.92) berf afreolaidd *dod*
kompliziert ansoddair *cymhleth*
Konditorei (tt.22,44) b (-en) *siop gacennau*
Konfekt d *melysion, losin, teisennau, siocledi*
können (t.99) berf afreolaidd *gallu, medru*
Konto d (-s) *cyfrif (banc)*
Kontrolle b (-n) *rheolaeth, goruchwyliaeth*
kontrollieren berf *rheoli, gwirio, goruchwylio*
Konzert (t.36) d (-e) *cyngerdd*
Kopf g (¨e) *pen*
Kopfsalat (t.48) g (-e) *letysen*
Kopfschmerzen (t.61) gll *pen tost, cur pen*
kopieren berf *copïo*
Körper (t.60) g (–) *corff*
kostbar ansoddair *gwerthfawr, moethus*
Kosten ll *costau*
kosten (tt.14, 40) berf *costio*
kostenlos ansoddair *am ddim*
Kotelett d (-e) *golwythen*
krank ansoddair *sâl, tost*
Krankenhaus (t.21) d (¨er) *ysbyty*
Krankenpfleger (t.32) g (–) *nyrs (gwrywaidd)*
Krankenschwester b (-n) *nyrs (benywaidd)*
Krankheit b (-en) *salwch*
Krawatte (t.47) b (-n) *tei*
Kreide b *sialc*
Kreuz d (-e) *croes*
Kreuzung b (-en) *croesffordd*
kriegen berf *cael*
Krimi g (-s) *cyfres/llyfr/ffilm drosedd*
Küche (t.57) b (-n) *cegin*
Kuchen (t.48) g (–) *teisen, cacen*
Kugelschreiber g (–) *beiro*
Kuh (t.78) b (¨e) *buwch*
kühl ansoddair *oeraidd, oer, claear*
Kühlschrank g (¨e) *oergell*
Kuli g (-s) *beiro (talfyriad)*
Kunde/in g/b (-n, -nen) *cwsmer*
Kunst (t.28) b (¨e) *celf, celfyddyd*
kurz ansoddair *byr*
Kusine b (-n) *cyfnither*
küssen berf *cusanu*
Kuss g (¨e) *cusan*
Küste b (-n) *arfordir*

L
lächeln berf *gwenu*
lachen berf *chwerthin*
Laden (t.21) g (¨) *siop*
Lampe b (-n) *lamp*
Land d (¨er) *gwlad, talaith*
landen berf *glanio*
Landkarte b (-n) *map*
Landschaft b (-en) *tirwedd*
lang (t.83) ansoddair *hir*
langsam (t.83) ansoddair *araf*
langweilig (tt.37,42,83) ansoddair *diflas*
Lärm g *sŵn*
lassen (t.46) berf afreolaidd *gadael*
Lastwagen g (–) *lorri*
laufen (tt.36, 91) berf afreolaidd *mynd, rhedeg*
laut ansoddair (+ derbyniol) *uchel, swnllyd, yn ôl*
läuten berf *canu (cloch)*
Lautsprecher g (–) *uchelseinydd*
Leben d *bywyd*
leben berf *byw*
Lebensmittel (t.50) dll *bwyd a diod*
Leber b *afu, iau*
lecker (t.50) ansoddair *blasus*
Leder d *lledr*
ledig ansoddair *dibriod*
leer ansoddair *gwag*
leeren berf *gwacáu, gwagio*
legen berf *rhoi, gosod*
lehren berf *dysgu*
Lehrer/in (t.32) g/b (–, -nen) *athro/athrawes*
Lehrerzimmer d (–) *ystafell athrawon*
leicht ansoddair *ysgafn, hawdd*
Leid d es tut mir Leid *mae'n flin gen i*
leider (t.39) adferf *yn anffodus*
leihen berf afreolaidd + derbyniol *benthyca*
leise ansoddair/adferf *tawel, yn dawel*
lernen berf *dysgu*
lesen (t.36) berf afreolaidd *darllen*
letzte/r/s (t.3) ansoddair *diwethaf, olaf*
Leute (t.52) ll *pobl*
Licht d (-er) *golau*
lieben berf *caru*
lieber (t.39) adferf *yn well (gan), yn hoffi fwy*
am liebsten *yn hoffi fwyaf*

enwau — **g**: gwrywaidd **b**: benywaidd **d**: diryw **ll**: lluosog

Lieblings- (t.28) *hoff ...*
liegen berf afreolaidd *gorwedd*
Lift (t.14) g *lifft*
lila (t.45) ansoddair *porffor, piws*
Limo(nade) b *lemonêd*
Lineal d (-e) *pren mesur*
Linie b (-n) *llinell*
linke/r/s ansoddair *chwith*
links (tt.16,22) adferf *ar y chwith*
Lippenstift g (-e) *minlliw*
Liste b (-n) *rhestr*
Liter g/d *litr*
LKW = Lastkraftwagen g (–) *lorri*
loben berf *canmol*
Loch d (¨-er) *twll*
lockig ansoddair *cyrliog*
Löffel g (–) *llwy*
los ansoddair was ist los? *beth sy'n bod?*
lösen berf *datrys*
Luft b *awyr*
Luftdruck g *gwasgedd aer*
lust (b) haben berf afreolaidd *cael hwyl*
lustig ansoddair *doniol, difyr*

M
machen (t.91) berf *gwneud*
Mädchen d (–) *merch*
Magazin (t.42) d (-e) *cylchgrawn*
Magen (t.60) g *stumog*
Mai (t.3) g *Mai*
mal adferf *gwaith (unwaith, dwywaith ac ati)*
Mal d (-e) *tro*
malen berf *peintio*
manchmal (t.3) adferf *weithiau*
Mann g (¨-er) *dyn*
Mannschaft (t.42) b (-en) *tîm*
Mantel (t.47) g *côt*
Mappe b (-n) *bag ysgol, plygell, ffolder, ffeil*
Markt(platz) (t.21) g (¨-e) *sgwâr y farchnad, marchnad*
Marmelade (t.48) b (-n) *jam, marmalêd*
März (t.3) g *Mawrth*
Maschine b (-n) *peiriant*
Mathe(matik) (t.28) b *mathemateg*
Mauer b (-n) *wal, mur*
Maus b (¨-er) *llygoden*
Mechaniker/in(t.32) g/b (–, -nen) *peiriannydd*
Meer d (–) *môr*
mehr rhagenw/adferf *mwy, rhagor*
mehrere (t.1) rhagenw *nifer o*
Meile b (-n) *milltir*
mein/e/s (t. 83) rhagenw *fy*
meinen (t.6) berf *meddwl*
meiste ll *y rhan fwyaf*
meistens adferf *yn bennaf*
Mensch g (-en) *person*
Menü d (-s) *bwydlen, pryd arbennig y dydd*
Messer d (–) *cyllell*
Metall d (-e) *metel*
Meter g/d (–) *metr*
Metzger/in (t.32) g/b (–, -nen) *cigydd*
Metzgerei (tt.21,44) (-en) *siop gig*
mieten berf *rhentu, llogi*
Milch (tt.48,49) b *llaeth, llefrith*
mindestens adferf *o leiaf*
Minute b (-n) *munud*
mit arddodiad + derbyniol *gyda*
mitbringen berf afreolaidd sy'n rhannu *dod â*
Mitglied (tt.36,37) d (-er) *aelod*
mitkommen (t.5) berf afreolaidd sy'n rhannu *dod hefyd*
Mitnehmen (zum) d *i fynd gyda chi (bwyd)*
mitnehmen berf afreolaidd sy'n rhannu *mynd â (gyda chi)*
Mittag g *hanner dydd*
Mittagessen (t.16) d *cinio canol dydd*
Mitte b *canol*
Mittel- *canol*
Mitternacht b *hanner nos*
Mittwoch (t.2) g *dydd Mercher*
Mode b (-n) *ffasiwn*
modern ansoddair *modern*
mögen (t.99) berf afreolaidd *hoffi*
möglich ansoddair *posibl*
Moment g (-e) *moment*
Monat g (-e) *mis*
monatelang ansoddair *am fisoedd*
monatlich ansoddair/adferf *misol, yn fisol*
Montag (t.2) g *dydd Llun*
Morgen (t.2) g *bore*
morgen (t.2) adferf *yfory*
morgens adferf *yn y bore*
Motorrad (t.25) d (¨-er) *beic modur*
müde ansoddair *wedi blino*
Mund (t.60) g (¨-er) *ceg*
mündlich ansoddair/adferf *llafar, ar lafar*
Münze b (-n) *darn o arian*
Museum (tt.17,21) d (Museen) *amgueddfa*
Musik (tt.28,36,52) b *cerddoriaeth*
Musiker/in (t.32) g/b (–, -nen) *cerddor*
müssen (t.99) berf afreolaidd *gorfod*
Mütze (t.47) b (-n) *cap*

N
nach (t.86) arddodiad + derbyniol *ar ôl, wedi*
Nachbar/in g/b (-n, -nen) *cymydog/cymdoges*
nachdem (t.80) cysylltair *ar ôl, wedi*
nachher adferf *wedyn*
Nachmittag g *prynhawn*
Nachrichten bll *newyddion*
nachsehen berf afreolaidd sy'n rhannu *gwirio*
nächste/r/s (tt.3,12) ansoddair *nesaf*
Nacht (tt.14,15) b (¨-e) *nos*
Nachtisch g (-e) *pwdin*
nachts adferf *gyda'r nos*
nahe ansoddair *agos*
Nähe (tt.22,38) *cyffiniau*
nähen berf *gwnïo*
Name g (-n) *enw*
Nase (t.60) b (-n) *trwyn*
nass ansoddair *gwlyb*
Natur b (-en) *natur*
natürlich ansoddair *naturiol, wrth gwrs*
Naturwissenschaft (t.28) g (-en) *gwyddoniaeth*
Nebel g *niwl*
neben (t.86) arddodiad + gwrthrychol/ derbyniol *wrth ochr, wrth ymyl, drws nesaf i*
neblig ansoddair *niwlog*
nehmen (tt.15,46) berf afreolaidd *cymryd, mynd â*
nein adferf *nage*
nennen berf afreolaidd *enwi*
nett (t.7) ansoddair *hyfryd, dymunol, neis*
Netz d (-e)*rhwyd*
neu (t.83) ansoddair *newydd*
Neujahr d *blwyddyn newydd*
Nichtraucher g (–) *cerbyd dim ysmygu*
nichts rhagenw *dim*
nie (tt.3,98) adferf *byth, erioed*
Niederlande dll *Yr Iseldiroedd*
niemand (tt.88,98) *neb*
noch (t.98) adferf *o hyd, na*
noch nicht adferf *ddim eto*
nochmal adferf *eto*
Nord g *gogledd*
Norden (t.23) g *y gogledd*
nördlich ansoddair/adferf *gogleddol, yn y gogledd*
normal (t.83) ansoddair *normal, arferol*
normalerweise adferf *fel arfer*
Notausgang g (¨-e) *allanfa frys*
Note b (-n) *marc, gradd*
nötig ansoddair *angenrheidiol*
Notruf g (-e) *galwad frys*
November (t.3) g *Tachwedd*
Null b *dim*
Nummer (Nr) b (-n) *rhif*
nun adferf *nawr, rŵan*
nur (t.50) adferf *dim ond, yn unig*

O
oben adferf *ar y top, i fyny'r grisiau*
Obergeschoss d *llawr uchaf*
Oberstufe b *Chweched Dosbarth*
Obst d (e) *ffrwyth*
obwohl cysylltair *er*
oder cysylltair *neu*
offen ansoddair *agored*
öffentliche Verkehrsmittel dll *trafnidiath gyhoeddus*
öffnen berf *agor*
Öffnungszeiten bll *amserau agor*
oft (t.3) adferf *yn aml*
ohne arddodiad + gwrthrychol *heb*
Ohr d (-en) *clust*
Oktober g *Hydref*
Öl d *olew*
Omelett d (-s) *omled*
Onkel g (–) *ewythr*
Oper b (-n)*opera*
orange ansoddair *oren*
Orange b (-n) *oren*
Orangensaft g *sudd oren*
Orchester d (–) *cerddorfa*
Ordnung b in Ordnung *iawn*
organisieren berf *trefnu*
Osten g *y dwyrain*
Osterferien ll *gwyliau'r Pasg*
Ostern d *y Pasg*
Österreich d *Awstria*
österreichisch ansoddair *Awstriaidd*
östlich ansoddair/adferf *dwyreiniol, yn y dwyrain*

P
Paar d (-e) *pâr*
paar – ein paar ansoddair *ychydig, rhai*
Päckchen d (–) *pecyn, paced, parsel bach*
Paket (t.65) d (-e) *parsel, paced, pecyn*
Panne b (-n) *teiar fflat*
Papier d *papur*
Papiere dll *papurau/dogfennau swyddogol*
Park (tt.21,36) g (-s) *parc*
parken berf *parcio*
Parkhaus d (¨-er) *adeilad parcio aml-lawr*
Parkplatz (tt.14,16) g (¨-e) *safle/maes parcio*
Partner g (–) *partner*
Pass g (¨-e) *pasbort*
Passagier g (-e) *teithiwr*
passieren berf *digwydd*
Pause (t.29) b (-n) *egwyl, hoe*
Pech d *anlwc*
Pension b (-en) *lle gwely a brecwast*
Person (t.14) b (-en) *person*
Pfeffer (tt.48-50) g *pupur*
Pferd d (-e) *ceffyl*
Pfingsten d *Sulgwyn*
Pfirsich (t.48) g *eirinen wlanog*
Pflanze b (-n) *planhigyn*
Pflaume b (-n) *eirinen*
Pfund d (-e) *pwys, punt*
Physik (t.28) b *ffiseg*
Picknick d (-s) *picnic*
Pille b (-n) *pilsen*
Pilz g (-e) *madarchen, caws llyffant*
PKW = Personenkraftwagen g (-) *car*
Plan g (¨-e) *cynllun*
planen berf *cynllunio*
Platte b (-n) *record*
Platz (tt.14,15) g (¨-e) *lle*
plaudern berf *sgwrsio*
plötzlich adferf *yn sydyn*
Polen d *Gwlad Pwyl*
Polizei (t.26) b *heddlu*
Polizist/in (t.32) g/b (-en,-nen) *plismon*
Pommes (Frites) ll *sglodion*
Popmusik b *cerddoriaeth bop*
Portemonnaie d (-s) *waled, pwrs*
Portion b (-en) *dogn*
Post b (dim lluosog) / Postamt (tt.21,65) d (¨-er) *swyddfa'r post*
Postkarte (t.65) b (-n) *cerdyn post*
Postleitzahl b (-en) *cod post*
Postwertzeichen d *stamp postio (ffurfiol)*
Praktikum (t.32) d *profiad gwaith*
praktisch ansoddair/adferf *ymarferol, i bob pwrpas*
Preis (t.14) g (-e) *pris*
preiswert ansoddair *gwerth y pris, rhad*
Presse b *y wasg*
prima (t.7) ansoddair *gwych*
pro (t.33) arddodiad *fesul, y (e.e. 20 Euro pro Nacht – 20 ewro y noson)*
probieren berf *ceisio*
Problem d (-e) *problem*
Programm d (-e) *rhaglen*
programmieren berf *rhaglennu*
Prozent d *canran*
prüfen berf *profi, rhoi prawf i, arholi*
Prüfung b (-en) *prawf, arholiad*
Pullover, Pulli g (-s)*siwmper*
pünktlich ansoddair/adferf *prydlon*
Puppe b (-n) *dol*
putzen berf *glanhau*

Q
Qualität b *ansawdd*
Quatsch g *sothach, rwtsh*
quatschen berf *sgwrsio, clebran, clecian*
Quelle b (-n) *ffynhonnell*
quer adferf *ar draws, ar letdraws*
Querflöte (t.36) b (-n) *ffliwt*
Quittung b (-en) *derbynneb*

R
Rad d (¨-er) *olwyn*
Rad fahren berf afreolaidd *seiclo*
Radfahrer g (–) *seiclwr*
Radio d (-s) *radio*
Rand g (¨-er) *ymyl*
Rasen g *lawnt*
rasieren (sich) berf *siafio, eillio*
Rathaus (t.21) d (¨-er) *neuadd y dref*
rauchen berf *ysmygu*
Raucher g (–) *ysmygwr*
Raum g (¨-e) *ystafell, gofod*
Rechnung (tt.14,51) b (-en) *bil*
rechts (tt.16,22) adferf *ar y dde*
Regal d (-e) *silffoedd*
Regel b (-n) *rheol*
Regen g *glaw*
Regenschirm g (-e) *ymbarél*
regnen berf (t.12) *bwrw glaw*
reich ansoddair *cyfoethog*
Reifen g (–) *teiar*
Reihe b (-n) *rhes*
Reihenhaus d (¨-er) *tŷ teras*
Reis (tt.48,51) g *reis*
Reise (t.19) b (-n) *taith*
Reisebüro d (-s) *asiantaeth deithio*
Reisende/r *teithiwr*
reiten berf afreolaidd *marchogaeth*
Religion b (-en) *crefydd, addysg grefyddol*
Reparatur b (-en) *atgyweiriad*
reservieren (t.14) berf *bwcio, cadw*
richtig ansoddair *cywir*
Richtung b (-en) *cyfeiriad*
Rindfleisch (tt.48,52) d *cig eidion*
Ring g (-e) *modrwy*
Rock (t.47) g (¨-e) *sgert*
Rolle b (-n) *rôl*
Rollschuh g (-e) *esgid sglefrolio*
Rolltreppe b (-n) *esgaladur*
rosa ansoddair (t.45) *pinc*
rot (t.45) ansoddair *coch*
Rücken g *cefn*
Rückfahrkarte (t.42) b (-n) *tocyn dwyffordd*
Rucksack g (¨-e) *sach gefn, rycsac*
rückwärts adferf *tuag yn ôl*
rufen berf afreolaidd *galw*
Ruhe b *tawelwch, heddwch*
ruhig ansoddair *tawel*
rund ansoddair *crwn*

S
Sache b (-n) *peth*
Saft g (¨-e) *sudd*
sagen berf *dweud*
Sahne (tt.48,49) b *hufen*
Salat g (-e) *salad, letysen*
Salz (tt.48-50) d *halen*
sammeln (t.36) berf *casglu*
Samstag (t.2) g *dydd Sadwrn*
Sandale b (-n) *sandal*
Sänger/in g/b (–, -nen) *canwr/cantores*
satt (t.50) ansoddair *llawn*
sauber ansoddair *glân*
sauer ansoddair *sur,crac,dig*
Sauerkraut (tt.48,51) d *sauerkraut (bresych wedi piclo)*
SB-, Selbstbedienung *hunan-wasanaeth*
Schach (t.36) d *gwyddbwyll*
Schachtel b (-n) *bocs bach*
schade ansoddair *trueni*
Schal (t.47) g (-e) *sgarff, siôl*
schälen berf *pilio*
Schallplatte (t.36) b (-n) *record*
scharf ansoddair *twym (sbeislyd)*
Schatten g (–) *cysgod*
Schauer g (–) *cawod o law*
Schaufenster d (–) *ffenest siop*
Schauspiel d (-e) *drama*
Scheck g (-s) *siec*
Schein g (-e) *arian papur, ymddangosiad*
scheinen berf afreolaidd *ymddangos, tywynnu, disgleirio*
schicken berf *anfon*
Schiff d (-e) *llong*
Schild d (-er) *arwydd, arwyddbost*
Schinken g *ham*
Schirm g (-e) *sgrin, ymbarél*
Schlafanzug g *pyjamas*
schlafen berf afreolaidd *cysgu*
Schlafraum g (¨-e) *ystafell wely*
Schlafsack (tt.14,15) g (¨-e) *sach gysgu*
Schlafzimmer d (–) *ystafell wely*
schlagen berf afreolaidd *curo*
Schlagsahne b *hufen wedi ei guro*
Schlagzeug d *drymiau*
schlank ansoddair *tenau*
schlecht (tt.7,37,42,50,83) *drwg, gwael*
schließen berf afreolaidd *cau*
schließlich adferf *yn y diwedd, o'r diwedd*
schlimm (tt.7,83) ansoddair *gwael*
Schlips (t.47) g (-e) *tei*
Schloss (tt.17,21) d (¨-er) *castell*
Schlüssel (t.14) g (–) *allwedd, agoriad*
Schlussverkauf (t.47) g (¨-e) *sêl diwedd tymor*
schmecken berf *blasu, blasu'n dda*
Schmerz g (-en) *poen, dolur, loes*
schminken (sich) berf *rhoi colur arno, ymbincio*
Schmuck g *gemwaith*
schmutzig ansoddair *brwnt, budr*
Schnee g *eira*
schneiden berf afreolaidd *torri*
schneien (t.12) berf afreolaidd *bwrw eira*
schnell (tt.83,84) ansoddair *cyflym*
Schnellimbiss g (-e) *bar byrbrydau, caffi*
Schnupfen g *annwyd*
Schnurrbart g (¨-e) *mwstash*
schön (tt.7,83) ansoddair *prydferth, pert, hyfryd, braf*
schon adferf *eisoes, yn barod*
Schottland (t.13) d *Yr Alban*
Schrank g (¨-e) *cwpwrdd*
schrecklich (tt.37,42) ansoddair *ofnadwy*
schreiben (t.92) berf afreolaidd *ysgrifennu*
Schreibmaschine b (-n) *teipiadur*
schreien berf afreolaidd *gweiddi*
Schrift b (-en) *ysgrifen*
Schuh (t.47) g (-e) *esgid*
Schuld b *bai, euogrwydd*
Schuldirektor/in g/n *prifathro/prifathrawes*
Schule (tt.21,29) b (-n) *ysgol*
Schüler/in gb (–, -nen) *disgybl*
Schulhof g (¨-e) *iard ysgol*
Schüssel b (-n) *powlen*
schwach ansoddair *gwan*
schwarz (t.45) ansoddair *du*
Schwein d (-e) *mochyn*
Schweinefleisch (tt.48,52) d *cig moch*
Schweden d *Sweden*
Schweiz (t.13) b *Y Swisdir*
Schweizer/in g/b (–, -nen) *person o'r Swisdir*
schweizerisch ansoddair *o'r Swisdir, Swisdiraidd*
schwer ansoddair *trwm, anodd*
Schwester b (-n) *chwaer*
schwierig (tt.37,83) ansoddair *anodd*
Schwimmbad (tt.21,36) d *pwll nofio*
schwimmen (tt.36,91) berf afreolaidd *nofio*
See b/g (-n) *môr (b), llyn (g)*
seekrank ansoddair *yn dioddef salwch môr*
segeln (t.91) berf *hwylio*
sehen berf afreolaidd *gweld*
sehr (t.84) adferf *iawn (e.e. sehr gut – da iawn)*
Seife b *sebon*
sein (t.82) berf afreolaidd *bod*
seit (t.86) arddodiad + derbyniol *ers*
Seite b (-n) *ochr, tudalen*
Sekunde b (-n) *eiliad*
selbst rhagenw/adferf *hunan, hyd yn oed*
Selbstbedienung/SB b *hunan-wasanaeth*
selbstverständlich adferf *wrth gwrs*
senden berf afreolaidd *anfon, darlledu*
Sendung (t.41) b (-en) *rhaglen*
Senf g *mwstard*
September (t.3) g *Medi*
Sessel g (–) *cadair freichiau*
sich (t.96) rhagenw *ei/eich hunan*
sich setzen berf *eistedd i lawr*
sich sonnen berf *torheulo*
sicher ansoddair *siŵr, sicr, diogel*
Silvester/Sylvester d *Nos Galan*
singen berf afreolaidd (t.36) *canu*
sinken berf afreolaidd *suddo, disgyn*
sitzen berf afreolaidd *eistedd*
Ski fahren/Ski laufen (t.84) berf afreolaidd *sgio*
Socke (t.47) b (-n) *hosan*
Sofa d (-s) *soffa*
sofort adferf *yn syth, ar unwaith*
sogar adferf *hyd yn oed*
sogleich adferf *yn syth, ar unwaith*
Sohn g (¨-e) *mab*
solche/r/s adferf *y fath*
Soldat g (-en) *milwr*
sollen (tt.92,99) berf afreolaidd *dylwn i, dylet ti, dylai ef/hi ac ati*
Sommer (t.18) g *haf*
Sonderangebot (t.47) d (-e) *cynnig arbennig*
sondern cysylltair *ond*
Sonderpreis g (-e) *pris arbennig, pris gostyngedig*
Sonnabend (t.2) g *dydd Sadwrn*
Sonne (t.19) b (-n) *haul*
Sonnenbrille b *sbectol haul*
Sonnencreme b *hufen haul*
Sonnenschein g *heulwen*
sonnig (t.12) ansoddair *heulog*
Sonntag (t.2) *dydd Sul*
sonst adferf *fel arall*
Sorte b (-n) *math*
Soße b (-n) *saws*
so viel adferf *cymaint*
Sozialwissenschaften (t.28) bll *cymdeithaseg*
Spanien (t.13) d *Sbaen*
Spanier/in (t.13) (–, -nen) *Sbaenwr/Sbaenes*
Spanisch (t.28) b *Sbaeneg (iaith)*
spanisch ansoddair *Sbaenaidd*
sparen berf *arbed, cynilo*
Spaß g *hwyl*
spät (t.2) ansoddair *hwyr*
spazieren gehen berf afreolaidd *mynd am dro*
Spaziergang g (¨-e) *tro (cerdded)*
Speck g *bacwn, cig moch*
Speisekarte b (-n) *bwydlen*
Speisesaal (tt.14,16) g (¨-e) *ystafell fwyta*
Spiegelei d (-er) *wy wedi ffrio*
Spiel (t.36) d (-e) *gêm*
spielen (t.36) berf *chwarae*
Spielplatz (t.16) g (¨-e) *lle chwarae*
Spielwaren ll *teganau*
Spielzeug d (-e) *tegan*
spitze ansoddair *gwych*
Sport (t.28) g *chwaraeon, camp*
sportlich ansoddair *hoff o chwaraeon*
Sportplatz (t.36) g (¨-e) *cae chwarae*
Sportzentrum (tt.21, 36) d (-zentren) *canolfan chwaraeon*
Sprache b (-n) *iaith*
sprechen berf afreolaidd *siarad*
Sprechstunde b *oriau agor meddygfa*
springen berf afreolaidd *neidio*
Spülmaschine b (-n) *peiriant golchi llestri*
Staat g (-en) *gwladwriaeth*
Staatsangehörigkeit b (-en) *cenedligrwydd*
Stadion (t.21) d (Stadien) *stadiwm*
Stadt (t.23) b (¨-e) *tref*

enwau — **g**: gwrywaidd **b**: benywaidd **d**: diryw **ll**: lluosog
GEIRIADUR ALMAENEG - CYMRAEG

Stadtmitte b *canol y dref*
Stadtplan g (¨e) *map o'r dref*
Stadtrand g *cyrion y dref*
Stadtrundfahrt b (-en) *taith dywysedig o gwmpas y dref*
Stadtteil g (-e) *ardal*
Stadtzentrum d *canol y dref*
stark ansoddair *cryf*
starten berf *cychwyn, dechrau*
Station b (-en) *arosfa, gorsaf, ward*
Steckdose b (-n) *soced*
stecken berf *rhoi, gosod, dodi, bod yn sownd*
stehen berf afreolaidd *sefyll*
stehlen berf afreolaidd *dwyn*
Stein g (-e) *carreg*
Stelle b (-n) *swydd*
stellen berf *rhoi, gosod, dodi*
Stereoanlage (t.36) b (-n) *stereo*
Stern g (-e) *seren*
Stift g (-e) *pen, beiro*
still ansoddair *tawel, llonydd*
Stimme b (-n) *llais*
Stock (t.16) g (¨e) *llawr, ffon*
Stockwerk d (-e) *llawr*
Strand (t.18) g (¨e) *traeth*
Straße (Str.) (t.22) b (-n) *stryd, ffordd, heol*
Straßenbahn (t.25) b *tram*
Streichholz d (¨er) *matsien*
streiten berf afreolaidd *ffraeo, cweryla*
streng ansoddair *llym*
Strumpf g (¨e) *hosan*
Strumpfhose (t.47) b *teits*
Stück (t.50) d (-e) *darn*
Student/in (t.32) g/b (-en, -nen) *myfyriwr/wraig*
studieren (t.34) berf *astudio*
Stuhl g (¨e) *cadair*
Stunde (tt.29,33) b (-n) *awr, gwers*
stundenlang adferf *am oriau*
Stundenplan (t.30) g (¨e) *amserlen*
stündlich *yr awr, bob awr*
Sturm g (¨e) *storm*
stürmisch ansoddair *stormus*
suchen berf *chwilio (am)*
Süd g *de*
Süden (t.23) g *y de*
südlich ansoddair/adferf *deheuol, yn y de*
Supermarkt (t.21) g (¨e) *archfarchnad*
Suppe (t.52) b (-n) *cawl*
süß ansoddair *melys*
sympathisch (t.7) ansoddair *neis (person)*

T
Tafel b (-n) *bwrdd (du)*
Tag g (-e) *dydd, diwrnod*
täglich adferf *dyddiol*
Tankstelle b (-n) *gorsaf betrol*
Tankwart /in g/b (-e, -nen) *gweinydd pwmp petrol*
Tannenbaum g (¨e) *ffynidwydden, coeden Nadolig*
Tante b (-n) *modryb*
tanzen (tt.36,91) berf *dawnsio*
Tasche b (-n) *bag, cwdyn, poced*
Taschendieb g (-e) *lleidr poced*
Taschengeld (t.47) d *arian poced*
Taschentuch d (¨er) *hances*
Tasse b (-n) *cwpan*
Technik b *technoleg*
technisch ansoddair/adferf *technegol*
Tee g *te*
Teekanne b (-n) *tebot*
teilen berf *rhannu*
Telefon (t.51) d (-e) *ffôn*
Telefonbuch d (¨er) *llyfr ffôn*
telefonieren (t.64) berf *ffonio*
Telefonnummer (t.64) b (-n) *rhif ffôn*
Telfonzelle (t.64) b (-n) *blwch ffôn*
Teller g (–) *plât*
Tennis (t.36) d *tennis*
Teppich g (-e) *carped*
Termin g (-e) *dyddiad, apwyntiad, dyddiad cau*
Terrasse (t.52) b (-n) *teras*
Test g (-s) *prawf*
teuer (t.38) ansoddair *drud, costus*
Theater (t.21) d (–) *theatr*
Theaterstück (tt.36,40) d (-e) *drama*
tief ansoddair *dwfn*
Tiefsttemperatur b (-en) *tymheredd isaf*
Tier d (-e) *anifail*
Tiergarten (t.21) g *sŵ*
tippen berf *teipio*
Tisch (t.52) g (-e) *bwrdd*
Tochter b (¨) *merch*
Toilette (tt.16,51) b (-n) *toiled*
Toilettenpapier d *papur toiled*
toll (t.7) ansoddair *gwych*
Tomate (t.48) b (-n) *tomato*
Topf g (¨e) *pot, sosban*
Tor d (-e) *clwyd, porth*
Torte (t.48) b (-n) *tarten, teisen, cacen*
tot ansoddair *wedi marw*
total adferf *yn llwyr, yn gyfangwbl, yn hollol*
Tourist/in g/b (-en, -nen) *twrist*
tragen (t.92) berf afreolaidd *cario, gwisgo*
Trainingsanzug g (¨e) *tracwisg*
Traube b (-n) *grawnwin*
träumen berf *breuddwydio*
traurig (t.83) ansoddair *trist*
treffen (tt.36,39) berf afreolaidd (sich) *cyfarfod, cwrdd*
Treppe b *grisiau*
Trickfilm g (-e) *cartŵn*
trinken berf afreolaidd *yfed*
Trinkgeld d *cildwrn*
Trinkwasser (t.15) d *dŵr yfed*
trocken ansoddair *sych*
Trommel (t.36) b (-n) *drwm*
Trompete (t.36) b (-n) *trwmped*
trotz (t.86) arddodiad + genidol *er gwaethaf*
tschüss ebychiad *hwyl, da bo*
T-Shirt d *crys-T*
Tuba b (Tuben) *tiwba*
Tuch d (¨er) *brethyn*
tun berf *gwneud*
Tür b (-en) *drws*
Türkei b *Twrci*
türkis ansoddair *gwyrddlas*
Turm g (¨e) *tŵr*
Turnen d *gymnasteg*
Turnhalle b (-n) *campfa*
Tüte b (-n) *bag bach, cwdyn*
Typ g (-en) *dyn, boi*
typisch ansoddair/adferf *nodweddiadol*

U
U-bahn (t.25) b *trên tanddaearol*
übel ansoddair *cas, sâl*
üben berf *ymarfer*
über (t.86) arddodiad + gwrthrychol/derbyniol *uwchben, dros, ar draws*
überall adferf *bob man*
Überfahrt b (-en) *taith drosodd*
überhaupt adferf *o gwbl, yn gyffredinol*
übermorgen (t.2) adferf *drennydd*
übernachten (t.14) berf *aros y nos*
Übernachtung (t.14) b *arhosiad dros nos*
überqueren berf *croesi*
überraschen berf *synnu*
überrascht ansoddair *wedi synnu*
Überraschung b (-en) *syndod, syrpreis*
Übung b (-en) *ymarfer*
Uhr (t.2) b (-en) *wats, oriawr, o'r gloch*
Uhrzeit b *amser*
um (tt.86,102) arddodiad + gwrthrychol *o gwmpas, o amgylch*
um ... zu cysylltair *er mwyn*
Umgebung b *cyffiniau*
umsteigen (t.24) berf afreolaidd sy'n rhannu *newid (trên)*
Umtausch g (-e) *cyfnewid*
umziehen (sich) berf afreolaidd sy'n rhannu *newid (dillad)*
unbedingt adferf *o angenrheidrwydd, yn angenrheidiol*
und (t.80) cysylltair *a, ac*
Unfall g (¨e) *damwain*
unfit ansoddair *ddim yn heini*
ungefähr adferf *tua, oddeutu*
ungern (t.80) adferf *anfodlon, heb eisiau*
unglaublich ansoddair *anhygoel, anghredadwy*
unglücklich *anhapus*
Universität (tt.21,34) b (-en) (Uni) *prifysgol*
unmöglich ansoddair *amhosibl*
Unrecht haben berf afreolaidd *bod yn anghywir*
unser/e/s (t.83) rhagenw *ein*
Unsinn g *sothach, rwtsh, twpdra*
unten (t.16) adferf *ar y gwaelod, lawr y grisiau*
unter arddodiad + gwrthrychol/derbyniol *dan*
Untergeschoss d *seler*
unterhalten (sich) berf afreolaidd *sgwrsio*
Unterhaltung b *adloniant, sgwrs*
Unterkunft b *llety*
Unterricht g (-e) *gwers*
unterschreiben berf afreolaidd *llofnodi, arwyddo*
Unterschrift b (-en) *llofnod*
Untertasse b (-n) *soser*
unterwegs adferf *ar y ffordd*
unzufrieden ansoddair *anfodlon*
Urlaub (tt.14,18) g *gwyliau*
Ursache b (-n) *achos*
USA gll *UDA*
usw. = und so weiter *ac yn y blaen*

V
Vanille b *fanila*
Vater/Vati (t.330 g (¨) *tad*
Vegetarier/in (t.49) g/b (–, -nen) *llysieuydd*
verbessern berf *gwella, cywiro*
Verbindung b (-en) *cysylltiad*
verboten ansoddair *gwaharddedig*
Verbrecher/in g/b (–, -nen) *troseddwr/wraig*
verbringen berf afreolaidd *treulio*
verbunden *wedi cysylltu*
verdienen berf *ennill (arian), haeddu*
Verein g (-e) *clwb*
Vereinigten Staaten (die) gll *Yr Unol Daleithiau*
vergessen berf afreolaidd *anghofio*
Vergnügen d *pleser*
verheiratet ansoddair *priod*
verkaufen berf *gwerthu*
Verkäufer/in (t.32) g/b (–, -nen) *gwerthwr/aig*
Verkehr g *traffig*
Verkehrsamt (tt.17,21) d (¨ = er) *swyddfa dwristiaeth*
verlassen berf afreolaidd *gadael*
verletzt ansoddair *wedi anafu*
verlieren berf afreolaidd *colli*
vermieten berf *rhentu allan*
verpassen berf *colli*
verreisen berf *mynd i ffwrdd (ar wyliau)*
verrückt (t.6) ansoddair *gwallgof*
verschwinden berf afreolaidd *diflannu*
Verspätung b hat Verspätung = *mae'n hwyr*
verstehen (t.31) berf afreolaidd *deall*
verstehen (sich) berf afreolaidd *dod ymlaen yn dda*
versuchen berf *ceisio*
Vertreter/in g/b (–, -nen) *cynrychiolydd*
Verwandte/r *perthynas*
viel/e (tt.1,50) ansoddair *llawer, nifer o*
vielleicht adferf *efallai*
Viertel (t.2) d (–) *chwarter*
Viertelstunde b (-n) *chwarter awr*
Vogel g (¨) *aderyn*
voll ansoddair *llawn*
völlig adferf *yn hollol*
Vollpension b *gwely a thri phryd o fwyd*
volltanken berf sy'n rhannu *llenwi car â phetrol*
von arddodiad + derbyniol *o*
vor arddodiad + gwrthrychol/derbyniol *o flaen, cyn*
vor allem *o flaen popeth, yn arbennig*
vor kurzem *yn ddiweddar*
voraus – im voraus (t.67) adferf *o flaen, ymlaen llaw*
vorbeikommen berf afreolaidd sy'n rhannu *dod heibio, galw ar*
vorgestern (t.2) adferf *echdoe*
vorhaben berf afreolaidd sy'n rhannu *bwriadu, bod wedi trefnu*
Vorhang (t.57) g (¨e) *llen*
vorkommen berf afreolaidd sy'n rhannu *digwydd, ymddangos*
Vormittag g *bore*
vormittags adferf *yn y bore*
vorn adferf *yn y blaen*
Vorname g (-n) *enw cyntaf*
Vorsicht b *gofal*
vorsichtig ansoddair *gofalus*
Vorspeise b (-n) *cwrs cyntaf (bwyd)*
Vorstadt b *maestref*
vorstellen berf (sich) *cyflwyno (eich hunan)*
Vorstellung (tt.36,40) n (-en) *sesiwn, perfformiad, syniad*
Vorwahlnummer b *côd ffôn*
vorwärts adferf *ymlaen, tuag ymlaen*

W
wach ansoddair *effro, ar ddihun*
wachsen berf afreolaidd *tyfu*
Wagen (t.19) g (–) *car*
Wahl b (-en) *dewis*
wählen berf *dewis*
wahr ansoddair *gwir* nicht wahr? = *on'd yw e?*
während (tt.80,86) cysylltair *yn ystod, tra*
wahrscheinlich adferf *mae'n debyg*
Wald g (¨er) *coedwig, fforest*
Walkman (t.36) g *walkman*
Wand b (¨e) *wal*
wandern (tt.36,91) berf *cerdded*
Wanderung b (-en) *taith gerdded*
wann (tt.16,44) adferf *pryd*
Ware b (-n) *cynnyrch*
Warenhaus (tt.21,44) d (¨er) *siop fawr/adrannol*
warm ansoddair *twym*
Warnung b (-en) *rhybudd*
warten berf (auf + gwrthrychol) *aros*
Wartesaal g (-säle) *ystafell aros*
warum (t.5) adferf *pam*
was (tt.5,88) rhagenw *beth*
was für ... *pa fath o ...*
Wäsche b *golch, dillad isaf*
waschen berf afreolaidd (sich) *golchi (ymolchi)*
Wascherei b (-en) *golchdy*
Waschmaschine b (-n) *peiriant golchi*
Wasser d *dŵr*
Wasserhahn g (¨e) *tap*
wechseln berf *newid*
Wechselstube (t.26) b *cyfnewidfa arian, bureau de change*
wecken berf *dihuno, deffro*
Wecker g (–) *cloc larwm*
weder (t.98) cysylltair *ddim, na*
Weg g (-e) *ffordd, llwybr*
weg adferf *i ffwrdd, bant*
weggehen berf afreolaidd sy'n rhannu *mynd i ffwrdd, mynd allan*
Wegweiser g (–) *arwyddbost*
weh tun (t.92) berf afreolaidd *brifo, gwneud dolur*
Weihnachten ll *Nadolig*
weil (tt.7,79,80) cysylltair *achos, oherwydd*
Weile b *ychydig o amser*
Wein g *gwin*
weinen berf *llefain, crio*
Weinkeller g (–) *seler gwin*
Weinliste b (-n) *rhestr win*
weiß (t.45) ansoddair *gwyn*
weit (t.22) ansoddair *pell*
weiter adferf *pellach*
welche/r/s (tt.5,83) rhagenw *pa*
Welt b (-en) *byd*
wenig (tt.1,50) adferf, ansoddair *ychydig, dim llawer*
ein wenig *ychydig*
wenigstens (t.80) adferf *o leiaf*
wenn cysylltair *os, pan*
wer (tt.5,88) rhagenw *pwy*
Werbung b (-en) *hysbysrwydd, hysbyseb deledu*
werden (t.93) berf afreolaidd *mynd yn, dod yn*
werfen berf afreolaidd *taflu*
Werken d *crefftau*
Werkstatt b (-ätten) *gweithdy, garej*
Werktag g (-e) *diwrnod gwaith*
werktags adferf *ar ddiwrnodau gwaith*
wert ansoddair *gwerth*
West g *gorllewin*
Westen (t.23) g *y gorllewin*
westlich ansoddair, adferf *gorllewinol, yn y gorllewin*
Wetter (t.12,19) d *tywydd*
Wetterbericht (t.12) g (-e) *adroddiad tywydd*
wichtig ansoddair *pwysig*
wie (t.5) adferf *sut*
wie bitte? *Pardwn?*
wie geht's? *Sut wyt ti? Sut ydych chi?*
wieder adferf *eto*
wiederholen berf nad yw'n rhannu *ailadrodd*
Wiese b (-n) *cae, maes, gwaun, dôl*
wieso (t.5) adferf *pam*
wie viel(e) (tt.2,5) adferf *faint, sawl*
willkommen ansoddair *croeso*
Wind g *gwynt*
windig (t.12) ansoddair *gwyntog*
Windsurfen d *bwrddhwylio*
Winter g *gaeaf*
wirklich adferf *yn wir*
wissen (t.85) berf *gwybod*
wo (tt.5,16,22,39,44) adferf *ble*
Woche (t.2) b (-n) *wythnos*
Wochenende (tt.2,37) d (-n) *penwythnos*
Wochentag g (-e) *diwrnod gwaith*
woher (tt.5,13) adferf *o ble*
wohin (tt.5,13) adferf *i ble*
wohl adferf/ansoddair *mae'n debyg, iawn. Zum Wohl = lechyd da*
wohnen (t.13) berf *byw*
Wohnort g (-e) *trigfan, lle mae rhywun yn byw*
Wohnung b (-en) *fflat*
Wohnwagen (t.15) g (–) *carafan*
Wohnzimmer d (–) *ystafell fyw*
Wolke b (-n) *cwmwl*
wolkenlos ansoddair *heb gymylau*
wolkig ansoddair *cymylog*
Wolle b *gwlân*
wollen (t.99) berf afreolaidd *eisiau, dymuno*
Wort d (-e, ¨er) *gair*
Wörterbuch d (¨er) *geiriadur*
Wunder d (–) *gwyrth*
wunderbar ansoddair *ardderchog*
wunderschön (t.7) ansoddair *hynod o brydferth*
Wunsch (t.46) g (¨e) *dymuniad*
wünschen (sich) berf *dymuno*
Wurst b (¨e) *selsig*

Z
z.B. = zum Beispiel *er enghraifft*
zahlen berf *talu*
Zahn g (¨e) *dant*
Zahnarzt/ärztin (t.32) g/b (¨e, -nen) *deintydd*
Zahnpasta b (-en) *past dannedd*
zeichnen berf *tynnu (llun), arlunio*
zeigen berf *dangos*
Zeit b (-en) *amser*
Zeitschrift b (-en) *cylchgrawn*
Zeitung (t.42) b (-en) *papur newydd*
Zelt (tt.14,15) d (-e) *pabell*
zelten (tt.14,15,99) berf *gwersylla*
Zentimeter d/g *centimetr*
Zentralheizung b *gwres canolog*
Zettel g (–) *darn o bapur, nodyn*
ziehen berf afreolaidd *tynnu*
Ziel d (-e) *nod*
ziemlich (tt.42,84) adferf *eithaf*
Zigarette b (-n) *sigarét*
Zigarre b (-n) *sigar*
Zimmer (tt.14,15) d (–) *ystafell*
Zitrone (t.48) b (-n) *lemwn*
Zoll g *toll*
zollfrei ansoddair *heb doll*
Zollkontrolle b (-n) *arolygaeth tollau*
Zoo (tt.17,21) g (-s) *sŵ*
Zucker (tt.48,49) g *siwgr*
zuerst adferf *yn gyntaf*
Zufahrt b (-en) *mynedfa*
zufrieden ansoddair *bodlon*
Zug (t.24) g (¨e) *trên*
zugestiegen ansoddair *wedi esgyn, wedi mynd arno (trên)*
zuhören berf sy'n rhannu *gwrando ar*
zumachen bref sy'n rhannu *cau*
zunächst adferf *yn gyntaf*
zunehmen berf afreolaidd sy'n rhannu *cynyddu, rhoi pwysau arno*
zurück (t.47) adferf *yn ôl*
zurückfahren (t.97) berf afreolaidd sy'n rhannu *mynd, gyrru yn ôl*
zurückkommen berf afreolaidd sy'n rhannu *dod yn ôl*
zusammen ansoddair *gyda'i gilydd*
Zuschauer/in g/b (–, -nen) *gwyliwr/wraig, cynulleidfa*
Zuschlag g (¨e) *tâl ychwanegol*
zwar adferf *yn wir, mae'n rhaid cyfaddef*
Zwiebel (t.48) b (-n) *wynwnsyn, nionyn*
Zwilling g (-e) *gefaill*
zwischen arddodiad + derbyniol/gwrthrychol *rhwng*

ALLEWEDD
g/b/d: enw gwrywaidd, benywaidd, diryw.
(-n) (-e) ac ati: ychwanegwch yr hyn sydd yn y cromfachau er mwyn ffurfio'r lluosog.
(–): mae'r lluosog yr un peth â'r unigol (peidiwch ag ychwanegu dim).
(¨): rhowch Umlaut ar y llafariad sy'n cael ei bwysleisio i ffurfio'r lluosog, e.e. Apfel Äpfel

enwau — **g**: *gwrywaidd* **b**: *benywaidd* **d**: *diryw* **ll**: *lluosog*

GEIRIADUR ALMAENEG - CYMRAEG

Mynegai

A
achos/oherwydd 7
adeiladau 21
adferfau 84
alcohol, cyffuriau ac iechyd 72
amgylchedd 71
amser 2
amser hamdden 37
amserau agor 38
amserau'r ferf 90
   amherffaith 95
   amherffaith dibynnol 100
   amodol 100
   dyfodol 93
   gorberffaith 95
   perffaith 94
   presennol 91,92
amserlen 30
anhwylderau a salwch 61
anifeiliaid anwes 55
ansoddeiriau 82,83
arddodiaid 86
arholiad 9
arian 45
arian poced 47

B
bandiau/grwpiau pop 42
barn 6,7,37,40,42
berfau 10,90
   gweler hefyd amserau'r ferf
berfau afreolaidd 92,95
berfau amhersonol 101
berfau atblygol 96
berfau gyda'r derbyniol 92
berfau moddol 99
berfau sy'n rhannu 97
berfenwau 90
bil 14

blasu 51
ble …? 16,22,44
ble rydych chi'n byw? 23
blwyddyn allan 34
blynyddoedd 3
Britney Spears 73
bureau de change 26
bwcio ystafell 15, 67
bwyd 48, 49
bysiau 25

C
cadw'n heini 72
cartref 56,57
cenedl enwau 78
cerdded 22
cerddoriaeth 36
corff 60
cwrteisi 4
cydweithwyr 69
cyfarfod 39
cyfarwyddiadau 22
cyfarwyddiadau yn yr arholiad 9
cyfieithu 10,11
   peidio â chyfieithu gair am air 10
cyfleoedd cyfartal 74
cyflwyno 62
cyflyrau (gramadegol) 76-7
cyfnewidfa arian 26
cyfoedion, pwysau 74
cyfweliadau 69,70
cyngherddau 40
cyngor ar gyfer yr arholiad 9,10
cymharu 85
cynlluniau ar gyfer y dyfodol 34,69
cynllunio 9

cyrraedd 25
cysyllteiriau 80

Ch
chwant bwyd 49
chwaraeon 36
chwaraeon awyr agored 36

D
dal y trên 24
deiet 72
derbyniol 77
dillad 47
diodydd 49
disgrifio ble rydych chi'n byw 56
disgrifio pobl 54
diweithdra 74
dolur 60
dref, y 21,23
dwyn 26
dychwelyd pethau nad ydych eisiau eu cadw 46
dyddiadau 3
dyddiau'r wythnos 3

Dd
ddoe 2

E
effaith tŷ gwydr 71
eiddo coll 26
enwau 78
ers faint? 30
ers pryd? 30

F
faint yw e? 38
fannod, y 81

Ff
fferyllfa 61
ffôn 64

Mynegai

ffonio 65
ffrindiau 55

G
gardd 57
geiriaduron – sut i'w defnyddio 10,11
geiriau cwestiwn 5
geiriau disgrifio 82
geiriau â gwahanol ystyron 11
genidol 77
goddrychol 76
gofyn am bethau 46,49
gofyn am ganiatâd 41
gofyn am gyfarwyddiadau 22
gofyn am help 31
gorchmynion 99
gwahodd pobl allan 39
gwaith tŷ 58
gweithgareddau all-gyrsiol 30
gweithgareddau ysgol 30
gwersi 28
gwersylla 14
gwibdeithiau 17
gwledydd 13
gwrthrychol 76
gwyliau 14,18

H
hamdden 37
heddlu 26
helpu gartref 58
hobïau 36,37
hoffi pethau 28
hunan – siarad amdanoch eich hunan 54

I
iechyd 72

Ll
lliwiau 45
llythyrau 65
llythyrau – anffurfiol 66
llythyrau – ffurfiol 67

M
meddyg 61
mynd allan 38
mynd o gwmpas 25

N
neb 98
negyddol 98

O
oed 54
offerynnau cerdd 36

P
pa mor bell yw hi? 22
perfformiad 40
pobl enwog 73
poen 60
profiad gwaith 69
pryd …? 16,44
prynu tocynnau 24
pwll nofio 38
pwysau cyfoedion 74
pynciau ysgol 28

Rh
rhagenwau 83,87,88,89
rhagolygon y tywydd 12
rheolau ysgol 30
rhifau 1

S
salwch 61
sillafu 54
sinema 40
siopau 44
swyddfa dwristiaeth 17

swyddfa'r post 65
swyddi 32
swyddi rhan-amser 33
syched 49

T
tâl gwasanaeth 52
teithio 18,24,25
teledu 41
terfyniadau ansoddeiriau 83
terfyniadau enwau 77
teulu 55
trafnidiaeth 25
tref 21,23
trefn geiriau 79
trên, teithio ar y, 24
tywydd 12
tŷ bwyta 52

Y
yfory 2
ymadael 25
ymddiheuro 4,62,67
ysgol, 29,30
ysgrifennu 54